AF319260

OCTAVE UZANNE

❧

Sottisier des Mœurs

———

Vanités, Croyances et Ridicules du jour.
Façons de vivre.
Modes esthétiques, domestiques et sociales.
Évolution des manières et du goût, &c.

———

PARIS
ÉMILE PAUL, ÉDITEUR
100, FAUBOURG SAINT-HONORÉ, 100
(Place Beauvau)
1911

Sottisier des Mœurs

> Quelques Vanités et Ridicules du jour.
> Modes esthétiques, domestiques et sociales.
> Façons de vivre, d'être et de paraître.
> Bluffs scientifiques et médicaux.
> Évolution des manières, de l'esprit
> et du goût, &c.

PAR

OCTAVE UZANNE

PARIS

ÉMILE PAUL, ÉDITEUR

100, FAUBOURG SAINT-HONORÉ, 100

(Place Beauvau)

1911

PRÉFACE

LES SOTTISES A LA MODE

Notre Chamfort remarqua, ce n'est pas sans raison, qu'il y a des sottises bien habillées comme il y a des sots très bien vêtus. Les sottises de notre heure ont souvent la fatuité de leur tenue recherchée et la dignité de leur correction. Celles qui nous occupent sont bourgeoises et mondaines ; elles s'appliquent volontiers au bon ton discret, à la mise comme il faut. Elles ont la prétention de faire partie du meilleur train de luxe ultra rapide où l'Opinion fait Loi. Le tissu qui revêt ces sottises est fait de la plus pure laine des moutons de Panurge. C'est le préjugé qui impose la coupe uniforme mais fashionable des costumes qu'il convient d'adopter.

Ces aimables et élégantes sottises, issues des collectives vanités sociales, prennent de l'Étiquette, comme naguère à la Cour. Elles témoignent d'un certain dandysme et montrent toute la suffisance des

snobs de bonne compagnie. Elles fréquentent les
milieux littéraires scientifiques, sportifs et politiques,
se jugent cosmopolites et s'autorisent des derniers discours académiques, des conférences de
sociétés d'hygiène, des leçons de cliniques médicales,
de toutes les pseudo-découvertes bactériologiques.
Elles s'abreuvent aux sources officielles reconnues
d'utilité publique, et s'alimentent de tous les salmis de
canards débités par la presse boulevardière.

Toutes ces sottises qui s'estiment bien nées et qui
échangent leurs convictions de supériorité avec de
cérémonieuses politesses entre très chères qu'elles
se proclament les unes et les autres, se multiplient à
l'excès, comme vibrions et microbes, dans le bouillon
de culture intensive de nos mœurs progressistes.
Envahisseuses, triomphantes, affectées, ces paonnes
acéphales de la badauderie ne subissent, dans les in-
fatuations de leur basse-cour, d'autre influence que
celle de La Mode. Leur unique étendard de ral-
liement, pavillon de leurs ambitions, est celui de la souveraine Déesse des Apparences.

Tout à ce qui est Décret de la Mode apparaît à leur
vague entendement comme formule d'un dogme intan-
gible, indiscutable et sacré.

La Mode est leur raison d'être et de paraître dans
les avant-scènes du Théâtre des Usages, dont elles
sont les diligentes pensionnaires respectables et res-
pectées. Les yeux des spectateurs demeurent clos sur
leurs ridicules. Ils les soupçonnent peut-être, mais ne le

dévisagent point nettement. Il n'est sans doute pas superflu de leur apprendre à les découvrir.

Cependant, s'il y a quelque plaisance pour un contempteur social à observer au passage l'aspect plutôt falot de certaines modalités des manières, des formes et conventions de notre vie en commun, on ne saurait espérer corriger les erreurs, par le seul fait qu'on les désigne à l'esprit critique de ses propres contemporains. Le but, à vrai dire, n'est pas toujours exposé pour être atteint, mais plutôt pour servir de point de mire. Il y a quelqu'amour-propre à l'indiquer, mais, ainsi qu'écrivait le parfait moraliste Joubert, « opposer la nature à la loi, sa raison à l'usage, sa conscience à l'opinion, ce n'est qu'opposer l'incertain au certain, l'inconnu au connu, le singulier à l'universel ». C'est un jeu sans résultat.

Tout philosophe, généralement philodoxe, se complaît à croire qu'il a reçu, avec une spéciale provision de radium, une mission de Vérité pour un exceptionnel et rationnel éclairage de cet océan de doute où se déchaîne, en obscure tempête, le conflit des doctrines, des opinions, des préjugés, des goûts, des idées, des théories prétentieuses et des croyances aussi multiples qu'indéfinies. Il faut se défier de cette prétention d'être un phare ou même une simple lanterne magique. Dans l'aveuglement général des êtres humains, les plus clairvoyants ne sont encore que des myopes profonds dans notre nuit incertaine où toutes formes, expressions, visions lumineuses ne sont peut-être encore que des apparences fantômatiques et mensongères.

« La science, jadis intolérante, dit le Dr Gustave Lebon, dans ses Opinions et Croyances, respecte de plus en plus aujourd'hui les conceptions étrangères à son Empire. Science et Croyance, raison et sentiment appartiennent à des domaines impuissants à se pénétrer, puisqu'on n'y parle pas la même langue. » — Rien n'est plus juste.

Il n'en demeure pas moins dans la tradition, parmi ceux qui s'attardent au spectacle contemporain, de s'efforcer à radiographier les tares sociales et les ridicules qui s'agitent en scène, sans parler des vices qui constituent les éternels accessoires du grand Guignol de l'Humanité.

Nous avons épinglé, dans ce recueil, comme autant de papillons, polymorphes et polychromes, conservant les stries, bigarrures et nacrures de leur fragile mutabilité, quelques pimpantes et brillantes sottises à la mode parmi tant d'autres qu'il nous fallut négliger. Sont-ce bien des sottises, d'ailleurs au propre du mot, que celles qui figurent dans ce Sottisier des Mœurs? Il est fort malaisé de reconnaître ses erreurs de vue. Ce ne sont peut-être que de médiocres travers de notre frivole civilisation évoluée, des témoignages de l'envers du progrès? Nos Lecteurs en décideront avec impartialité.

CHAPITRE PREMIER

LE PARAITRE

Le Costume et la rigueur des Modes.

LES MODES QUI FONT LA MODE

Comme, après le brillant dîner donné par la jolie cosmopolite Mrs. Fair County, les convives venaient de quitter la table et de passer dans le hall, les dames s'étonnèrent de voir demeurer parmi elles, empressé, souriant, souple et élégant, l'artiste, érudit critique et psychologue Harry de Smart, aussi connu à Londres qu'à Paris en tant que spécialiste des arts de la femme et auteur de maint ouvrage ou d'innombrables études sur l'esthétique de la fashion contemporaine.

Au lieu de suivre les hommes au smoking room, Harry préférait faire évoluer son habit noir au milieu des neigeuses toilettes de dentelles, de guipures, de crêpe de Chine et de linon.

— C'est gentil à vous, mon cher Harry, de ne pas nous abandonner comme tous ces monstres égoïstes qui s'en vont fumer et dire des horreurs, en nous abandonnant ici d'une façon vraiment trop anglo-orientale, s'écria Mrs. Fair County, tendant la main au critique. Aussi bien, puisque nous vous tenons pour nous seules, nous allons en user et abuser. Vous vous êtes fait une notoriété en chantant notre beauté et les rythmes de nos atours; il est donc juste que nous vous assiégions et bombardions de questions sur nos modes.

— Je capitule volontiers, dit Harry de Smart, tandis qu'autour de lui les curieuses prenaient place, se pressaient comme s'il se fût agi d'une conférence. Épuisez vos munitions, Mesdames, je suis prêt au doux martyre de vos interviews.

— Voyons, Monsieur Harry, interrogea d'abord l'élégante Mme Germaine de Théoul, que pensez-vous de nos modes actuelles? Ne croyez-vous pas qu'elles n'ont jamais été plus dignes de nous vêtir de grâce et d'harmonie, qu'elles aient pu être naguère de meilleur goût et plus originales de coupe et de conception? Sommes-nous assez byzantines à votre gré?

Harry de Smart sourit et, lentement, conférencia devant son auditoire attentif et ravi :

— Nous pouvons difficilement juger de ces choses sans y apporter à notre insu, si vous voulez, un parti pris, une prévention véritable de notre vision.

« La plus récente expression de la mode nouvelle nous semble toujours, c'est certain, supérieurement exquise. La transition de l'une à l'autre mode, il faut le reconnaître, n'est jamais choquante ou brutale.

« Nous ne percevons en aucune manière les lentes modifications des formes qui ont conduit aux pires outrances.

« Ce qui fit admettre, par exemple, sans heurter la vision de nos pères, les paniers et la crinoline, à diverses époques de notre histoire, c'est que, peu à peu, leur œil s'était familiarisé aux accroissements progressifs et continus des ampleurs de jupes, à tel point que la caricature n'était plus perceptible à leurs regards prévenus lorsque nos aïeules emballonnées prirent la forme d'un pain de sucre ou d'une montgolfière.

« Nous croyons toujours sincèrement que la femme ne fut jamais plus femme, plus reine, plus harmonieusement étoffée que lorsqu'elle est interprétée en beauté

par la mode qui vient de naître et commence à s'affirmer avant de disparaître. C'est une erreur que parta-
gèrent nos ascendants de toutes les générations du siècle
précédent. Les journaux des élégances d'autrefois sont
bien démonstratifs et précieux à consulter à ce point
de vue; ils prouvent que si une mode très rétrospective
peut être considérée comme une curiosité, une mode
vieille de quelques années seulement apparaît toujours
comme un ridicule et que, seule, la mode régnante,
animée par la vie de celles qui la font valoir, semble
incomparable et inattaquable.

« Quant à ce que vous nommez la création originale
des couturiers, Mesdames, laissez-moi protester. Cette
création n'est qu'un constant plagiat habile et ingénieux,
une reprise orchestrée en mineur ou en majeur des
modèles de nos grand'mères, avec un *leit motiv* plus
ou moins fréquent et des rappels archaïques de toute
nature et de tous genres qui ne sauraient certes tromper
les connaisseurs.

« Quand le Directoire voulut faire revivre, bien avant
l'heure actuelle, les grâces mythologiques d'autrefois,
vec ses nymphes, ses déesses, ses Hébés, toute sa
représentation agréable de paganisme et de panthéisme
qui affola nos aïeules aux confins des deux siècles xviii[e]
et xixe, il reproduisit alors, sans y presque rien chan
ger, les formules des beautés d'Athènes et de Rome.

« Aujourd'hui encore, soyez bien assurées que vos
déshabillés d'intérieur, certains sauts-du-lit, même tels
ou tels « tea-gowns » ne sont que des expressions nouvelles, mais sans aucune fondamentale modification,
des peplums, des cyclades, des lacernes, des orthos-
tades, des syrmas et autres tuniques et vêtements
chantés par les poètes grecs et latins. Les réticules que
vous portez sont des copies exactes de ceux du Direc-

toire ou de l'Empire. L'histoire des modes n'est qu'un perpétuel recommencement, une renaissance pour ainsi dire forcée et constante, une compilation éternelle. »

— Alors, d'après vous, nos modes, ce sont des « décrochez-moi ça » de l'histoire? Et nous sommes toutes affublées de documents passés? Nos toilettes, en conséquence, ne seraient que des travestis constitués à l'aide de vieilles estampes? Quelle bonne histoire vous nous contez là, cher ami !

Et, sur cette interruption d'une jeune espiègle, les rires de fuser et les ironies de se multiplier au sujet des théories du malheureux Harry de Smart, qui d'ailleurs, ne s'en émut point et, imperturbable, poursuivit :

— Mais cela ne saute-t-il pas aux yeux, ne bruit-il pas dans l'oreille ? Voyons, ne parlez-vous pas à chaque instant de vos fichus Lamballe, de l'ancien pli Watteau, de vos manteaux ou peignoirs, des redingotes Empire, des cols de guipure Louis XIII, des capelines Rembrandt, des vestes Louis XVI, ou des jaquettes Louis XV, des jupes Tanagra, des boléros à petit postillon, que sais-je encore ! Je n'en finirais point si je voulais citer tout le vocabulaire des modes contemporaines qui témoignent des emprunts faits au goût du passé.

« Durant ces dix dernières années, le génie de nos couturiers prit son essor dans leur propre érudition. On avoua un retour aux modes napoléoniennes. Le succès de *Madame Sans-Gêne* et d'autres pièces qui remettaient l'épopée en vogue y fut pour quelque chose. On remonta un instant la taille, on imagina des manteaux impériaux, des robes fourreaux. Les cols dits à l'aiglon détrônèrent ces larges cols Médicis qui si longtemps engoncèrent la tête des coquettes; on s'efforça de créer une mode Empire, cela ne réussit qu'à moitié. Cependant un art grec triomphe et on en retrouve une évocation dans l'argot employé pour désigner vos coiffes, châles, étoles, chaussures, écharpes et autres parties de vos ajustements. Mais, au demeurant, le genre 1810 n'a pas laissé de marques bien profondes dans le style couturier de 1900 à nos jours. On est vite revenu, au début du siècle, au vague Louis XVI, de même style que la décoration et l'ameublement qui fait fureur dans nos demeures et qui s'impose aujourd'hui partout presque tyranniquement.

« Il y a comme une secrète entente entre le décor et la mode féminine. Les cadres d'ensemble sont des évocations versaillaises, aux blancheurs voulues. D'autre part, le goût des étoffes d'ameublement claires. Les jaunes citron, les verts pistache, les gris zinzolin, les roses évanescents et aussi l'ordonnance plutôt sobre des salons laqués imposent un retour aux dentelles, aux mousselines, aux linons et aux crêpes de soie, aux broderies délicates, aux perles des corsages et des jupes. On orientalise, mais à la manière de nos aïeules du xviiie siècle, au temps de Zaïre, de Zulmé et des héroïnes de Voltaire et de Crébillon fils.

« Lorsque l'on vous regarde en ce temps-ci, réunies en quelque fête parisienne, Mesdames, on se croirait revenu aux premiers jours de la Restauration qui remit en vogue les saintes mousselines claires, dont il fut, depuis, assez plaisant de se moquer. Vous n'en êtes point encore, je dois le dire, au cachemire et au mérinos blanc, non plus qu'aux écharpes d'Iris, mais quelques-unes de vos toilettes évoquent comme une réminiscence des robes à l'Indolente et les plissés, l'ordonnance, les entre-deux de vos jupons d'hier encore ne furent pas sans ressembler d'assez près aux jupes de

1820, passementées, grecquées. Mme de Staël vous aurait reconnues pour vous avoir accueillies dans son salon, votre style est grec, persan, asiatique décadent. »

— Mais enfin, cher Monsieur, s'il vous fallait déterminer, préciser rigoureusement la parenté ou, si vous préférez, la descendance véritable de nos modes actuelles, à quelle autre époque de notre histoire songeriez-vous?

Cette interrogation de la snob et jolie Thérèse de Soigne parut surprendre le critique esthète, qui se recueillit un instant, tandis qu'à l'entour on se gaussait gaminement de sa méditation.

— Tenez, Miss Lottie, vous qui souriez ironique, vous êtes délicieusement coiffée à la Tanagra, votre corsage, très byronien, est tout à fait « Indépendance grecque », tandis que votre jupe, avec ses palmes décoratives, ses entre-deux, ses dentelés, date précisément de 1811. Quant à vous, Mademoiselle Paulette, sous vos cheveux en coup de vent à la Goya, vous montrez un décolleté adorable qui est celui de la Laitière de Greuze, et votre jupe falbalassée s'inspire davantage de Gavarni que des maîtres du xviiie siècle. Pour notre charmante hôtesse, Mrs. Fair County, ne pensez-vous point qu'elle est coiffée à la Roeburn, corsagée à la Gainsborough et enjupée à la David, telle une Mme Récamier qui aurait été élevée en Angleterre et se serait immortalisée en France à l'époque de Lawrence?

« La mode, ou plutôt les modes actuelles dérivent, à mon avis, avec précision des modes du début du xixe siècle, — j'aimerais vous le prouver par des gravures du temps; — vous serez bientôt, et vous voyez que je m'aventure à prophétiser, semblables aux lionnes qui embellirent le règne de Louis-Philippe. Sans vous comparer moralement aux héroïnes des poëtes et romanciers du temps, sans vous juger à la façon des *Indiana*, des *Fanny*, des *Lélia*, des *Valentine*, des *Mme de Maufrigneuse*, j'estime que vos costumiers et couturières, consciemment et inconsciemment, commencent à donner à vos robes, à vos manteaux, à vos décolletés, à vos manches surtout, à vos fourrures, nombre de points de rappel avec le goût qui, il y a soixante-quinze ans, était la marque et le cachet des tailleurs et marchands de modes. *Palmyre* doit sentir sa fashion défunte à la veille de ressusciter.

« J'admets, en effet, continua-t-il, que la mode féminine est aujourd'hui un art vivant qui fleurit à la surface des sociétés et se développe avec elles. J'ajouterai qu'il n'y a pas une mode, mais deux sortes de modes très différentes : l'une est *collective* et revêt les neuf dixièmes de la population, c'est la mode de la confection qui se développe dans les grands magasins. Là s'adressent toutes ou une grande partie des petites bourgeoises et des femmes de moyenne condition. C'est la mode répandue, uniforme dont se satisfont les honnêtes femmes et les autres et qui est loin d'être dépourvue d'un superficiel chic parisien. L'autre mode *est plus gratinée*. Elle est à l'élégance générale ce que sont les orchidées à la flore courante, c'est-à-dire une culture particulière et privilégiée, une éclosion rare, peu divulguée et dont quelques riches initiées peuvent seules profiter et se pourvoir. C'est de cette fashion réservée qu'il est surtout curieux de s'occuper. Elle seule fournit à notre critique des toilettes signées et intéressantes comme des œuvres d'artistes très individuels : les femmes intuitives ne s'y trompent jamais. Elles mettent presque toujours un nom sur un ensemble de chiffons merveilleusement dressé. Elles disent : « Tiens ! *ça vient de chez un tel* », comme nous reconnaissons une toile de Sargent, une pointe sèche de Helleu ou un pastel de La Gandara.

« Ce qui est particulier à notre temps, c'est le « Tailoring », le costume de drap vaguement masculin, façonné par des coupeurs, et qui permet à la femme certaines émancipations sportives ou autres. C'est le costume discret, pratique, agréable pour le voyage et la campagne et qui ne fut guère vraiment adopté chez nous que depuis une trentaine d'années. Il est d'importation anglaise.

« Mais nous l'avons perfectionné, ne le pensez-vous pas, en y adjoignant le luxe des dessous ou des chiffons d'intimité. Cela est le dernier cri de notre modernisme, je le concède. Sur ce point, aucune rivalité dans l'histoire contemporaine, nulle copie, absence de plagiat, créations évidentes. Nos grand'mères, à coup sûr, négligèrent les dessous...

« Maintenant, si vous le désirez, je vous parlerai, il le faut bien, de la jupe-culotte, essai d'hier déjà presque oublié aujourd'hui et qui n'a rien de nouveau, car nos grand'mères de la Restauration adoptèrent ces pantalons à la sultane dont la vogue dura quelques saisons.

« Montaigne disait de la mode que c'est une *Reine et une grande Empirière*, dont le séjour de prédilection est la France. Cela ne cessera jamais d'être vrai. La mode française est plus *empirière* encore à cette heure qu'elle ne l'était aux temps lointains où l'auteur des *Essais* philosophait à son endroit. Les femmes conduisent sans cesse le monde, et la mode exerce toujours sur elles sa tyrannie opiniâtre et perpétuelle. C'est en vain que les progrès ont modifié les apparences sociales, que les révolutions ont métamorphosé les mœurs politiques, que les préjugés se sont inclinés devant les droits de la femme à concurrencer l'homme dans toutes les professions libérales... Rien n'y a fait. La mode domine mieux que naguère l'éternel féminin; c'est encore la déesse inconstante et frivole dont parla Voltaire :

Bizarre dans ses goûts, folle en ses ornements,
Qui paraît, fuit, revient et naît en tous les temps.

« En aucune saison, elle ne nous donne répit; la nouveauté de la veille est une vieillerie du lendemain. La mode modèle les apparences de la femme à tel point qu'on retrouve difficilement celle-ci sous les falbalas déformateurs qui décorent les crinolines ou sous l'ampleur des manches à gigot qui étoffe jusqu'à la caricature les grâces de son buste. De la tête aux talons, la femme n'est jamais semblable. Nos pères l'ont connue et aimée sous les bandeaux ondulés, sous les *repentirs* ou sous le *catogan*, drapée dans les châles indiens ou sous des linons en écharpe; nous autres l'avons vue dans toutes ses métamorphoses invraisemblables, avec des strapontins sur la croupe, des draperies tapissières festonnant ses jupes démesurées, des boléros à l'espagnole, dessinant la taille, ou de souples péplums à la grecque adhérant à ses formes, à la façon de gracieuses statuettes tanagréennes. L'an dernier, la suprême folie de la déesse, dont le sceptre est une girouette toujours en action sous la poussée de tous les vents de la fantaisie, fut cette robe entravée qui serrait notre idole aux pieds, à la manière des momies en leur tombe et ne laissait à sa démarche qu'un espace ridiculement limité; telle une course en sac dans les fêtes communales.

« A l'heure actuelle, on lança avec frénésie la jupe-pantalon; c'est le dernier cri de la grande *empirière*. La *jupe-culotte* pour femmes sera-t-elle un jour la joie de nos yeux amusés? Ce n'est pas encore certain, mais c'est quelque peu probable. Une seule chose risquerait de faire échouer cette mode, c'est qu'elle apparaît remarquablement pratique, hygiénique et conforme au rôle nouveau de la femme émancipée. Le ridicule de cette transformation ne nous est démontré aucunement. Il y aurait au contraire dans cette jupe à l'orientale comme un retour au bon sens, à la logique, à la pondération qu'il est si rare de rencontrer dans une mode nouvelle. La jupe, cette cloche plus ou moins étoffée, courte ou longue, ouverte à toutes les poussières de la voirie ou du logis, fut sans cesse et reste encore une anomalie, une démence persistante à travers les âges. On s'étonne que rien, démonstrations ou réquisitoires d'hygiénistes, n'ait pu en faire comprendre l'absurdité flagrante. A l'origine, son excuse fut peut-être dans ce qu'elle dissimulait assez aisément, dans les plis tombants, les premières rondeurs de la grossesse et qu'elle seyait aux matrones pourvues de jumelles rondeurs très proéminentes et de ventres excessifs. La jupe cache tout ce que le corset refoule; elle constitue la crypte ou, pour mieux dire, les oubliettes de tout ce que le buste soigneusement baleiné rejette dans les bas-fonds. C'est un rôle qui suffirait à la faire abandonner par la majorité des jolies petites femmes qui n'ont rien à cacher et qui seraient bien crânes et délurées sous la jupe-culotte qui ramènerait la femme moderne vers l'aimable allure *chicocandarde* des inoubliables débardeurs de Gavarni.

« Aurons-nous la jupe-culotte? Ce fut la grosse question du jour dans les salons et les ateliers de couture de Paris. Il y a deux clans nettement divisés parmi les confectionneurs de robes tailleurs et les maîtres des toilettes de haut luxe du quartier de la Paix. Les uns voudraient faire triompher le pantalon de harem, souple, large sur les hanches, ne rappelant en rien les affreuses culottes de cyclistes, mais donnant à la femme un aspect de belles odalisques occidentales, à la démarche rythmée par l'ampleur des plis tombant harmonieusement de la taille pour se centraliser sur les chevilles. Il s'agirait de créer une mode avantageuse aux maigreurs sans être disgracieuse aux embonpoints : une jupe fendue avec grâce, coulissée quelque peu aux attaches des pieds et n'évoquant point la culotte du zouave ou le *grimpant* masculin.

« D'autres, qui sentent ce que cette mode nouvelle aurait de fâcheux pour l'évolution de la fashion, en ce sens que les femmes s'y accoutumeraient bien vite, s'efforcent de la repousser et de la ridiculiser. Il y a quelques jours, un essai fait par une jeune actrice de la Comédie-Française, à la répétition générale d'une œuvre inédite, ne semble pas avoir obtenu un succès d'estime — mais, ce sont les modes qui semblent les plus hostiles au goût courant à leur naissance qui se prolongent le plus longtemps lorsqu'elles ont fini par triompher. On ne peut jamais rien préjuger en pareille matière. Il y a longtemps déjà que je formulai cet aphorisme : une mode ancienne nous semble une agréable curiosité, une mode qui commence ou qui s'achève entre dans le domaine de la caricature ou paraît s'en évader ; seule, la mode régnante, consacrée par l'usage et qu'animent la vie et la beauté, est à nos yeux une apparence exquise.

« La constante variation de la mode est une nécessité. Selon la juste observation de Chamfort, c'est l'impôt le plus naturel que l'industrie du pauvre puisse mettre sur la vanité des riches. Les nations civilisées sont semblables aux professionnelles beautés dont la coquetterie et le désir de paraître et de plaire ne font qu'augmenter et s'affirmer avec l'âge.

« L'art du vêtement possède des lois générales qui inté-

ressent la ligne, la couleur et l'expression harmonieuse
d'un ensemble. Cet art peut parfois tromper notre
esthétique ou pervertir notre goût, mais tout en modi-
fiant la physionomie de la femme, il active nos appétits
par ses sortilèges et concourt à sa façon à la perpétuation
de l'espèce. L'influence de cet art esthétique se répand
partout, sur les lettres, la statuaire et la peinture, dans
le langage et même dans l'économie politique d'une
nation. Il serait puéril de contester son utilité. La science
et la médecine ne peuvent également demeurer étrangères et indifférentes aux questions de costumes et, loin
d'être un sujet d'observation futile, le vêtement et la
parure sont, comme le remarqua Charles Blanc, une
indication morale sérieuse pour les philosophes et un
signe très accusé des idées régnantes.

« La réussite de la jupe-culotte ne doit donc pas être
simplement considérée comme un sujet de plaisante
causerie. De son adoption dépend peut-être une direction
nouvelle dans l'évolution du costume féminin qui pourrait, au grand avantage des apôtres de l'émancipation
totale de la femme, se rapprocher de celui de l'homme.
Notre costume masculin n'est certes point idéal, esthé-
tiquement parlant, et il gagnerait à de nombreuses modifications au point de vue de l'hygiène et de la santé.
Encore est-il suffisamment pratique et nous procure-t-il
une assez grande liberté d'allures dans notre vie affairée.

« Cette question de la *jupe-culotte* témoigne encore de
notre lointaine puissance de rayonnement, puisque des
journaux importants de l'étranger ont ouvert des plébis-
cites parmi leurs lectrices au sujet de son adoption.
Mais les femmes ne font pas les modes : elles les subissent. Elles sont impropres à décider de celles qui leur
conviennent ; elles suivent les décrets de l'inconstante
déesse. Elles voteront sans discernement sur la jupe

cloche ou la jupe à deux jambes, ne sachant qu'obéir à leurs couturiers.

« L'avenir seul pourra nous dire s'il ne s'agit en cette matière que d'une *pantalonnade* faite pour nous récréer un instant.

« L'amour, disait Théophile Gautier, est la seule chose dont on puisse parler à la diable sans crainte de dire des sottises : tout y est alternativement vrai et faux ; il en est de même des modes contemporaines et de celles d'hier et de demain... »

— Et nos chapeaux, Monsieur de Smart.

— Parlez-nous de nos chapeaux !

— Nos chapeaux sont-ils aussi des copies ? résuma en troisième une rêveuse sentimentale.

— Mais, ils ne sont tous que cela, Madame. L'art de la modiste, qui est le plus ingénieux, le plus subtil de tous les arts, est aussi le plus complexe dans ses emprunts.

« Rien n'est aussi éclectique que la science touche-à-tout des modistes. Elle s'adapte, cette science, aux pays d'Orient et d'Occident aussi bien qu'à toutes les époques historiques et, tour à tour, les couvre-chefs les plus gigantesques succèdent aux toques, aux casques, aux feutres Gainsborough, aux lampions Louis XIV, aux canotiers, aux tricornes, aux capelines, aux turbans, aux cimiers à panache. La mode des chapeaux ne fut jamais plus rapide, plus éperdue, plus tyrannique qu'aujourd'hui. Elle détient tous les records et l'automobilisme a encore ajouté à sa perfidie. On ne saur jamais les sommes fantastiques qui se gaspillent chez la modiste. Mais il faut admirer le génie de nos petites fées qui créent chaque jour des types de renouveau véritable en retapant toutes les formes connues.

« Ah ! Aristote, célèbre surtout pour un chapitre que

lui attribue Molière et qu'il n'a jamais écrit, tresserait volontiers des couronnes à nos admirables modistes toujours prêtes à ajouter au « chapitre des chapeaux ». Et aussi à nos coiffeurs qui imposent les postiches. »

Harry de Smart, à ce moment, fut interrompu par le retour tumultueux des hommes sortant du fumoir. Blagué par ses amis, abandonné par les femmes, l'orateur renonça à poursuivre sa bénévole conférence et se résigna à accepter une place de quatrième au bridge.

Encore une mode tyrannique, celle-là !

Harry de Smart avait raison dans ses discours, mais les femmes ne jugent point comme nous, dans la majorité des cas. La mode demeure leur dernière superstition, qui est la plus tenace, la plus vaniteuse de toutes et qui reste comme le témoignage de leur frivolité innée. Elles ne peuvent se soustraire à la religion du chiffon. Elles ont la dévotion fervente de la fashion. Ce sont des comédiennes éprises de l'effet à produire, soucieuse d'attirer l'attention et de dominer leurs rivales par l'éclat du luxe déployé ou le raffinement d'élégance du dernier cri de la création parisienne. Elles ne cherchent point à dégager certaine personnalité dans leur tenue, à témoigner de leur dédain pour les outrances du costume ; ces outrances, elles ne les perçoivent. Elles sont aveugles vis-à-vis des ridicules de leurs couvre-chefs, des excès de leurs postiches ou de la déformation des tournures. Elles demeurent également sourdes aux avis des hommes de science qui leur dénoncent les innombrables méfaits du corset. A aucune époque de l'histoire, elles n'ont fait le moindre effort pour s'émanciper de la torture des fraises, des cols, des chaussures, des baleines d'ordonnance, afin d'imposer un costume simple, pratique, hygiénique, dégagé et durable. Avant de songer à être heureuses et légèrement indépendantes, physiquement et moralement, elles réclament cet héroïque droit à la folie qui ne les abandonna jamais : *Être à la mode.*

Il semble que les actives revendicatrices du féminisme, celles qui, à tout propos et hors de propos, gravissent à diverses tribunes pour affirmer l'égalité de l'homme et de la femme et réclamer pour celle-ci tous les droits politiques et sociaux, ainsi que tous les accès aux professions masculines, devraient bien s'entendre auparavant pour déclarer vigoureusement la guerre à la Mode.

Ce simple témoignage d'hostilité à la mascarade de la fashion, à l'encombrante futilité de la jupe, du corsage et du chapeau, à la sujétion ruineuse des vêtements de luxe, nous serait un précieux gage que ces dames commencent à montrer des aptitudes pour la logique, le bonheur et la sérénité des visions masculines. — Malheureusement ce beau geste se fait attendre; rien n'indique qu'il puisse être généralisé. Les nouvelles amazones de la science, de la littérature, du barreau, de l'émancipation dans toutes les voies de l'activité humaine n'adoptent point, comme elles le devraient, un *uniforme de combat*, une tenue simple, distinctive, expliquant leurs renoncements aux préjugés des fanfreluches et leur volonté de se montrer désormais propres et décentes, mais sans faste, dans un costume tailleur sobre, confortable, coquet, sans rien de plus. Un bon *petit trotteur* pour toutes les circonstances de jour ou de soir.

La première démonstration des droits de la femme consisterait à nous fournir ce témoignage que l'*Ève nouvelle* n'est plus une poupée, ni une bête de luxe au service des vanités de l'homme de plaisir. Après nombre d'actes d'iconoclastie du Temple de la Mode, après des affirmations sincères d'indépendance et de révolution accomplie, il nous viendrait sans doute quelque respect pour l'attitude des conquérantes, travaillant non seulement pour elles-mêmes, mais aussi gagnant la bataille contre la sottise mondaine et sociale qui s'efforce à la piaffe. Cette révolution inespérée aurait pour immédiat résultat la paix et l'économie des ménages, l'agrément des relations en général et la camaraderie entre sexes différents.

Mais cette heure de sagesse viendra-t-elle jamais? Une voix instinctive et subtile fait comprendre à celles qui sont jeunes, jolies, amoureuses, et qui demeurent résolues à se laisser gouverner par la vanité et la passion, une voix atavique leur fait entendre qu'elles ne sont vraiment susceptibles de commander qu'après avoir promis d'obéir et qu'elles n'arrivent jamais aussi près de l'esclavage que lorsque les hommes sont à leurs pieds. La Mode est tellement l'image changeante de la femme que l'une ne saurait vivre sans l'autre. — Il n'y a que la Mode qui puisse rendre socialement toutes les femmes satisfaites d'elles-mêmes. La Mode, c'est leur art, leur littérature, leur science, leur histoire. Comme à la déesse des apparences, elles lui accordent, plus qu'elles ne l'avouent, un impérissable culte. C'est pourquoi le féminisme ne triomphera, hélas! jamais intégralement de la Mode. Estimons même qu'il ne peut s'affirmer sans cette victoire nécessaire à son évolution réelle.

Ce sont les antagonismes nettement opposés. Les suffragettes d'outre-Manche ne paraissent point peut-être s'en soucier, parce que ce sont des femmes si peu femmes que la coquetterie ne les pourrait qu'enlaidir; mais en France, à Paris, le *féminisme* ne sera jamais qu'un mot vague, qu'un mouvement de minorité, qu'une théorie qui n'entrera point complètement d'emblée dans la pratique de nos mœurs, parce que, pour asseoir le féminisme, il faudrait l'asseoir sur les ruines de la

Mode... sur les ruines de notre chère Babylone moderne. Or, chez nous, les hommes suivront longtemps encore les femmes et les femmes suivront toujours la Mode, si laide, si extravagante, si coûteuse soit-elle.

Le féminisme ne sera jamais en France que de l'*essayage*, c'est-à-dire encore de la Mode. La grande *Empirière*, qui a survécu aux ironies du sage Montaigne, survivra aux revendications des féministes. Conçoit-on notre pays privé de la Mode? Cela semble la plus démente des utopies.

LE CORSET A L'INDEX

(OUTRE-RHIN)

Récemment, au cours d'une promenade à travers la Westphalie, la Saxe et le Rheinland, je fus singulièrement surpris de constater dans le costume féminin des inesthétiques Allemandes une tendance marquée à l'individualisme de la toilette, comme un parti pris très accusé d'échapper à la rigoureuse tyrannie de la mode venue de France.

Il n'y avait pas à dire, nombre d'élégantes d'outre-Rhin secouaient le joug parisien. A les voir, à l'heure select, dans les *Kürhaus*, les jardins-concerts, les *Tonhalle* et les brasseries à musique, on devinait que ces corsages amples, ces robes écourtées, ces vestes mal ajustées, ces linons, ces batistes, ces étoffes tennis, qui se modelaient sans rigidité sur des torses libérés, étaient fabriqués et portés volontairement. Aucun corset ne comprimait ces tailles solides, ne refoulait ces ventres voués à la fécondité, ne projetait davantage encore à l'arrière la provocation des croupes jumentales... Que s'était-il donc passé dans l'orientation des modes de la blonde Germanie ?

Je résolus de m'en informer et, comme, un soir, je

me trouvais au *Palmengarten* de Francfort-sur-Mein, en compagnie d'un brave homme de docteur qui me servait de guide dans la ville native de Gœthe, je lui fis part de mon étonnement à la vue de tant de jeunes filles et de matrones si singulièrement ficelées, sans nul baleinage ni ajustage de la taille, sans jupes à queue et autres falbalas.

— Ah! ah! vous avez remarqué ces témoignages, encore trop rares, hélas! de notre essai de révolution dans le costume de la femme? — me répondit gaiement mon compagnon; — ignorez-vous donc que tous les physiologistes allemands ont déclaré une guerre à outrance au corset principalement, et à la jupe traînante, si contraires à la santé et à l'hygiène de la femme? On a mené chez nous, depuis plus de dix années, une campagne ardente en faveur d'un costume plus conforme à la libre allure et au développement normal de ces êtres délicats qui, selon saint Augustin, sont de gentils petits animaux qui se délectent dans la toilette; ce furent des articles sans nombre sur la question, des interviews de médecins, d'artistes, d'écrivains et d'hommes de science et, surtout, des conférences qui furent très suivies.

« Aujourd'hui, ajouta mon savant cicerone, nous sommes, croyons-nous, à la veille du triomphe. La ligue contre le corset a entraîné dans son mouvement de bon sens et de salubrité tous ceux qui pensent assez hautement pour assigner à nos compagnes, à nos mères et à nos filles un autre rôle que celui de s'offrir à nous comme de jolies poupées déformées par la coquetterie, meurtries et comprimées dès l'adolescence. Nous commençons, comme vous le voyez, à passer dans le domaine pratique, et le nombre est déjà important de nos élégantes qui ont le courage de braver le ridicule des premières heures d'évolution, afin de se montrer telles que la nature les a faites, fortes ou frêles, massives ou fluettes, conservant, aussi bien à la promenade qu'à la maison, la liberté de se mouvoir sans oppression et la faculté de pouvoir respirer intensément selon les lois essentielles. »

— Je savais, dis-je, qu'un grand mouvement s'était formé à Vienne, où tous les apôtres du féminisme prêchent encore chaque jour pour une réforme du costume de la femme; mais je ne pensais pas, mon cher docteur, que vos compatriotes, généralement passives, eussent mis tant d'empressement à proscrire un des accessoires de la mode qui, étant donnée leur carrure, paraît leur être plus nécessaire qu'à nos Parisiennes ou à la généralité de nos Françaises.

— A Vienne, reprit mon guide, le mouvement dont vous parlez est très superficiel ; les Viennoises sont trop frivoles, trop coquettes par état, trop soucieuses de plaire pour ne pas demeurer soumises à tous les artifices de la parure. Nos femmes allemandes, au contraire, moins avides de plaisirs, plus aisément accessibles au raisonnement et qui sentent d'autant mieux le fardeau du corset, en raison de ce qu'elles sont plus vigoureuses et surtout faites pour la maternité, arriveront, je crois, à s'en défaire comme d'un véritable préjugé féodal. Comme le disait le professeur Krafft-Ebing, il s'agit de faire comprendre à quelle équivoque la femme honnête sacrifie niaisement sa beauté et sa santé, et le docte physiologiste ajoutait avec raison : « Celui qui a vu le corps d'une femme sur la table d'anatomie comprendra tous les crimes commis par ces toilettes modernes qui engainent le torse au détriment des organes primordiaux. »

« Dans l'Europe centrale, on a bravement formulé des lois contre le port du corset, comme on en fit contre l'alcoolisme.

« Le ministre de l'instruction publique Haret, en Roumanie, a interdit le port du corset (en 1902) aux jeunes filles des écoles, « attendu que c'est un article d'habillement antihygiénique, qui constitue un obstacle permanent au développement du corps et au fonctionnement normal des organes ».

« Même défense en Bulgarie dans les écoles de l'État. (Circulaire Chichmanov, 1904.)

« En Allemagne, interdiction du corset dans les écoles pendant les leçons de gymnastique.

« En Russie, ordre aux jeunes filles élèves des lycées et des hautes écoles de « déposer à l'entrée la cuirasse qu'elles portent sous le nom de corset ».

« En France, hélas! vous n'avez aucun édit valable contre ce fléau de la femme. »

— Alors, insinuai-je sans vouloir répondre à cette douloureuse et saine observation venant d'un Germain, alors la réforme qui est tentée est devenue, en quelque sorte, nationale; tous vos hommes célèbres s'appliquent à donner à la femme un costume plus indépendant, vraiment pratique, hygiénique et aussi esthétique?

— Oui, certes, tous nos écrivains, penseurs, médecins, pasteurs, les artistes même, n'hésitent pas à condamner l'étranglement des formes féminines tel qu'il s'opère, de diverses manières, depuis des siècles. A cette heure surtout où l'on s'aperçoit de l'injustice sociale vis-à-vis de la femme et où l'on commence à admettre qu'elle puisse égaler l'homme en maintes situations et circonstances de la vie civilisée, il convient de s'attaquer à la toilette féminine barbare, déprimante, courtisanesque, telle que nous la voyons aujourd'hui. Un de nos éminents professeurs de Dresde, Meinerl, lorsqu'il vint à aborder, avec toute sa compétence, cette question, affirmait avec clairvoyance que les femmes attifées selon nos modes actuelles ne pourraient jouer dans l'avenir le rôle qu'elles ambitionnent, et auquel elles devraient cependant prétendre si leur état de santé ne se trouvait pas aussi déplorablement compromis par la déformation que, depuis l'Antique, le corps de la femme a subie dans son thorax. Sa base, au lieu d'être large, est devenue conique et répond à un déplacement, à un tiraillement dans les organes et leurs fonctions. Il existe donc une infériorité remarquable dans la mauvaise circulation et dans la faiblesse nerveuse ou la qualité matérielle de l'ouvrière, qui, par exemple, reste très au-dessous de celle de l'homme. Malgré sa faiblesse musculaire physiologique, la capacité et la puissance de travail de la femme ne pourraient toutefois être contestées, et sans les tares dont elle est redevable à ses pernicieuses toilettes, on trouverait nos compagnes aptes à tous les travaux, à toutes les fatigues, ainsi qu'on en peut juger par les types des races primitives ou plus simplement en voyant certaines de nos paysannes que les bienfaits de la civilisation n'ont pas encore énervées ni appauvries constitutionnellement.

« Il faut donc, de toute nécessité, conclut mon brave docteur à lunettes, avec tout le sérieux d'un universitaire convaincu, réformer complètement l'esthétique de la femme, relativement aux modes qui l'assassinent lentement, qui ne favorisent que sa faiblesse et son impuissance et qui nuisent à sa *beauté réelle*, aussi bien qu'à sa santé. On nous a fait un type d'élégance et de grâce perverse et morbide, qui est aussi peu la femme saine que le lilas blanc est la fleur rustique. Il convient de ne pas plaisanter avec d'aussi importantes réformes, car l'humanité y est intéressée au premier chef. Il est urgent, désormais, de protéger cette partie radieuse, ce renflement de la femme que les primitifs peignirent si savou-

reusement et qui faisait dire à un philosophe qu'elle
représentait ce qu'il y a de plus sacré au monde : *le premier domicile de l'homme*. Si l'on n'y prend garde, affirmait le docteur francfortois, on réduira bientôt la femme
à néant. »

Je n'affirmerais pas que les braves Allemandes que je
voyais défiler dans le *Palmengarten*, durant ce discours,
fussent toutes, avec ou sans corset, des modèles de gen-
tillesse et de ligne ondoyante, mais cependant je prenais
quelque plaisir à regarder les mouvements assouplis de
certaines hanches libérées et j'avoue que le pli des tissus
de flanelle, de crêpe de Chine ou de linon sur les torses
flexibles de telles ou telles belles filles affectaient à mes
yeux des charmes de péplums grecs. — En songeant aux
idées si sages des réformateurs germaniques, je me sentais complètement acquis à la réforme de la toilette
féminine actuelle. Ce sont les dondons, les matrones
envahies par l'âge et les excès d'oisiveté qui imposent
des modes si furieusement cuirassées aux jeunes femmes
qui les devraient proscrire. Généralement, les pires modes
sont imaginées au profit d'une minorité de vieilles dis-
graciées de la nature, et les perruques, les vertugadins,
paniers, crinolines, jupes longues et hauts talons ont été
mis en faveur par d'honnêtes dames dépourvues de cheveux, de hanches ou de taille normale. Avec tout cela,
notre esthétique s'est faussée à ce point que nous jugeons de la beauté d'une femme non par les harmonieuses proportions de son corps, mais par l'effet qu'elle
nous produit grâce aux artifices de sa mise.

Le corset est également condamné par notre Faculté,
écoutez nos thérapeutes :

« La femme qui porte un corset vit constamment dans un état de demi-asphyxie », dit le docteur Sébilleau.

« L'étranglement du foie au niveau du rebord costal (par le corset) peut en détacher une partie qui forme alors une tumeur mobile », affirme le docteur Potain.

« Le déplacement d'un rein ou des deux reins (reins flottants) n'a pas généralement d'autre origine que l'action du corset... », proclame enfin le docteur Galtier-Boissière.

Certes, il est à souhaiter que la réforme du costume féminin aboutisse en Allemagne et ailleurs. C'est à se demander par quel complaisant aveuglement les chères créatures que nous aimons n'ont pas encore songé à lever l'étendard de la révolte contre les modes absurdes qui les compriment, les engoncent, leur font balayer la poussière des rues, paralysent leurs mains et ne leur donnent point cette indépendance physique qui les avantagerait à tant de points de vue.

Ah! que Mlle de Lespinasse avait raison de penser que toute femme serait au désespoir si la nature l'avait faite telle que la mode l'arrange!

Mais les femmes qui subissent les préjugés de la mode n'ont-elles point toujours prouvé que le raisonnement ne les toucha jamais. Il existe un martyrologe des modes qui témoigne que la mort fut acceptée avec ferveur par toutes les dévotes de l'inconstante déesse toutes les fois qu'il fallut briller, paraître, éblouir selon les goûts du jour. La religion des modes compte d'innombrables saintes Thérèses. Les victimes du corset le démontrent.

CELLES QUI CRÉENT LES MODES

LES CENDRILLONS DU LUXE

Un joli terme populaire qui fleure coquettement son xviiie siècle les désigne du nom de « cousettes ». C'est, en effet, au sujet de nos aimables couturières, véritables petites fées obscures de la mode parisienne, que j'entends disserter. Lorsque nous les voyons, le matin, s'empresser vers la volière sombre de leur labeur journalier, ou bien, sur le midi, sinon à la vesprée, s'en évader tumultueusement, elles nous apparaissent comme les moineaux francs et espiègles de nos rues et boulevards. Leur enjouement, leurs mines éveillées, leurs silhouettes menues, drôlichonnes, sautillantes, apportent comme une vie nouvelle, une griserie d'un instant sur leur passage. A les regarder insouciantes, promptes à rire de tout et de tous, animées par la volupté du plein air et le désir de plaire, on ne songerait guère à leur détresse physique, aux conditions le plus souvent précaires de leur existence, aux chagrins latents et à l'impécuniosité lamentable que dissimulent leurs rires stridents et la folâtrerie de leurs gestes.

Ces pauvres jeunes femmes ou demoiselles d'atelier, êtres faibles, délicats, maladifs, obligés, pour vivre, d'œuvrer de leurs mains menues en abandonnant totalement les soins du ménage, sont, à nos yeux, encore plus intéressantes et plus pitoyables que les prolétaires mâles.

Aucun fiel, cependant, n'empoisonne l'âme sentimentale de ces Mimi Pinson qui font de l'azur quand même au-dessus de leurs souffrances et de leur pauvreté. D'un courage fébrile et d'une énergie constante qui, devant les tentations de toute nature, peuvent atteindre parfois jusqu'à une sorte d'héroïsme de la vertu, elles poursuivent pour la plupart leur tâche quotidienne sans faiblir, chiffonnant des jupons de dix louis, épinglant des robes de dentelles de mille écus, entraînées dans la façon des volants et des ruches les plus follement coûteux sans aucunement avoir l'excusable vertige de tout ce luxe capiteux. Elles vivent toutefois si parcimonieusement qu'elles parviennent à peine à ne point mourir de langueur et d'épuisement dans la promiscuité des ateliers insuffisamment aérés, alors que les patrons par des veillées tardives et fort maigrement rétribuées arrivent à frauder trop fréquemment les règlements et les lois établies.

Dire leurs nourritures sommaires à la crémerie, leur souper tardif et insuffisant après le retour à la maison lointaine, leurs longues courses à travers Paris, matin et soir, par tous les temps de gel, de neige ou de pluie, l'inconfortabilité de leur installation chez le grand couturier, cela constituerait un assez noir et pitoyable tableau à la manière d'Octave Tassaërt et qui, bien que brossé souvent magistralement par les principaux peintres des tristesses sociales, ne put jusqu'ici amener une condensation de pitié assez grande pour favoriser l'amélioration du sort de nos infortunées *cousettes*.

Quelques femmes du monde, de ce monde dont Paris s'honore et où l'on estime encore que le cœur ici-bas doit marcher avant l'esprit et la bonté avant l'austère moralisation, se sont émues des difficultés d'existence de ces exquises collaboratrices du luxe féminin et font encore actuellement par la presse un pressant appel à la générosité publique dans le but de secourir, aux heures fatales où le mal les abat, les victimes des ateliers guettées par la tuberculose et la consomption.

Ces dames charitables ont déjà pu patronner à Paris des œuvres excellentes, telles que *Restaurants de Dames* et *Maisons de Famille*, administrés par des religieuses. Les petites ouvrières sans famille et sans appui ont déjà pu trouver dans ces fondations si recommandables une légère atténuation aux rigueurs de leur destinée trop souvent sans issue honorable; mais, à vrai dire, ce ne sont encore là que des secours infiniment bornés dont ne peuvent profiter qu'une infime minorité de ces laborieuses créatures.

Devant l'océan de détresses où naufragent tant de courageuses femmes, la création de ces quelques phares charitables ne peut qu'indiquer des havres de grâce, des ports de refuge aussitôt encombrés. Il faut faire mieux et même considérablement davantage pour nos chères petites fées si ingénieuses, si faciles à satisfaire, si délicates de sentiment que nous serons certes assurés de leur reconnaissance.

Il conviendrait d'établir une réglementation sérieuse de l'apprentissage et une réforme des ateliers de couture, conformément à toutes les lois de l'hygiène. Le travail monotone d'une couturière ne saurait durer au delà de huit heures sans compromettre sa santé, car il ne faut pas oublier qu'au sortir de l'atelier et avec le temps nécessaire pour atteindre son gîte, se nourrir et s'occuper de tant de menus soins personnels, il ne reste, en définitive, à la confectionneuse parisienne, qu'un minimum de sommeil et peu de minutes pour se récréer ou se meubler l'esprit. Les patrons, il faut

bien le dire, ne semblent point s'être profondément
souciés, jusqu'ici, d'améliorer les conditions de vie de
leurs employées. Il en est bien peu qui se soient
préoccupés d'installer à domicile, ainsi que cela se fait
en Angleterre, en Allemagne et en Amérique, des restaurants ou réfectoires hygiéniques et économiques où
les petites ouvrières ne seraient plus réduites à consommer d'invraisemblables nourritures pour le prix de
douze ou quinze sous qu'elles y peuvent, au maximum,
consacrer, car le gain d'une ouvrière moyenne de la
couture ne dépasse guère annuellement, morte saison
déduite, *1 200 à 1 300 francs*. Qu'on juge de la difficulté d'établir un petit budget avec si peu de fafiots!

La condition matérielle et morale de la femme laborieuse est actuellement, en France, indigne d'une
démocratie équitable. Le luxe qui nous entoure, créé
pour la femme et par la femme, est vraiment souvent
acquis au prix d'inquiétantes misères et de lamentables
marchandages. L'exploitation de la femelle besogneuse
par le mâle industriel est trop fréquemment excessive.

Ce n'est donc point seulement un syndicat de mondaines charitables qui mériterait de s'intéresser au
relèvement de cette situation ouvrière, ce sont *toutes
les femmes élégantes de la France et du monde entier*. Les
Parisiennes ont assurément le cœur porté aux senti-
ments généreux, l'âme enthousiaste à la bonté, mais
il faudrait leur associer les femmes milliardaires cosmopolites qui tirent si judicieusement vanité du luxe et
du bon goût de leurs merveilleuses toilettes exécutées
presque toujours dans la ville de lumière et d'art.

Il existe l'*Œuvre des Mimi Pinson*, cela chante clair
et gai à notre oreille, mais semble encore superficiel
et littéraire parce que insuffisamment attendrissant.

Il y aurait à fonder l'œuvre plus profonde des *Cendrillons du Luxe*. Celles-ci ont besoin, en effet, d'un nombre considérable de bonnes marraines, de toutes les excellentes marraines dont elles ont façonné les robes et les froufroutants dessous. Si toutes les coquettes qui portent une robe nouvelle, un chapeau séducteur, un manteau triomphant, un décolleté mousseux et qui fait valoir comme un écrin seyant les nacrures et l' «orient» de leurs charmes, voulaient, dans leur joie éphémère d'être belles, ne point se sentir égoïstes et penser aux modestes cousettes qui collaborèrent aux magnificences de leur beauté, les *Cendrillons du Luxe* pourraient bientôt avoir une sérieuse caisse de secours. Je serais fier si, par ce modeste appel, je pouvais aider à quelque œuvre nouvelle en faveur des laborieuses couturières qui s'épuisent à rendre plus glorieuses les apothéoses de la femme et de ses toilettes et qui restent toujours grelottantes, humbles et obscures habilleuses dans les coulisses du Théâtre des Modes.

Le *Denier des Cendrillons du Luxe* — quelle belle œuvre à créer! Songez-y, Mesdames!

MODES MASCULINES

LE TUYAU DE POÊLE

J'entends bien parler ici du tyrannique et inesthé-
tique chapeau haut de forme, du noir cylindre à reflets
que l'argot populaire a si pittoresquement baptisé des
noms de *bosselard*, de *décalitre*, de *tromblon*, de
tube, de *boisseau*, de *gibus*, de *Bolivar* ou de *boîte à
cornes*. Ce couvre-chef, qui triompha au cours du
xixe siècle, devait, espérait-on, disparaître de nos
modes masculines et, désormais, l'homme civilisé pen-
sait n'être plus l'esclave de ce fâcheux despote épicé-
phale. Son abolition avait été proclamée comme une
libération. C'eût été par un cri de délivrance unanime
que cette liberté aurait enfin été conquise après tant et
tant d'années d'oppression de nos crânes soumis à ce
carcan rigide et pesant. Un éminent hygiéniste n'a-t-il
pas déclaré avec raison que « le chapeau correct est
toujours dur et pesant. Il échauffe la tête, et, quand
il l'a bien étuvée, il est brusquement ôté, dans un
intérieur souvent froid, exposant ainsi la muqueuse du
nez à une fluxion subite. Ne deviendrait-il pas meilleur
s'il était plus léger, plus souple et plus sédentaire à la
tête ? »

On affirmait que, lors de certaines grandes solennités sportives des derniers printemps, un roi d'outre-Manche, arbitre indiscuté des élégances masculines, s'était montré délibérément en petit chapeau melon, répudiant ainsi la distinction légendaire du douze reflets. Aussitôt, la bonne nouvelle avait été transmise de Londres à toutes les capitales d'Europe et du nouveau monde. C'était comme un 9 Thermidor dans la Révolution des Modes, une libération des chefs jusqu'alors rigoureusement comprimés et déprimés par le port de la colonne de peluche noire. Un soupir d'exquis soulagement s'était évadé de nos poitrines comme à la vision d'une aube de raison, de libération et d'espérance. L'infâme blockhaus de nos têtes avait, presque sans discussion, été remisé dans les armoires. Durant une année environ, on en avait vu si peu dans le *Strand* et sur nos boulevards qu'il ne valait guère la peine d'en parler. Plus de « boules de billards » en transpiration abondante, plus de *skatings à mouches* marqués d'ecchymoses rougeâtres et en cercle, plus de *genoux* meurtris ; les légers canotiers, les souples panamas, les feutres confortables, les demi-cloches, les galurins à la tyrolienne, les « toitures » de chaume et d'étoffe avaient régné à souhait. Le tuyau de poêle semblait déjà à nos yeux comme un phénomène d'absurdité, ainsi que fut pour la femme la crinoline. On pouvait espérer ne revoir cette colossale capsule que dans les cérémonies villageoises ou sur la scène de nos plus désopilants vaudevilles.

Hélas ! n'avons-nous point triomphé trop vite ? Certains gentlemen du West-End londonien qui créent la fashion du *high life* ont porté aux grandes journées des courses le légendaire tromblon. C'est un effondrement ! — Il n'y a rien de fait, rien de définitif, mais il est à craindre que le bosselard ne fasse un retour offensif ! Quelle calamité ce serait là, mes frères ! Ne vaudrait-il point mieux être *ridicoculisé*, comme dit Cyrano, que de revenir incarcérer nos cailloux dans le cylindre de nos pères et nous soumettre à la perpétuation de la plus imbécile, de la moins démocratique et de la plus grotesque des modes ?

Il serait logique que la suppression du haut de forme nous vînt des milieux « smart » d'Angleterre, car c'est en royaume britannique que fut innové ce désagréable cylindre de fumiste. L'histoire des débuts de ce couvre-chef est d'une drôlerie vraiment impayable. Elle est un saisissant témoignage des inconséquences et aberrations du goût des citoyens modernes. Je doute que l'origine du tube ait été vulgarisée comme elle le mérite. En voici le résumé assez peu connu :

Certain gentleman boutiquier de Londres, nommé Hetherington, de sa profession mercier, imagina et confectionna à son usage, vers la fin du xviiie siècle, le premier tuyau de poêle. A la suite de quelles suggestions, de quelle gageure, de quelle fièvre chaude d'inventeur, fier comme Archimède, établit-il la coupe déraisonnable de cette nouvelle coiffure ? On ne saurait le dire. Peut-être, toutefois, fut-il tout spécialement impressionné par certain chef-d'œuvre des frères Van Eyck, *l'Homme au chapeau* actuellement à la *National Gallery*, et qui témoigne que le grand tube cylindrique fut en usage dans les Flandres dès la fin du xive siècle. Tout est possible.

Toujours est-il que le 15 janvier 1797, — je précise cette date mémorable, — le brave Hetherington, sous les yeux consternés de sa famille, se couvrait la tête de ce boisseau démesuré, et, malgré les supplications des siens, les cris de ses enfants, l'aboiement de ses chiens, la consternation de ses employés et serviteurs, il prit l'énergique et folle résolution de se montrer en public ainsi coiffé, hors période de carnaval.

Cet Anglo-Normand, d'esprit déterminé et libre, trouvait sans doute, par cet acte audacieux, le moyen d'affirmer son supérieur dédain de l'opinion publique. A ce titre, il a droit, dans notre jugement, aux circonstances atténuantes.

Il sortit donc dans la Cité, parcourut *Cheapside* au milieu d'une indicible stupeur et parvint jusque dans le *Strand*, où il causa sur son passage un scandale prodigieux, un sauvage tumulte donnant un flagrant démenti au classique flegme britannique.

Les attroupements autour de cet original porteur de la coiffure inédite furent si compacts, si considérables, que la circulation, déjà intense à Londres, se trouva arrêtée. La police dut intervenir pour dissiper les rassemblements et conduire au poste l'être hétéroclite qui les avait produits.

Les journaux du temps relatèrent cette journée mémorable. J'ai pu en noter naguère des extraits trop étendus pour être reproduits dans ce rapide mémoire où ils n'auraient d'ailleurs que faire. On y constate que des femmes se trouvèrent mal, que d'autres accouchèrent à la vue de ce « monstrueux spectacle », que des enfants furent piétinés par la foule et que le coupable, Hethérington, dut comparaître devant le lord-maire comme fauteur de si regrettables accidents.

Pour sa défense, le prévenu fit valoir qu'il n'avait violé aucune loi du royaume, qu'il avait simplement usé du droit reconnu à tout citoyen anglais de sortir avec une coiffure de son choix.

Il dut fournir caution de cent livres sterling (2 500 fr.) et fut, sinon condamné à de très fortes amendes, du moins sérieusement admonesté pour l'esclandre qu'il avait suscité parmi les paisibles *cockneys* de Londres.

Le *Times* du 16 janvier 1797, racontant les faits de la veille, écrivait ces lignes surprenantes en conclusion du récit des troubles provoqués :

« Cette coiffure dite « chapeau de soie », pour révolutionnaire qu'elle soit, finira par s'imposer tôt ou tard à tout le monde. Aussi croyons-nous que la police, en arrêtant l'initiative, a été mal inspirée. »

Le *Times* fut, hélas ! en sa tolérance libérale, un trop clairvoyant prophète. Le scandaleux couvre-chef de Hetherington devint, durant plus d'un siècle, le chapeau tyran que rien ne put jusqu'ici détrôner. Cette folle et ridicule coiffure aura vécu plus que les lampions, les jolis tricornes et bicornes. Ni sa lourdeur, ni sa laideur, ni sa rigidité n'auront désespéré toutes les générations de l'Empire, de la Restauration, de la monarchie de Juillet, du second Empire et des deux dernières Républiques. On a raison de croire à *l'Évangile de l'absurde.* C'est le plus fort de tous. Quel cataclysme faudrait-il souhaiter qui viendrait nous délivrer définitivement de l'intolérable tuyau de poêle ? On n'ose y songer !

Si les hommes individuellement montraient plus de courage devant le snobisme triomphant, si chacun d'eux avait la raison maîtresse en partage, le déterminisme voulu pour se soustraire à la sotte loi d'une fashion imbécile et calamiteuse, si l'individu était mieux doué pour l'indépendance et le libre arbitre et osait agir à sa commodité et fantaisie, il y a longtemps que le stupide couvre-chef en boisseau aurait rejoint, au Musée des supplices de la Mode, les casques de fer, les cols larges comme des plats du xvie siècle, les perruques à la Louis XIV, et autres affreuses *réchauffantes* d'avant la Révolution.

Un poète du Parnasse « indoustanique », qui fut un

docteur très préoccupé d'hygiène et de beauté, avait fondé naguère une ligue contre le haut de forme. Il vint me solliciter de faire partie de son comité de propagation. Mais je ne pus m'empêcher de rire avec un éclat d'ironique bonne humeur, à son nez et à sa barbe, car cet apôtre du chapeau mou sur le crâne libre arborait un phénoménal tromblon, un *bosselard* de médecin de vaudeville, un huit reflets de vieille barbe de 48. Il ne comprit pas mon refus, bien que, parodiant le mot d'Alphonse Karr sur les criminels, je lui aie répondu : « Mais, mon cher, prêchez d'exemple : *que Messieurs les Révolutionnaires commencent !* »

Le haut de forme est devenu coiffure officielle. Aux yeux des esprits simplistes, qui sont en si grande majorité en tous pays, il constitue une expression de confort et de luxe. C'est le couvre-chef de cérémonie qu'arborent avec quelque orgueil les parvenus. Il apparaît comme le témoignage d'une bourgeoisie cossue, l'un des signes extérieurs de la richesse. Il concourt aux besoins du *Paraître,* c'est pourquoi, viendrait-il à n'être plus porté par les élégants de la société sélect qu'il régnerait encore dans la petite bourgeoisie et dans les municipalités provinciales.

CHAPITRE II

MODES SCIENTIFIQUES ET MÉDICALES

L'Hygiène et ses soins.
Les Chirurgiens et la Société.

LA MULTIPLICITÉ

DES MÉDICATIONS MODERNES

Nous nous trouvions réunis, certain soir, au *Dîner mensuel des Vagabonds*, une quinzaine de bons globe-trotters cosmopolites dont un tiers de Parisiens, plus un couple d'Américains et deux Anglais des Indes occidentales. Quelques Allemands, Belges, Suisses et un Italien complétaient notre réunion.

Vers le milieu du repas, l'un de nous fit curieusement observer que le vin semblait de plus en plus en défaveur, la majorité des dîneurs ne buvant que de l'eau, du lait ou d'affreuses mixtures acidulées. Ce furent d'abord des rires de dyspeptiques mélancoliques, puis survint, au rôti, comme une poussée ardente de récits variés, où chacun des convives exposait les raisons du régime qu'il devait observer et la privation rigoureuse des alcools considérés comme des excitants à réactions funestes.

Les hommes sont complaisants à leurs maux ; un in-génu égoïsme les incite à en essayer l'analyse jusque dans les plus répugnants détails. La causerie générale, ce soir-là, se serait sans doute traînée et divisée en de menus et lamentables dialogues, rappelant ceux des tables d'hôtes de villes d'eaux ou de garnison, si quelqu'un n'avait jeté comme appât au bavardage d'ensemble cette grande question des *modes médicales* et des étranges procédés de thérapeutique actuellement en usage.

Les méthodes de guérison actuelles sont diverses et invraisemblablement multipliées dans tous les milieux où l'on exerce la science de guérir. Les paradoxales médications d'hier et de demain furent naturellement mises sur le tapis. On cita des médicastres méconnus qui, appuyant encore leur science sur l'astrologie, estiment que Saturne domine la tête et l'estomac, Mercure les mains et les pieds, Mars le foie, le fiel et les narines, il leur convient de n'appliquer des remèdes essentiels qu'au moment de la conjonction de certains de ces astres. Eusebio Bambini, poète de Ravenne, nous parla des cures inoubliables de l'illustre et regretté Mattei de Bologne et du prodigieux retentissement de son système, même encore à notre heure, en Europe, où les fidèles de ses médicaments forment toujours une véritable légion d'apôtres. Un Munichois, très documenté, nous fit, à propos du curé Kneipp et de la prospérité de son établissement à Weirishoffen, des statistiques sur le nombre de malades traités et sur l'argent encaissé par ses disciples qui excitèrent notre incrédulité par leur proportion phénoménale.

Mrs. Westlake, de Chicago, nous amusa fort par le récit des plus fashionables traitements en usage actuel dans la société américaine. L'eau chaude se boit beaucoup, sans doute pour réagir contre l'eau glacée ; tout ce qui est *swell*, à New-York aussi bien qu'à Frisco, absorbe sa pinte d'eau très chaude, cinq ou six fois par jour, soir et matin, avant et après chaque repas. Mrs. Westlake nous avisa également de la faveur qui s'attache à la viande de bœuf, dont un médecin de Boston très accrédité fit une apologie éloquente, au détriment de la chair de mouton, considérée désormais comme étant éminemment maléficieuse : « *Beef, beef, always beef!* » va-t-on répétant partout dans les clubs, les hôtels et les restaurants d'Amérique. Le mouton baisse sur le marché des États-Unis. On l'exporte.

M. William Maple, de Bombay, charmant convive, avoua être fort partisan de cette nouvelle secte chrétienne contre le mal qui a pris pour nom *Christian-Science*, et qui, école néo-stoïcienne, enseigne à tous les patients l'art de nier la douleur et de vaincre le mal par une auto-suggestion, dont le point d'appui ou d'hypnose réside dans la tranquille confiance en la souveraine puissance de l'Esprit. Il cita des exemples extraordinaires et nous conta des cures miraculeuses et invraisemblables par la seule domination de la volonté sur la douleur ou, si l'on préfère, par une sorte d'évasion du *moi patient*, hors du rayon de la sensibilité centrale. Les *Christian scientists* qui ont renoncé à toute assistance des médecins sont prodigieusement nombreux en Angleterre et dans le nouveau monde.

Nous fûmes peu à peu normalement amenés à discuter de toutes les thérapeutiques du moment et à parler des vertus plus ou moins efficaces de l'hydro, de l'aéro, de la séro, de la photo, de la métallo et de l'électrothérapie. Combien d'autres thérapies, omises ici, solliciteraient encore notre attention!

— Messieurs, clama soudain, pour se faire entendre dans la diffusion du verbiage commun, l'archéologue de Francfort, Fritz Rothendorff, il existe une thérapie que vous ignorez en France, ou du moins que vous appliquez encore insuffisamment, mais dont le succès est déjà considérable en Allemagne. Je puis vous en parler, car je lui dois la guérison radicale d'un rhumatisme articulaire aigu que j'avais contracté récemment. Je ne sais quel nom nous lui donnons, mais on pourrait la nommer l'*électrophototothérapie*.

« Il existe actuellement à Berlin et dans quelques grandes villes allemandes, poursuivit-il, des établissements supérieurement organisés où l'on traite par la lumière électrique presque tous les genres de maladies de la peau, des muscles, des organes internes et même des os. On cite des cas de guérison absolue de lupus, de stéatose, de rachitisme, de phlébite, de sciatique, etc., sans qu'on ait fait intervenir ni courants continus, interrompus ou à haute fréquence, ni commotions excitant la contractilité électro-musculaire. Le corps est mis nu et simplement exposé en totalité ou en partie, selon la localisation et la nature du mal, à la lumière de lampes ordinaires à ampoules, sinon de lampes à arc, plus ou moins nombreuses. On demeure enfermé, debout ou confortablement assis, dans une boîte en bois bien close, la tête seule émergeant au dehors, comme dans le système du bain à vapeur à la russe. La lumière enveloppe le corps sous toutes ses faces, pénètre le derme, les tissus profonds, exerçant une action bienfaisante dont les spécialistes vous décriront surabondamment le processus. La chaleur douce des lampes aide évidemment à l'action de la lumière ; enfin, tel que vous me voyez, après une vingtaine de séances graduées de une à deux heures, je me sens indemne de toute douleur, souple, bien en train pour le voyage, avec une provision de cellules régénérées qui ne demandent qu'à combattre vaillamment en faveur de mon organisme. »

— Les Allemands, cher Monsieur Rothendorff, nous ont sans doute chipé le procédé, ou plutôt nous les avons mis sur la voie, interrompit de sa voix de blague l'illustrateur quinquagénaire Poulac. Tenez, moi qui ai

beaucoup roulé dans les cythères de Montmartre aussi
bien que dans les maisons bleues d'Indo-Chine, j'étais,
il y a deux ans, éperdument vanné, ratiboisé, une loque,
quoi!... Mes mains tremblaient, mes yeux n'étaient
plus que des veilleuses vacillantes, je me sentais
fichu. Un médecin de Paris, un spécialiste, occultiste,
mage, toqué, tout ce que vous voudrez, et méprisé de
ses confrères! ah! mes enfants!... le docteur C... —
évitons la réclame — m'a tiré un peu de sang, l'a étalé
sur un verre, a projeté électriquement sur le mur l'image
de la tache sanguine, et a découvert que je manquais
de phosphate, de fer et de bien d'autres choses. Croyez-
vous qu'il m'ait envoyé chez un potard pour faire
emplette de drogues phosphatées et ferrugineuses? Pas
du tout. Le père C... estime que tout ce qui s'absorbe
par le bec abrutit l'estomac et ne s'assimile pas. Son
truc, à lui, c'est de vous faire avaler les remèdes par
les millions de bouches qui sont les pores de notre
peau. Lui aussi, il vous enferme à l'état de ver de
terre dans des boîtes hermétiques, il y allume des
lampes non électriques, mais à alcool. Il fait bouillir
ses philtres, dont le malade absorbe les vapeurs
bienfaisantes. Tout cela a l'air rigolo et je ne sais
pas à quel mot savant le docteur C... soude le suf-
fixe de thérapie, mais ce qui est sûr, c'est que le
bonhomme m'a recalé sur pied, ce que tous les pontifes de la Faculté, professeurs agrégés et autres,
n'avaient su faire.

« Les grands dignitaires de la science, on les connaît,
voyez-vous, ces momifiers-là, ricana Poulac; moi, je
n'y coupe plus : tous des blagueurs. Vrai, je préfère
encore les successeurs des anciens baladins guérisseurs
du Pont-Neuf et les vendeurs d'orviétan et autres
remèdes de bonnes femmes à ces momifiés du succès. »

Comme, après ces palabres, on se levait de table en riant, un de nos compagnons, Genevois celui-ci, se mit à citer un curieux passage de vieilles et saintes écritures hébraïques où il est dit : « Celui qui péchera contre le Créateur tombera entre les mains du médecin », et, comme tout bon calviniste est enclin à la glose, il ajoutait :

— Nous devons, évidemment, interpréter ceci dans ce sens que les médecins n'ont été inventés que pour punir les vaniteux, les téméraires, les gourmands et les sensuels excessifs qui, en surmenant leur corps, en fatiguant leurs organes, en s'écartant des renseignements si précis de la nature, en oubliant les lois de pondération, de sobriété et d'équilibre, deviennent, en quelque sorte, coupables d'outrages aux facultés humaines et à l'harmonie de la création. Le médecin, aux temps primitifs, c'était le bras du Dieu vengeur ; c'est encore dans les campagnes un épouvantail et plus d'un vieux paysan hausse la tête avec orgueil en déclarant : « Si je suis fort comme un chêne, voyez-vous, c'est qu'aucun docteur ne m'a jamais *travaillé sur le corps!* »

Oh! les thérapies! Ce que nos grands comiques de naguère les auraient blaguées comme elles méritent de l'être et comme nous ne savons plus le faire à présent!

Pas un seul de nos vaudevillistes n'eut jusqu'ici le courage de ridiculiser, comme il serait si plaisant de le faire, la sottise de nos modes médicales. N'aurions-nous plus l'*esprit moliéresque?*

L'IDÉALE HYGIÈNE

En tout temps, on écrivit surabondamment d'excellents ouvrages sur cette partie de la méthode médicale qui consiste à étudier les mesures favorables à prendre pour la conservation de la santé. Sénèque disait avec raison qu'il vaut mieux prévenir une chute que d'aider celui qui est tombé à se relever. La prophylaxie classique, dont les maîtres véritables furent Hippocrate, Galien, Celse, qu'on nomma le Cicéron des médecins, Avicène, Hoffmann et Boerhaave, mérite encore quelque crédit. On peut dire qu'elle était plus optimiste que celle qui nous incite à croire que la peur des microbes est le commencement de la sagesse. Les vieux médecins, qui se préoccupaient de la vie saine, commandaient de nous maintenir l'esprit solide et allègre dans le corps en parfait équilibre. Ils songeaient encore à se documenter sur la complexion, le tempérament individuel, la profession et la vie morale de leurs malades ou plutôt de ceux qu'ils s'efforçaient de garder en aimable santé. Ils étaient en quelque sorte des économistes de l'animalité, et leurs livres d'hygiène sont d'une clarté, d'un bon sens, d'une logique qu'on ne saurait surpasser. Sur l'air, sur les aliments, sur la diète, sur le mouvement et le repos, le sommeil et la veille, sur la matière des excrétions, flux et suppressions, enfin sur les passions de l'âme, qu'ils avaient raison de ne point négliger, ils affirmèrent des théories supérieures en rendant toujours hommage aux grandes leçons de la nature. Ils prêchèrent la quiétude de l'esprit, la gaieté, dont le rayonnement est si nécessaire en nous; ils n'usèrent point de rigueur contre le vin ni contre les passagères bombances.

Les régimes préconisés par eux sont encore à étudier et à suivre. C'est un réconfort que de les lire et de les interpréter comme ils le méritent.

L'hygiène moderne, tout empreinte des découvertes pastoriennes, chercheuse de l'infiniment petit, est devenue infiniment plus impérieuse et tyrannique. Elle ne nous traite pas toujours en prévenus, mais trop souvent en condamnés. La révolution qu'amena la méthode fondamentale de la bactériologie nous a mis en défiance de tous les plaisirs, de toutes les jouissances, de tous les contacts. La nature animée nous fait voir autour de nous le maléfice périlleux des agents pathogènes et des parasites homicides. Nous sommes tous semblables à Denys, tyran de Syracuse, qui n'osait plus toucher à rien de peur d'être empoisonné. Nous avons le *taf* vis-à-vis des boissons, des aliments, des objets d'usage, le *taf* des communautés douteuses, des logis de hasard, même le *taf* des baisers. L'hygiène, aujourd'hui, multiplie nos phobies, nos timidités, nos défiances, nos inquiétudes, nos appréhensions. Elle sème la panique en nos sens. Dans l'anarchie de nos transes, le charlatanisme a beau jeu, les marchands d'antiseptiques s'en donnent à cœur joie et les hygiénistes-écrivains pullulent comme de raison. On nous apprend à défendre nos yeux, nos dents, nos cheveux, notre bouche, nos muqueuses, nos habitations, à lutter contre les invisibles ennemis qui, de toutes parts, nous battent en brèche et s'introduisent en nous pour ravager les sources de notre existence.

Nos régimes alimentaires sont principalement soigneusement discutés, analysés à tel point que nous ne savons plus exactement à quelles viandes ou à quels légumes accorder la faveur de nous sustenter. Un jour, on incrimine le vin; le lendemain, on accuse le mouton des pires méfaits; peu après, c'est le veau ou l'agneau qui sont déclarés toxiques, en tant que chairs non encore formées. Tels légumes verts sont chargés d'acide oxalique, tels autres sont d'une nutrition nulle. L'estomac ne sait plus comment se créer une religion au milieu de tant de dogmes opposés. Le mieux est de professer le plus sincère je-m'enfichisme et d'observer comment nos organes se comportent vis-à-vis des importations diverses que la douane de notre appétit autorise dans messire Gaster.

Ce qui pourrait réhabiliter l'hygiène moderne, ce serait son souci des collectivités permanentes, périodiques ou temporaires, c'est-à-dire ce qui est relatif aux casernes, aux internats, aux ateliers et bureaux, aux maternités, aux théâtres, salles de concerts, voitures de locomotion en commun, etc. Ici, assurément, il y a beaucoup à faire; les idées théoriques ne font pas défaut, mais la mise en pratique, hélas! est terriblement longue à nous apporter ses bienfaits.

Qui dira, avec une suffisante indignation, les conditions pitoyables des habitations collectives à l'heure actuelle dans les grandes villes françaises? Serait-il possible de parler de sang-froid de la capacité, de l'aération, du chauffage et de l'éclairage des ateliers, des écoles, des bureaux de poste et téléphone et des innombrables demeures où élèves, ouvriers, étudiants, couturières, domestiques, soldats, employés, sont contraints de vivre près des deux tiers de leurs journées? Si même nous abordions les asiles sacrés sur lesquels veille l'Assistance publique, je veux dire les hospices, les maisons de retraite, et surtout les hôpitaux, on nous taxerait de pessimisme, car il nous faudrait montrer l'état déplorablement inférieur de nos dispensaires et Hôtels-Dieu, Charité, Pitié, Beaujon, etc., et l'entassement invraisemblable des malades qu'on y trouve et qu'on ne peut traiter avec tous les soins et toute l'humanité requis. Les médecins n'ignorent point cette tare de notre vie sociale parisienne, mais, chose étrange, les apôtres des réformes importantes et urgentes dans les locaux collectifs n'osent jamais parler des hôpitaux. Quels sombres lieux ce sont cependant, à l'heure présente, que ces salles de malades comptant autant de brancards que de lits, où les infirmières ne peuvent plus circuler sous peine de bousculer les impotents et où l'on renvoie les infirmes à moitié guéris afin de pouvoir accueillir de nouveaux venus! Quels cubes d'air ont ces infortunés ægrotants? Comment sont-ils couchés, couverts, soignés? On tremblerait d'avoir à révéler tout ce qui se passe dans ces retraites collectives d'hospitalisés.

Les lieux de plaisir ne valent guère mieux, en dépit de leurs façades de fête, que les lieux de douleur; mais ici, au moins, l'occupation collective est passagère, sauf quoi, ceux qui fréquentent les spectacles n'y résisteraient point. Ce qui se dissimule de sordides et nocives poussières dans les velours des fauteuils, les appuis des balcons, les tentures des loges, les dessous des parquets, les concavités des statues et des décorations en relief est indicible. Il n'existe point encore de lieu collectif de récréation qui réponde vraiment au désir de l'idéale hygiène, c'est-à-dire qui soit lavable sur toutes ses surfaces faïencées et dont les sièges soient imperméables aux pulvérulences atmosphériques.

Les églises mériteraient également de payer à l'hygiène moderne leur tribut de réformes. Le soleil, le grand air et l'eau n'y pénètrent jamais; on y respire des senteurs douteuses, le sol y est malpropre, souillé de mille choses écœurantes. La religion catholique et la propreté ne pourraient-elles pas enfin communier ensemble?

L'hygiène idéale est encore un desideratum pour la plupart des Français. Nous sommes un vieux peuple, nous nous acagnardons en de vieilles maisons, en de vieilles coutumes qui nous sont chères et, pour tout ce qui tient à notre sol, à nos mœurs, à nos préjugés, nous demeurons étonnamment conservateurs, conservateurs jusqu'à la ruine. Il n'est point facile d'introduire l'hygiène moderne chez nous, car c'est par l'architecture hygiénique et la maison nouvelle, scientifiquement et confortablement construite, qu'on y peut et doit arriver. La baignoire n'est point encore un meuble de première nécessité pour nombre de nos contemporains et quelques-uns de nos compatriotes ne découvriraient point la drôlerie de cette légende d'un de nos humoristes du dessin montrant un provincial imbu de parisianisme qui déclare à un de ses concitoyens : « Voyez-vous, mon cher, moi qui vous parle, depuis que je suis allé à Paris, il faut, bon gré mal gré, *que j'en aie besoin ou non*, que je prenne un bain tous les ans. »

LA TERREUR DES MICROBES

LES ABUSIVES STÉRILISATIONS

Rien ne serait plus intéressant à écrire qu'une histoire documentée des modes qui ont régné en médecine au cours de notre récent xixe siècle. On y verrait de quel engouement docteurs et patients ont toujours témoigné vis-à-vis des traitements nouveaux dont la vogue s'affirma quelques mois durant, et combien furent nombreux les changements complets de méthode et les soudaines réactions dans les soins à donner à notre société ægrotante, passive et gobeuse.

Qui dira les thérapeutiques étranges qui passionnèrent successivement nos pères! Qui nombrera les victimes des systèmes les plus opposés, des formules trop vite acceptées, des modes opératoires un instant jugés merveilleux et repoussés comme néfastes peu après! Il suffit de songer aux longues périodes expérimentales de la diététique et à celles des prélèvements sanguins, suivies bientôt de la réactionnaire pratique reconstituante: viandes saignantes et vieux bordeaux, alors qu'aujourd'hui nous en sommes à l'*aqua simplex* et au régime très médiocrement carné.

Empirisme, méthodisme, dogmatisme, éclectisme ont

tour à tour fait fonctionner les ciseaux des Parques. Les écoles médicales ont souvent faussé les idées les meilleures et les princes de la science ont été trop fréquemment confondus avec les plus cyniques batteurs d'estrade. Nous avons fait sans cesse la navette de notre crédit d'Hippocrate à Gallien. Au sortir de l'outrancière hémophilie qui soutira tant de sang aux veines ancestrales, nous avons vécu dans l'hémophobie, nous efforçant de fabriquer des globules rouges au lieu d'en perdre. Enfin, depuis vingt ans, la peur du microbe nous gouverna tyranniquement. Nos existences furent et sont encore paralysées par la phobie des bactéries et beaucoup d'entre nous sont en continuelle défiance et appréhension de tous breuvages et de toutes nourritures. La vie s'est faite timide vis-à-vis des aliments, on boude à ses instincts et à ses appétits ; partout on découvre des germes de contagion et de mort. A force de vouloir tout stériliser, on se condamne soi-même, c'est-à-dire on condamne ses goûts, ses passions, ses désirs, ses fougues à une sorte de stérilisation imbécile, pire que tout ce qu'on redoute et qui n'a que trop duré.

Il paraîtrait que nous touchons à la fin des abusives pasteurisations. Quelques courageux médecins révolutionnaires se préoccupent, dit-on, de démontrer les dangers que présentent les excessives stérilisations des aliments. Les comptes rendus des sociétés savantes nous témoignent depuis quelques mois de ces justes alarmes. D'autre part, un professeur expérimentateur a démontré, tout récemment, le rôle bienfaisant des microbes dans la digestion normale et rapide. Des cobayes — ces cochons d'Inde servent à tout prouver ! — ont été nourris les uns avec des carottes stérilisées, les autres avec ces mêmes légumes pollués de terre et chargés de bactéries. Or, ce sont ces derniers qui assimilent le mieux et progressent à vue d'œil. Il eût suffi d'observer nos paysans ou de regarder comment vient la force aux Turcs alimentés de végétaux, véritables nids de culture microbienne, pour se renseigner encore plus rigoureusement sur les nécessités de la fermentation qui doit activer notre nutrition.

Ce n'est point tout. Un chirurgien d'outre-Manche, un compatriote du fameux Lister, s'avise de nous apprendre que la présence des staphylocoques sur certaines plaies traitées par l'oxygène aiderait plutôt à la prompte cicatrisation de ces plaies. De là à découvrir le bacille réformateur de tissus, il n'y a qu'un pas.

Ces nouvelles bizarres me charment plus que je ne saurais dire. J'y vois comme le présage d'une prochaine réaction thermidorienne succédant à la *terreur médicale* qui guillotine depuis des éternités toutes nos fantaisies gastronomiques. C'est à qui se privera du précieux consommé cher à nos mères et déclaré éminemment toxique, de conserves où l'oxyde de plomb s'est chimiquement constitué, de poissons fermentescibles et colporteurs de germes nocifs, de fraises, véhicules du tétanos, d'huîtres recéleuses du bacille typhique. On ne citerait pas un mets... pas un seul qui n'ait été visé dans quelque rapport d'académie de médecine. A en croire les observateurs à microscope, il ne resterait qu'un périlleux moyen de vivre qui consisterait à crever de faim en n'osant presque plus rien porter à ses lèvres.

C'est vraiment ridicule et la science tombe le plus souvent dans l'enfantillage. Je ne sache point que nos pères, ces bons vivants qui mangeaient plantureusement et buvaient ferme et sec, aient connu davantage de maladies que nous. Si la longévité s'est accrue dans la masse, on ne saurait affirmer que les disciples de l'asepsie alimentaire jouissent d'une santé aussi glorieuse que nos anciens épicuriens qui élevèrent la ripaille à la hauteur d'un culte.

On ne saurait nier que, grâce à Pasteur et à quelques-uns de ses moins tapageurs disciples, la science médicale ait accusé de notables progrès. Toutefois, au point de vue exclusif du traitement des maladies, l'incertitude et le stationnement demeurent encore les mêmes que naguère ou à peu près. A la drolatique formule moliéresque : « Clysterium donare », nous avons substitué le « Serum donare » qui implique la même seringue symbolique et dont les résultats ne sont que rarement plus probants. Quelques sages docteurs prétendraient affirmer qu'il n'y a rien de rigoureusement scientifique et de virtuellement clinique dans nombre de cures antirabiques ou antidiphtériques et que les mystificateurs médicaux qui se sont autorisés de Pasteur forment encore un nombre trop considérable. — Admettons que ce soit toutefois à démontrer.

Naguère, Peter et ses partisans, qu'on nomma dédaigneusement des *péteristes*, osèrent protester contre les exagérations des *pasteuriens*. Ils furent bafoués dans la poussée enthousiaste des adeptes bactériologiques du premier moment, traités d'antifrançais et réduits au silence. On doit cependant évoquer aujourd'hui la courageuse loyauté de ces révolutionnaires de la première heure, au début d'un mouvement de réaction qui va, espérons-le, marcher bon train et mettre un terme à cette microbiophobie générale dont profitent surtout tant de charlatans et tant d'industriels avisés.

J'ai toujours estimé que cette réaction intensive et nécessaire contre l'abus de la stérilisation du boire et du manger devait survenir au début de ce xxᵉ siècle. Encore un peu et nous allions nous trouver sur le radeau de *la Méduse*, au milieu d'un océan d'asepsie, n'ayant plus même la ressource de nous entre-dévorer par défiance de nos chairs contaminables. L'*Homo homini lupus* souffrait cette atténuation : *Post Pasteurisationem*.

Ah! Dieu! nous l'a-t-on assez faite au microbe notre pauvre existence déjà si compliquée, si inquiète, si opiniâtrément poussée à la lutte!

Tout être vivant est un microcosme en fermentation constante dans tout son organisme. La bataille ne s'arrête et ne peut ni ne doit logiquement s'arrêter au centre de nos viscères, de nos tissus, et de nos veines. *Je fermente, donc je suis*, aurait pu dire Descartes. Tous nos éléments charnels sont des terrains d'évolution pour microbes. Les bons et les mauvais y opèrent aveuglément pour coopérer au bon équilibre de notre santé, c'est-à-dire à la perpétuité de la matière. Les mauvais ne triomphent que lorsqu'une cause de faiblesse, un défaut de circulation, un arrêt dans notre tuyautage humain, des tares quelconques se produisent en cours de fonctions normales. Autrement, lorsque le corps est sain, les rouages en bon exercice et qu'il n'y a ni surcharge alimentaire, ni rouille par suite d'état sédentaire, ni surmenage ou excès de dépenses physiques, les bactéries criminelles, les staphylocoques redoutés, les streptocoques virulents, tous les apaches microbiques dont on nous exagère les exploits ou plutôt les méfaits, n'ont rien à faire. La police intérieure est bien faite et tous les infiniment petits deviennent d'excellents ouvriers occupés nécessairement à créer de la vie et de la force. Ce sont des dockers jamais en grève, qui répartissent les chargements de nos soutes à nourriture. Les proscrire totalement, ce serait nous condamner aux déchéances et aux faillites de toute sorte. La théorie de la défense de l'organisme par la phagocytose n'est plus à révéler. Ce qui propage la nocuité de ces coltineurs de nos entrailles, c'est la foi que nous attribuons à leur rôle néfaste et l'ignorance que nous sommes de leurs excellents travaux de déblaiement et de désagrégation à l'heure de nos importations nécessaires. La crainte seule que nous inspire la mauvaise réputation de ces bacilles devient surtout fort défavorable au combat régulier de nos cellules. Il vaut mieux *s'ignorer* que de *se redouter*. Avoir foi en sa santé, *per fas et nefas*, c'est assurer la victoire régulière, quotidienne de son mécanisme. Les microbes ne sont forts que devant nos faiblesses et le taf qu'ils nous inspirent.

La médication des *Christian scientists*, dont la vogue aux États-Unis dépasse actuellement tout ce qu'on pourrait imaginer, consiste à s'auto-suggestionner qu'on n'est point malade et que la volonté jointe à la foi de ne l'être pas doivent suffire à la guérison, avec l'appui du Seigneur. Le microbe n'existe pas pour les partisans de la « Christian-Science ». On le nie, donc on le supprime. Il existe beaucoup plus qu'on ne le suppose en effet dans la seule imagination des hommes. Il semblera aujourd'hui que c'est une hérésie que de le proclamer, mais demain, mais bientôt, on rira sans mesure des transes comiques dans lesquelles il nous fit végéter plutôt que vivre. Nos petits-neveux auront quelque droit de ridiculiser nos faiblesses. Réhabilitons le microbe et dépêchons-nous de changer une mode médicale qui dure plus que de raison et qui nous rend si impitoyables à nous-mêmes, à nos appétits et à nos instincts, à nos goûts et à nos gourmandises, à notre naturelle gaieté et à notre indépendance physiologique. Nous ne vivons plus que d'une vie filtrée dont nous abandonnons le meilleur, la crème, au-dessus de la coupe. On en reviendra et ce que notre génération paraîtra avoir été froussarde et bébête, ce n'est rien que de le dire. On se demande, en effet, si, au prix des transes que ses découvertes bactériologiques nous occasionnent, Pasteur et ses élèves ne seraient pas des empoisonneurs d'humanité. Les microbes nous environnent. On les voit, ou bien on les suppose partout; ils nous mettent en défiance de l'air que nous respirons, de l'eau que nous nous apprêtons à boire, des aliments qui ont été cuits à notre usage; nous redoutons la poignée de main de certains amis convalescents et nous ne serions pas sans inquiétude sur les baisers que nous échangeons, si la passion ne nous entraînait pas avec fougue vers les ardeurs de l'amour, malgré toutes les approches de muqueuses et tous les échanges de tendresses.

Récemment, à Londres, dans un des clubs de Piccadilly que fréquentent plus particulièrement les hommes de science et de médecine, un savant physiologiste, le docteur Allan Macfayden, nous exposait le résultat de ses études et analyses sur les poussières de l'air tant dans les villes à grande densité de population que dans les villages et campagnes. Ce terrible homme avait eu la patience et la curiosité de compter scrupuleusement le nombre des microbes que nous sommes susceptibles d'introduire dans nos bronches, nos poumons et nos viscères, par le seul fait de la respiration. Son enquête n'est certes pas réconfortante pour les infortunés condamnés à vivre dans les grandes cités contemporaines, et il faut être doué d'une incrédulité profonde ou d'une bienheureuse inconscience pour supporter l'idée que nous nous mouvons dans une aussi compacte ambiance de bactéries pathogènes et d'agents infectieux contre lesquels nos organes montrent le plus souvent, il faut en convenir, une bien vaillante résistance. « Alors qu'on ne trouve guère que 5 000 à 6 000 particules de poussière dans un centimètre cube d'air pris au bord de la mer ou en pleine campagne, nous dit en consultant ses notes le docteur Allan Macfayden, je puis prouver scientifiquement qu'il y en a de 20 000 à 40 000 par centimètre cube à Richmond ou à Clapham, par exemple, faubourgs aristocratiques de Londres, et près de 500 000 à Whitechapel et dans le centre de la cité grouillante. »

Opérant dans l'intérieur des maisons, le même savant a calculé que le nombre des grains de poussière tenus en suspension dans une chambre de dimensions moyennes, variait, suivant l'état de l'atmosphère, entre 160 et 200 millions!...

Et c'est au milieu de cette atmosphère de vibrions que nous nous maintenons en équilibre, que nous absorbons les éléments de vie, que nous nous efforçons de renouveler nos cellules, que nous travaillons, pensons, aimons, mangeons et dormons sans avoir heureusement la notion du danger. Qu'est-ce que cela peut bien être dans certains logis ouvriers citadins, où, pêle-mêle, dans d'étroits logis, pullulent, cuisinent, mangent, fument, expectorent femmes et enfants, avec un minimum de circulation d'air! Ce sont des milliards de grains de poussière qui doivent s'accumuler dans ces nids de misères et de souffrances. C'est là que le docteur Allan Macfayden, de l'*Institut Jenner*, de Londres, s'il était curieux, devrait momentanément aller puiser ses éléments d'études et d'analyses sur l'état des germes en suspension dans les enfers populaires.

Si, à ce péril extérieur, à ces possibilités d'hétéro-infection qui trouvent toujours trop de portes ouvertes pour nous pénétrer, nous ajoutons les germes que nous por-

tons en nous à l'état normal, c'est-à-dire nos dispositions
à l'auto-infection, il nous convient de nous réjouir de ne
pas être plus fréquemment atteint par le mal. N'est-ce
pas Schopenhauer qui disait : « De même que la
marche n'est qu'une chute toujours empêchée, de même
la vie du corps n'est qu'une mort toujours suspendue, à
peine ajournée. » Avec la théorie des microbes, la spon-
tanéité morbide de leur contagion toxique, au milieu de
tant de germes virulents qui nous entourent et dont
on se plaît chaque jour à nous démontrer l'infinie mul-
tiplicité, il ne nous reste plus qu'à nous louer des différents modes de protection de notre organisme, car
nous résistons beaucoup mieux qu'on ne pourrait le
croire à de si nombreux ennemis, dévoués à notre
perte.

Les microbes pathogènes n'abusent que relativement
rarement de l'hospitalité que nous leur accordons inconsciemment, et nous logeons presque tous des pneumocoques, des colibacilles, des streptocoques ou staphylocoques qui sont remplis d'égards pour notre économie
et s'accommodent fort bien de notre ordinaire. Il convient
de savoir gré de leur modération et de leur malthusisme,
car s'ils apportaient quelque complaisance à se multiplier en nous, à nous envahir et à nous déclarer la
guerre, nul doute que nous succombions sous l'assaut et
les venins de ces infiniment petits.

Cependant, tout cela n'est pas encore bien clair, les
bactériologistes ne connaissent sans doute encore que vaguement les mœurs et usages de ces fameux agents animés
et de ces innombrables parasites qu'ils nous invitent à
combattre et à stériliser. On sent, dans toutes les découvertes quotidiennes qui se font à l'Institut de la
rue Dutot, une incertitude assez grande; on y demeure
assez mal fixé sur les moyens de défense de nos organes,

sur le processus des maladies infectieuses, sur l'immunité des réfractaires; il n'y a rien d'absolu dans toutes ces communications qui se multiplient chaque jour sur le rôle des phagocytes et la résistance des cellules. On fait encore joujou (les guérisseurs étant de grands enfants) avec les méthodes nouvelles qui sont déjà à la mode avant même d'avoir été pleinement autorisées et confirmées par l'usage.

Parmi les curiosités qui dominent parfois notre conscient automobilisme vers la mort, où nous courons tous avec assez peu de goût toutefois pour y détenir le record de la vitesse, il nous vient le désir de renaître dans cent ans afin de pouvoir juger de la mise au point par le temps de beaucoup de théories nouvelles dont nous nous enorgueillissons.

Comment l'art médical, d'ici un siècle, exposera-t-il l'étiologie, la physiologie pathologique, la thérapeutique et la prophylaxie? Quelles seront les modes scientifiques du temps? Cela nous semble passionnant à deviner, car il demeure très probable que la science pastorienne sera démodée, que des découvertes futures en auront démoli la logique jusqu'ici considérée comme inattaquable. Il est possible que Pasteur soit mis au simple rang du trop dédaigné Raspail et que *le microbe se voie réhabilité comme agent de vie et de mouvement*, comme incapable de porter atteinte à un organisme vigoureux, sain, résistant, ayant toutes les élasticités, toutes les réactions vitales, tous les rebondissements nécessaires.

Au lieu de n'étudier avec pessimisme que les bactéries qui sont des distillateurs de virus infectieux, il n'est pas inadmissible que l'on trouve à immuniser le corps humain contre les méchants infusoires, et que l'on arrive à mettre à part de bienfaisants parasites, les agents de police de notre organisme, les gardiens vigilants de notre équilibre physique, les bons microbes, en un mot. Il en existe assurément dans l'espèce si calomniée en bloc. Lorsqu'ils seront reconnus, cultivés comme de vertueux gendarmes, ils seront appelés à régénérer nos organes décadents, à monter la garde autour de nos cellules. Ils pénétreront alors en nous, comme le sérum, sous forme d'injection hypodermique, avec leur bouillon de culture. Les malades déprimés seront très friands de cet appel à la force et l'on se moquera des médecins vieux jeu qui ne prêchaient que la *peur des microbes*.

En attendant, la microbiophobie règne avec intensité parmi les hypocondriaques qui sont les éternels Argan du mal imaginaire. On ne parle que des bacilles, de leur morphologie, de leurs toxines ; ce sont eux qui sont les fauteurs de tous nos maux ; ils peuplent l'eau, le vin, tous les aliments, toutes les poussières, ils nous apportent la grippe, la diphtérie, la tuberculose, le typhus, la lèpre, la peste, la fièvre jaune, le tétanos, la gangrène gazeuse, le charbon et même le rhumatisme articulaire aigu.

Puis il y a les phycomycètes, les mycomycètes, les protozoaires et sporozoaires, microbes végétaux et microbes animaux.

Sur le sol, dans l'eau, dans l'air, dans les ferments des tubes digestifs, dans la salive, les mucosités diverses de notre corps et ses organismes vivants, on fait la répartition des microbes. Il y aurait de quoi abrutir le roseau pensant s'il était moins souple et moins léger.

On nous inonde en conséquence d'antiseptiques et notre vie est devenue inquiète, soupçonneuse, sans franchise. Le « To be or not to be » se pose devant nous à chaque importation que nous faisons dans notre économie; la vie rabelaisienne, plantureuse, gaudissante, s'en est allée loin de nous; la crainte domine tous nos actes et tous nos contacts.

Si nous avions encore un Molière, au lieu de tant de menus auteurs qui ne savent même plus ironiser leur temps et montrer le comique de la vie contemporaine, quelle admirable comédie de mœurs il ferait sur notre existence craintive, hygiénique, aseptique et tempérante sous ce titre: « les Maladies de la Peur »! Beaucoup, en effet, aujourd'hui, en arrivent véritablement au « non-vivre » par la « crainte de mourir ».

« Il y a des microbes partout; il y en a en nombre infini, écrivit le doux philosophe Rémy de Gourmont, le Montaigne de notre heure. Les uns sont favorables à l'homme, les autres sont hostiles, ces derniers bien plus fréquents. Nous n'avons pas encore d'autre moyen de les classer, et même, s'ils n'étaient pas généralement naïfs, on ne les classerait pas du tout. Malgré les progrès de la microbiologie, il est peu probable qu'ils soient tous connus. Il en est même que l'on ne connaîtra jamais, leur petitesse échappant aux microscopes les plus puissants. Cette petitesse n'a pas de limites; on peut en théorie, et peut-être en réalité, la pousser jusqu'à l'infini. Si petit que soit un microbe, il est logique d'en supposer un plus petit que lui, et toujours de même, jusqu'au point où l'imagination épuisée s'arrête. Qu'est-ce qu'un dix millionième de millimètre? un Himalaya, par rapport aux êtres que nous pouvons supposer qui jouent à l'aise dans cet espace invisible et incompréhensible.

« Nous vivons dans les microbes, l'air que nous respirons, l'eau que nous buvons, les aliments que nous mangeons en sont saturés. Alors, à quoi bon en avoir peur? Ce serait avoir peur de la vie elle-même.

« Il faut un peu, dans la vie, céder au fatalisme. Quand on a pris les précautions ordinaires, il faut aller bravement, sans quoi l'existence serait empoisonnée. La main, même lavée avec soin, détient encore des microbes et, au premier contact, elle va peut-être s'en remplir. Nous ne devrions, en principe, jamais ne nous servir de nos mains nues. Tout est souillé. Par combien de mains ce journal, que vous dépliez, n'a-t-il point passé avant d'arriver dans les vôtres? Ce livre, tout neuf, que vous coupez, que vous croyez feuilleter pour la première fois, a déjà subi de longues manipulations. La lettre que vous recevez a passé par bien des contacts avant d'arriver en vos mains. Craignez tout, ou plutôt ne craignez rien. Le péril est partout, c'est dire qu'il n'est nulle part. L'infiniment petit s'est glissé dans tous les recoins, dans tous les replis. S'il doit vous tuer, il vous tuera. Vous vous couchez sur la terre; prenez garde, la terre recèle le plus dangereux des microbes : celui du tétanos. Prenez garde, même, aux draps de votre lit. Êtes-vous sûr qu'ils n'ont pas, après la lessive, été étendus sur l'herbe? Je vous le dis, vous ne pouvez pas faire un geste, un mouvement, sans risquer le contact avec le microbe mortifère. »

L'existence est un risque, conclut, avec nous, Rémy de Gourmont, courons-le bravement et moquons-nous de la science. Pascal disait : *Se moquer de la philosophie, c'est vraiment philosopher.* Qui sait si se moquer des microbiologistes et de leur savoir à côté, ce n'est pas donner le meilleur témoignage d'un esprit scientifique?

LA GUERRE AU BAISER

Baiserai-je? demande le pédant Thomas Diafoirus à son père, avant de bailler l'accolade à Angélique. Cette fameuse interrogation de la comédie moliéresque peut redevenir à la mode, car la Faculté, qui fait de nous tous des *malades imaginaires*, défaillants devant d'hypothétiques microbes, vient encore, c'était prévu, de dénoncer furieusement les méfaits du baiser.

C'est d'Amérique et par câblogramme que nous vint la nouvelle. Les ennemis du baiser ne sont point seulement les *salutistes*, les pieux pasteurs hostiles aux contacts charnels : ce sont surtout les médecins *up to date*, dernier jeu, les hygiénistes et les bactériologistes qui voient partout le microbe ravageur et mortel.

Le chef du département sanitaire de la ville de Seattle, dans l'État de Washington, l'incomparable docteur Chrichton, décréta récemment la *mort du baiser*, attendu, déclare-t-il, que deux personnes qui s'embrassent risquent de se communiquer les germes des pires maladies et que partout où les baisers se multiplient, les risques d'épidémie augmentent. Le baiser transmet la tuberculose, le typhus, tous les maux contagieux. L'échange de deux fantaisies ou le simple prélude à cet échange ne saurait plus désormais être toléré.

La campagne contre le baiser est fort sérieuse, paraît-il, au pays des dollars. Les révérends docteurs y prennent part et ne manquent point de proclamer que le démon du baiser fait plus pour remplir l'enfer que n'importe quel autre suppôt de Satan. Dans les États du Wisconsin, de l'Illinois, de New-York, la lutte est ardente et bat son plein. Les conciliateurs limitent la durée du baiser à quelques secondes. Voilà qui est joyeux! Soyez assurés que nos microbiologistes ne vont point tarder, dans notre chère Europe calviniste et catholique, à entrer dans le mouvement et à déclarer très nettement la guerre au baiser, au divin baiser, dont ils s'efforceront de nous dégoûter en analysant minutieusement tout ce que peut contenir de pneumocoques, de streptocoques, de staphylocoques, de toxines, de bacilles, et de colonies microbiennes, la bouche la plus rose, la plus appétissante, la plus saine qui soit en apparence.

Après nous avoir mis en défiance de tous aliments, des fruits les plus tentateurs, de l'eau la plus cristalline, des vins aux bouquets les plus rares et même des poignées de main amicales, des pièces de monnaie nocives et des billets de banque véhicules d'impuretés, nos bons bactériologistes à qui, nouveaux Thomas Diafoirus, nous demanderons : « Baiserai-je, docteur? » nous interdiront nettement le baiser.

Ils nous diront tout ce que recèle une lèvre purpurine et bouleverseront nos appétits de la dévorer par l'exposé des dangers mortels auxquels nous exposerait notre témérité amoureuse. Quelle comédie pitoyable! Précieux baisers tombés du ciel dans un combat des sens, baisers voluptueux issus des roses vermeilles, humides baisers, savoureux dictames des humaines amours, baisers frissonnants qui donnez la vie et scellez le pacte des âmes, baisers variés toujours enivrants, renaissants et nouveaux, pouvez-vous ainsi pour toujours demeurer condamnés!

O poètes! en serez-vous réduits à ne plus chanter ce boutefeu de la tendresse partagée et en arriverons-nous, à l'exemple des Japonais, à perdre le contact des muqueuses pour ne plus témoigner notre affection que d'une manière tout olfactive, car les Nippons se flairent, s'aspirent par l'odorat et ne s'embrassent jamais.

Ce n'est point seulement Jean Second qui, en un livre immortel, célébra *les Baisers*. Platon, Virgile, Tibulle et Catulle, le Tasse, Dante, Pétrarque, Clément Marot et Ronsard, le grave Corneille et le vertueux Racine, Voltaire, Bernis et Gentil-Bernard laissèrent sur les extases des lèvres accouplées des chefs-d'œuvre inoubliables. Le chevalier de Boufflers pensait-il aux dangers du baiser lorsqu'il répondait drôlement à une dame qui lui en octroyait un par écrit :

> Vous m'envoyez sur le papier
> Un baiser qui bien peu me touche ;
> Baiser qui vient par le courrier
> Ne saurait chatouiller ma bouche.
>
> Votre chimérique faveur
> Me laisse froid comme du marbre ;
> Et ce fruit n'a point de saveur
> Quand il n'est pas cueilli sur l'arbre.

Si le baiser était aussi nocif que nous le veulent faire croire les bactériologistes d'outre-Océan, il y a belle lurette que l'humanité aurait cessé d'exister. En effet, au XVIe siècle, jusqu'assez avant dans le XVIIe, *l'osculation*, comme on disait alors, n'était pas seulement usitée à Cythère, mais se trouvait, aussi bien en Allemagne qu'en Angleterre, en France ou en Italie, considérée comme un acte de pure déférence et civilité. Les cardinaux avaient droit de donner aux reines un baiser sur la bouche et toute honnête dame eût considéré comme un affront de ne pas recevoir un baiser de lèvres à lèvres lors de la première visite d'un seigneur. La plus charmante des voluptés devint ainsi un usage vulgaire et souvent odieux. Le sage Montaigne en glose agréablement :

« La cherté, écrivait-il en ses *Essais*, donne du goût à la viande; voyez combien la forme de salutations qui est particulière à notre nation abâtardit, par sa facilité, la grâce des baisers, lesquels Socrate dit être si puissants et dangereux à voler nos cœurs. C'est une déplaisante coutume et injurieuse aux dames, d'avoir à prêter leurs lèvres à quiconque a trois valets à sa suite, pour mal plaisant qu'il soit; et nous-mêmes n'y gagnons guère, car, en l'état des choses, pour trois belles, il en faut baiser cinquante laides, et, à un estomac tendre comme sont ceux de mon âge, un mauvais baiser en surpasse un bon. »

« S'il était désagréable, dit, par ailleurs, avec raison, Voltaire, à une jeune et jolie bouche de se coller à une bouche vieille et laide, il y avait grand danger entre les bouches fraîches et vermeilles de vingt à vingt-cinq ans. C'est ce qui fit abolir la cérémonie des baisers dans les mystères et les agapes. » Le baiser fut long-temps une manière de saluer très ordinaire dans l'anti-quité. Plutarque rapporte que les conjurés, avant de tuer César, lui baisèrent le visage, la poitrine et la main. L'inférieur qui ne pouvait parvenir à saluer son supé-rieur en le baisant sur les lèvres, appliquait sa bouche à sa propre main et lui envoyait ce baiser qu'on lui ren-dait de même si on voulait.

De tant de baisers sur les lèvres, de jeunes ou de vieux à vieux, à une époque où les soins d'hygiène et de propreté étaient plus que sommaires, nos très loin-tains aïeux ne moururent point plus que de raison. Haller, dans ses *Elementa physiologiæ corporis humani,* cite, au XVIe siècle, plus de mille personnes qui vécurent de 100 à 115 ans et vingt de 130 à 140 ans, ce qui est assez satisfaisant, alors que chacun s'appliquait à vivre avec gaillardise et intempérance.

Espérons que l'instinct dominera l'effroi du microbe et que la supérieure loi d'amour s'opposera à la mort du baiser. Les vrais jeunes hommes, méprisants des médicastres imbéciles, diront encore romantiquement désormais, selon l'Évangile de Byron : « J'aime les femmes et j'ai souvent désiré, aux jours heureux de mon célibat, que le sexe féminin n'eût qu'une bouche de rose pour y pouvoir baiser toutes les femmes à la fois, depuis l'Orient jusqu'à l'Occident. »

Et ils ajouteront : « Quels qu'en puissent être les bouillons de culture et la flore microbienne! »

Ne laissons plus intoxiquer davantage toutes les sources merveilleuses de la vie, déclarons à la prétendue science prophylactique : « Zut! *Basta!* c'est assez! la barbe! fermez votre boîte à conseils qui distille la mort et la stérilité sous figure d'asepsie! »

HONORONS NOS APPÉTITS

LA DIGESTION PSYCHOLOGIQUE

Le mécanisme de la digestion est resté encore mystérieux pour nombre de médecins spécialistes, parmi ceux
qui ont la sagesse de croire que la science est encore
très éloignée d'avoir acquis toutes les certitudes sur les
fonctions gastriques — les caprices de l'estomac dépis-
tent souvent les plus autorisés des maîtres; Potain
avouait souvent n'y pouvoir rien comprendre, et Bouchard cherche encore parfois bien en vain à éclaircir
les exigences stomachiques qui lui sont révélées par ses
malades. Comment admettre, en effet, qu'un dispep-
tique au dernier degré, incapable de supporter un blanc
de poulet ou d'assimiler un litre de lait, puisse désirer, ingérer et tolérer, par une digestion sans douleur,
un coriace hareng-saur, sinon un pesant morceau de
homard? Devant de tels faits la science informe, et cependant tous les gastrologistes savent combien ils sont
fréquents. Or, il paraît que nous possédions les idées
les plus fausses qu'on puisse imaginer sur le processus
de la digestion. Il était généralement admis que la sécrétion du suc gastrique était provoquée par l'excitation
de la muqueuse buccale, et que, dès lors que les ali-

ments se trouvaient dans la bouche en période de mastication, l'estomac commençait aussitôt à se lubréfier, à faire fluer la liqueur transformatrice et bienfaisante. Opinion fort erronée si nous en croyons les expériences d'un célèbre physiologiste russe, le professeur Pawlow, dont M. le docteur Romme nous résuma très habilement les observations.

D'après M. Pawlow, l'estomac sécréterait le suc gastrique de la même façon que la prostate émet sa liqueur, c'est-à-dire en raison directe de l'attraction, du désir, de la convoitise. En d'autres termes, plus nous avons envie d'un mets, quel qu'il soit, plus le suc gastrique se produit avec abondance. C'est le retour à l'instinct, manger ce qui plaît, ce qui attire, donner toutes les préférences à ses gourmandises et ne rien consommer par devoir; n'appéter, en un mot, que les choses que l'on meurt d'envie d'engloutir ou de déguster, et ne suivre d'autre règle que celle de ses fringales vis-à-vis des plats dont on raffole. Voilà qui est simple, naturel et qui remet toutes ordonnances en conformité avec nos mœurs originelles.

Pour arriver à cette découverte rationnelle, le professeur Pawlow a pris un chien dont il a sectionné et fixé au cou l'œsophage, de telle façon que les communications se trouvaient interrompues de la gueule à l'estomac et que les aliments absorbés tombaient à terre. Le sel, le poivre, les excitants de toute nature des muqueuses buccales produisirent chez l'animal une abondante salivation, sans qu'on trouvât sur les parois stomacales trace du suc gastrique.

A ce même chien, on fit avaler des mets favoris : de la viande crue, des morceaux de pain imbibé de jus, sur lesquels l'animal se jetait gloutonnement et qui sortaient également par la fistule du cou sans pénétrer dans l'estomac, lequel, toutefois, à l'examen, en dépit du repas illusoire, présentait une grande quantité de suc gastrique, en telle abondance que le docteur Pawlow, en moins d'une demi-heure, put en recueillir les trois quarts d'un litre.

La conclusion de l'expérience serait que la sécrétion de ce fameux suc, qui est le nécessaire véhicule de nos aliments en transformation et le principal agent de nos digestions, n'est pas, comme on le croyait, produit mécaniquement par « réflexe », mais plutôt que ce flux bienfaisant ne se produit qu'en raison *du désir des aliments offerts* et de *l'idée* agréable que nous nous promettons de leur absorption.

Il est hors de doute qu'on peut contester le résultat de l'expérience et en tirer, par la discussion, d'autres conclusions. J'avoue, toutefois, que tout nous indique le bon sens et la logique des déductions du professeur Pawlow. Le phénomène de la digestion doit être absolument considéré *comme un phénomène psychique* autant que mécanique. La gaieté d'une table bien servie, l'appétence des plats plus encore que l'appétit, la sympathie entre convives, tout cela influence le bon fonctionnement de notre appareil gastrique. Il est rare qu'un mets ou un entremets qu'on aime à la passion ne passe point comme une lettre à la poste, si l'amoureux, cependant, n'apporte pas trop d'ardeur à l'engloutir et s'il sait ne pas dépasser la portion congrue. L'excès en tout est un défaut. J'estime que les médecins sont souvent criminels en refusant à leurs malades ce qu'ils nomment des caprices sans raison et en proscrivant avec opiniâtreté tout ce qui pourrait flatter le désir des patients. Dans ces questions, lorsque le danger de la nourriture n'est pas excessif, comme dans les inflammations infectieuses avec menace de péritonite, fièvre entérique, etc., il convient souvent d'écouter l'instinct du malade et de ne pas trop le contrarier en sachant limiter sa satisfaction. Il y a vingt ans, un docteur auquel on aurait proposé d'administrer un verre de champagne à un déprimé par suite opératoire ou perte sanguine, aurait poussé les hauts cris. Aujourd'hui on sait quels excellents effets on retire de l'usage du champagne à petite dose. Presque tous les impotents sourient devant le verre de mousseux qu'ils peuvent porter à leurs lèvres; il semble que ce soit pour eux le soleil des relevailles et de la convalescence et l'espoir entre en eux en même temps que le liquide pétillant et rosé des crus champenois. Ici, l'effet est également psychique, car on ne saura jamais trop insister sur l'action morale en matière de soins à donner aux œgrotants.

L'expérience du docteur Pawlow doit également donner à réfléchir aux parents qui n'ont que trop fréquemment des tendances à forcer leurs bébés à ingérer des mets que ces pauvres gosses ne peuvent souffrir. Il est de tradition de bourrer de soupe les enfants, et de leur rationner à outrance les desserts sur lesquels ils ouvrent de si grands yeux de convoitise, des regards de jeunes chats devant la soucoupe de lait. Quelle erreur est cela! La gourmandise est un témoignage de franchise d'appétit; il faut lui donner libre cours et la laisser se punir par elle-même si elle franchit les limites de ce qui est permis et peut être toléré par la poche stomacale. La gourmandise, qui fut considérée si longtemps comme une blâmable fantaisie, sera peut-être un jour appréciée comme le plus nécessaire des devoirs d'hygiène, du moment où l'on admettra la vérité de cet axiome : « Manger ce que l'on aime ou aimer ce que l'on mange. »

Il ne faut pas habituer l'estomac à des hypocrisies

qui lui sont néfastes. Beaucoup de dispeptiques ne sont arrivés au dernier degré de leur mal que pour s'être laissés convaincre à un certain *protestantisme gastronomique*. La société, qui déjà s'est donné le luxe d'abêtir la beauté et la noblesse de l'amour par les mariages de convenance, peut se vanter également d'avoir, par le snobisme de la table et le comme il faut de certains préjugés, créé l'état pitoyable de tant de gastropathes qui, pour avoir été trop souvent dans le *monde où l'on se tient*, ont été tenus de fréquenter Vichy, Pougues, et autres stations d'eaux minérales qui ne redonnent jamais le beau et abondant suc gastrique des premières poussées instinctives.

Ayons donc crânement le courage de nos gourmandises; ce sont elles qui nous font vivre.

L'ARTÉRIO-SCLÉROSE

LE MAL DE VIEILLIR

Je crois bien que c'est Swift qui écrivait : « Tous les hommes désirent vivre longtemps, aucun ne voudrait être vieux.» Rien de plus rigoureusement juste.

A notre époque surtout, on ne songe qu'à donner à la jeunesse des lettres de naturalisation au delà de la soixantaine. C'est à qui découvrira le plus sûr remède au *mal de vieillir*. Tous les médecins s'y emploient avec un zèle touchant, ainsi que, naguère, les alchimistes cherchaient les secrets de rajeunissement. Les civilisés que nous sommes prétendent arriver en galante posture aux portes respectueuses de *l'octogénariat*. Il en est peu qui consentent à enrayer et moins encore à dételer. La plupart semblent implorer le temps, comme la Dubarry implorait l'exécuteur des hautes œuvres : « Encore un petit moment, Monsieur le bourreau ! »

Mais le temps est inexorable. Il marque ses victimes sans pitié ; il donne aux vieux forçats des surmenages passionnels la flétrissure de l'âge, « ces rides, damnées démocrates, qui ne flattent jamais », ainsi que dit le *Don Juan* de Byron, et il nous démolit par usure ou artério-sclérose, transformant nos vaisseaux sanguins

en tuyaux de pipe prompts à se briser au moindre
choc voluptueux ou au plus léger excès de régime.

L'artério-sclérose est devenue furieusement à la mode;
c'est la dernière amusette fructueuse de nos terribles
docteurs. A l'Académie de médecine, on ne parle que
de cela. Les communications sur les traitements préven-
tifs à adopter pour combattre ces témoignages de séni-
lité se multiplient.

Allez voir n'importe quel médecin du *dernier bateau*.
Ils en sont presque tous, lorsqu'il s'agit de thérapeutique symptomatique et de médication nouvelle. Plai-
gnez-vous — si vous avez dépassé la quarantaine — de
fatigue générale, d'insomnies, de dyspnée, de circulation défectueuse du sang, de lassitude cérébrale, etc.,
vous pouvez être sûr que l'on ne vous parlera plus,
comme il y a vingt ans, d'*anémie*; comme il y en a dix,
de *neurasthénie*, ou, ainsi qu'au milieu du xixe siècle,
de *poussée sanguine*, réclamant le coup de lancette
libérateur. On s'inquiétera aussitôt de savoir si vous
faites de *l'artério-sclérose*, car la sclérose, au dire de
ces messieurs, et dans l'état actuel de la science, est
à la fois un *aboutissant* et un *point de départ*. L'aboutissant de toutes les causes pathogènes qui ont traversé
la vie du sujet ou le point de départ d'une dégénérescence organique pouvant atteindre tout le système circulatoire et attaquer plusieurs viscères à la fois. Les
artério-sclérotiques peuvent présenter différemment le
type cardiaque, le *type artériel*, le *type cérébral* ou le
type rénal. Dans tous ces types, les artères ont perdu
de leur élasticité, elles deviennent rigides et n'assurent
plus, comme il serait nécessaire, la régularité de la circulation sanguine.

A vrai dire, et pour parler en bon français, l'artério-
sclérose, c'est l'usure, c'est la démolition organisée des

voies de canalisation de l'individu; c'est la sophistication, la décrépitude, l'adultération, la caducité, la ruine
menaçante du corps humain. Jadis, le terme de *vieillesse* suffisait. Pour les moins respectueux, les mots
ramollissements ou *chemin du gâtisme* indiquaient l'état
de vétérance de l'organisme. Les hommes de science
avaient une foule de noms d'une belle formation éty-
mologique pour désigner cette décadence et ces misères
physiologiques. La *cachexie*, ou même le *marasme*,
étaient des mots un peu empiriques, mais cependant
caractéristiques et nets.

Mais si la médecine n'évoluait pas sans cesse, elle ne
serait plus la médecine et elle cesserait d'amuser l'humanité en belle santé et humeur et d'imposer ses
dogmes éternellement retapés à la crédulité des malades
réels ou imaginaires.

La préoccupation de barrer la route à la vieillesse
en dénonçant *l'artério-sclérose* et les moyens de s'en
préserver est donc une admirable façon de redonner du
lustre au vieil art qui mit en rivalité Hippocrate et
Galien. Nos chers docteurs vont s'en donner à cœur
joie. Déjà le battage et le bluff s'en mêlent, et sans
attendre même la période de la *pré-sclérose*, tous s'efforcent de prôner à leur clientèle en maturité d'âge des
régimes alimentaires qui confinent au végétarisme
presque absolu et à l'eau pure.

Qu'est-ce qui produit le durcissement des artères et
l'hypertension artérielle? déclarent-ils. Qu'est-ce qui
porte atteinte aux tuniques des vaisseaux? Qu'est-ce qui
agit de façon nocive sur le bulbe rachidien, régulateur
du cœur, et surtout sur le rein? Ce sont, à ne point en
douter, les *poisons digestifs*, les ferments irritants, les
ptomaïnes que charrie le sang, c'est-à-dire l'excès du
boire et du manger. Donc, plus de vin, plus de grosses

viandes, plus de cuisines savantes. Les meilleurs cuisiniers sont les pires empoisonneurs.

Nous voici prévenus. Tétons le lait toute notre vie durant, à l'exclusion de nos vieux crus; repoussons les viandes de boucherie et même de basse-cour; livrons-nous aux ressources des potagers, abreuvons-nous aux sources pasteurisées; ne cultivons plus nos vignes; défions-nous des plaisirs et des travaux sédentaires. A ce prix nous ferons concurrence à Mathusalem.

Que tout cela est drôle et comique, et comme l'humour nous manque pour en dégager l'irrésistible élément de philosophie gaie!

Ces mêmes *morticoles* qui nous saignaient à *lancette que veux-tu*, de 1830 à 1855, diminuant ainsi nos hypertensions artérielles plus sûrement que par l'iodure de potassium; ces clairvoyants thérapeutes qui, de 1860 à 1880, nous ordonnaient, pour nous refaire, le vieux bordeaux et les viandes saignantes, méthodes qui ne nous empêchèrent point de vivre et de procréer, ces mêmes docteurs qui s'estiment toujours, à chaque génération nouvelle, sur un terrain *solide et inattaquable*, nous prêchent, à l'heure présente, des régimes qui auraient autrefois été repoussés même par les convalescents. Et tout le monde emboîte le pas pour satisfaire à ces renoncements, jusqu'à ce qu'on trouve autre chose qui sera tout l'opposé de la mode actuelle. Folie ambiante!

Ah! que Jean-Jacques avait raison d'écrire, méprisant la vieillesse obtenue par le néant de la vie intense: « L'homme qui a le plus vécu n'est pas celui *qui a compté le plus d'années*, mais celui *qui a le plus senti la vie*. Tel s'est fait enterrer à cent ans qui mourut dès sa naissance. Il eût gagné à mourir jeune; au moins il eût vécu jusqu'à ce temps-là! »

LA BONNE GRAINE

La plupart des périodiques et même des quotidiens s'efforcent d'ouvrir des enquêtes sociologiques sur toutes les questions courantes, en s'ingéniant autant que possible à l'originalité. Le procédé est commode pour obtenir gratuitement d'abondants petits papiers signés des noms les plus notoires, sinon les plus célèbres.

Une chronique médicale, historique, littéraire et anecdotique n'a pas craint de consacrer toute une livraison aux réponses qui lui sont parvenues sur cette question : *Le mariage doit-il être réglementé?* Doit-on chercher à favoriser la sélection?

Il s'agissait d'élucider si l'individu qui sème de la mauvaise graine humaine et engendre des enfants que l'hérédité pathologique condamne aux pires misères, doit, dans l'état actuel de nos idées, être considéré comme responsable.

Je ne m'attarderai pas à relever les réponses qui furent faites à cette revue médicale, mais je dois observer que depuis longtemps déjà nombre de rêveurs humanitaires, déplorant la dégénérescence physique de notre race et s'apitoyant sur le rachitisme des pauvres enfants voués, dès leur origine, à la maladie, à la douleur, à l'impuissance de vivre sainement et de constituer famille, se sont demandé s'il ne conviendrait point d'interdire le mariage à tous ceux qu'une maladie constitutionnelle et transmissible empêche de procréer en vigueur et en beauté. Au premier aspect, on rencontre dans les projets de lois qui ont été formulés il y a quelque temps une apparence d'énergique philanthropie qui ne laisse point de nous séduire. On se sent de prime abord gagné à cette théorie de la préservation de la race et justement apitoyé à la pensée des infortunés criminellement lancés dans la vie par des parents inconscients de la gravité de l'acte qu'ils ont commis en recherchant une descendance sans être assuré de la doter généreusement au point de vue de la santé.

Cependant, en y regardant d'un peu plus près, en examinant les possibilités pratiques des lois d'interdiction qu'on nous propose, on ne tarde pas à s'apercevoir que le remède risquerait d'être infiniment plus nuisible que le mal qu'il prétend combattre. Il ne faut pas être ou se croire plus clairvoyant que la nature. Cette divine nature est pleine d'aléas et d'impénétrables mystères. Elle se plaît en tout, partout et toujours à répartir les forces qui concourent à son harmonie, à marier instinctivement la puissance physique à la faiblesse constitutionnelle, l'exubérance sanguine aux délicatesses anémiques, à pallier le mal par le bien et à rétablir le plus souvent l'équilibre et la proportion dans tout ce qu'elle enfante. La théorie de la bonne graine est donc très sujette à caution, et il s'agit de savoir regarder comment viennent et poussent ici-bas toutes choses pour ne pas se hâter d'apporter des certitudes là où il ne saurait y en avoir.

D'ailleurs qui pourrait affirmer quoi que ce soit? Devant toutes choses sûres en apparence, le doute est encore la suprême sagesse.

*
* *

L'homme, afin de codifier la nature et de l'asservir à ses besoins de vie en commun, n'a fait jusqu'ici que de la contrarier dans sa grandiose beauté et sa merveilleuse eurythmie. L'homme moderne se grise sottement de son action civilisatrice et oublie trop aisément toutes les déviations dont il est le plus souvent coupable; mais il semble vraiment exprimer une phénoménale bêtise et une incommensurable ironie lorsque, après avoir aggravé l'institution de la monogamie par des unions d'intérêt et de raison, d'où dérivent tant de dégénérescençe dont nous souffrons, il s'avise de vouloir achever son œuvre d'abâtardissement par un décret n'admettant à de justes nopces que des êtres reconnus absolument sains de corps et d'esprit.

Ah! le bon billet! Voyez-vous les médecins de campagne et les médecins de quartier des grandes villes, qui n'ont déjà que trop d'occasions d'exercer leur doctorale ignorance et leurs menus crimes patentés; les voyez-vous, ces myopes d'importance, élevés à la mission de discerner les candidats admissibles au mariage !

Il y aurait là une nouvelle mine à calomnies, à procès, à intrigues d'héritiers, à scènes dramatiques, comiques et judiciaires, dont notre littérature, réduite encore aux jeux de l'amour, de l'adultère et du divorce, ne manquerait pas de s'enrichir et de tirer des effets imprévus.

La permission législative du mariage, après examen légal, ne remédierait point à notre état de décadence physique dont les témoignages sont si affligeants dans les villes et dans les centres industriels. Il y aurait vite un « paradis des refusés » qui, pour n'être pas légitimé, n'en produirait pas moins des êtres corrompus, marces-

sibles, tarés, dont aucune loi n'empêcherait le passage
à la vie, à moins qu'on ne veuille revenir à la sagesse
des anciens Spartiates en précipitant au tout à l'égout
les infirmes, les rétrogrades de la santé, les viciés, les
syphilitiques, les sénescents infantiles, tous ceux qui, ne
pouvant lutter pour l'existence, gêneraient dans son
égoïsme complaisant notre excellente société vaniteuse
et vorace.

Le mariage ne résisterait pas à cette sélection, à ce
certificat nécessaire du *dignus intrare* dans la grande
confrérie si décriée.

Les célibataires, de ce fait, auraient des droits à se
refuser à l'impôt spécial dont on les menace ; les vieilles
noblesses provinciales considéreraient comme attentatoire à la dignité de leurs ancêtres cet examen de leur
sang bleu soupçonné de contamination ; les demoiselles
confites en dévotion élèveraient des cris d'orfraie à la
seule pensée de livrer leur corps patiné de tons de cire
et parfumé de relents de sacristie, a l'observation médicale. *Speculum justiciæ, ora pro nobis!*

Et puis, sur quels indices baser un diagnostic sévère
et sérieux? Chaque individu devrait-il refaire sa généa-
logie constitutionnelle, reconstituer ses atavismes directs
et mettre clairement au jour les archives de son sang,
afficher ses misères ancestrales, les vices et les humeurs
peccantes de ses ascendants? Cela nous semblerait
impossible, inane, attentatoire à la vie privée des gens.
Les riches ne manqueraient pas de se libérer de tout
examen par une offrande à l'examinateur, et, seuls,
comme toujours, les pauvres, les fiancés indigents devraient se soumettre aux pelotages, auscultations et analyses des docteurs désignés par les municipalités pour
cette besogne ingrate.

Après vingt, trente, cinquante années de ce régime,

il est peu probable que la race se serait embellie, enno-
blie, modifiée à son avantage; on s'apercevrait qu'il y
a eu « maldonne », que l'origine des virus transmis-
sibles était ailleurs que chez les fiancés, que le mal peut
se déclarer plus souvent *post matrimonium*, et que les
sources de notre appauvrissement physique au milieu des
différentes classes sociales sont plutôt dans l'intempérance en général, dans cet alcoolisme qui ravage si
profondément nos provinces françaises et surtout dans
l'abus prématuré des plaisirs génésiques qui font que
les hommes arrivent au mariage « vannés », déjà flétris
par des habitudes de sexualité surmenée depuis le collège
et la caserne.

Assainir et fortifier la jeunesse, la faire plus économe
de sa sève productrice, diriger son esprit vers des
régions supérieures au constant rayon visuel de la
volupté et des caresses physiques, faire une guerre
sans trêve à l'alcoolisme sous toutes ses formes, favoriser les sociétés de tempérance, ramener l'homme à la
nature en facilitant les mariages d'inclination que la
société poursuit d'un blâme jaloux, lorsque l'argent n'en
cimente pas les bases, démocratiser l'idée de beauté,
telles sont, croyons-nous, les mesures qui pourraient,
plus sûrement que les décrets rêvés par les docteurs
Tant-pis et *Tant-mieux*, assurer la rénovation de notre
race, qui s'en va à grand train si on n'avise pas, à bref
délai, ainsi que sur les fleuves, à écluser son courant
pour relever son niveau.

*
* *

Ce qui serait pratique, grand, noble, patriotique,
vraiment logique et sans hypocrisie sociale, ce qui

dépasserait de cent coudées le projet sans véritable hardiesse dont on nous a soumis les données, ce serait dans une admirable « République à la Platon », sous la direction d'un maître génial et philosophe, tel qu'en exprimèrent l'idée, en différentes manières, Renan et Frédéric Nietzsche, un « retour au *Haras humain* », une refonte totale et une amélioration de notre type dégénéré, d'après toutes les notions anthropologiques de la science contemporaine.

Il nous apparaît monstrueux qu'un beau spécimen de mâle, sain, vigoureux, doué des qualités glorieuses de l'étalon pur sang, ne puisse ouvertement croiser et multiplier avec toutes les jeunesses amoureuses, ses produits de beauté de 25 à 35 ans, et produire ainsi pendant cette période de vie florissante, selon les vœux nettement exprimés de la nature, et au moyen d'une polygamie consentie, et organisée par l'État, environ deux mille enfants supérieurement constitués et qui, lancés dans la vie, la fertiliseraient de leur beauté et de leur force.

On crée bien des régiments d'élite faits pour détruire; ne serait-il pas infiniment plus moral de constituer des régiments d'êtres de perfection physique, puissants procréateurs, qui, en moins d'un demi-siècle, nous referaient une admirable race ?

Qu'on s'imagine, en effet, un choix annuel de mille à quinze cents jeunes hommes impeccables physiquement, voués à la vie sexuelle, élevés, instruits, logés par le gouvernement durant dix années; admettons chaque année un semblable contingent de beaux gars avec, — ce qui vaudrait mieux que la stérilité des couvents illusoires, — plus d'une centaine de mille de belles jeunes filles pauvres qu'on arracherait ainsi à la prostitution déshonorante dans le but de les conserver à la procréation selon toutes les règles de l'hygiène, de l'idéal et du confort de maternité.

Il ressortirait annuellement en moyenne, de ces haras nécessaires à la glorification de l'humanité, près de cent mille types mâles et femelles pour la première année et plus du double les années suivantes. Je laisse aux hommes de chiffres le soin d'étudier avec quelle promptitude se relèverait en beauté physique un pays que l'idée de trop nombreux préjugés de morale n'aveuglerait point.

*
* *

« Il est inutile de disputer sur la polygamie, écrivait Schopenhauer, puisqu'en fait elle existe partout. ». Si nous étions moins hypocrites, moins domestiqués à l'idée de la civilisation sociale, nous conviendrions qu'il ne s'agit que de reconnaître et d'organiser cette polygamie jusqu'ici occulte et qui livre sans cesse aux faiseuses d'anges ceux qui, logiquement, seraient les êtres les mieux constitués pour perpétuer la vigueur de notre race. Car, observons-le bien, on n'enraye parmi nous que l'amour libre, on ne détruit que les produits de la « sélection naturelle », et ce sont ceux-là, justement, qu'il faudrait préserver.

Mais ces idées sont périlleuses à aborder. Pour le faire ici succinctement, je n'en dégagerai pas moins une odeur de roussi. Les cailloux ne feront point défaut dans ce schéma de jardin du paradoxe où je prétends fonder un *Haras humain*.

LES CHIRURGIENS

DANS NOTRE SOCIÉTÉ

Les congrès de l'Association française de chirurgie se réunissent chaque année, tour à tour, dans l'une des grandes capitales de l'Europe. Tous les vivisecteurs en profitent pour s'offrir un voyage d'agrément et échanger des idées sur la matière opérable et le maintien ou la surélévation des tarifs.

Ceux-là, les « charcuteurs », les habiles « ovairiers » comme on les nomme, ne sont jamais en grève, ils se remuent, ils s'agitent, ils découvrent des maux inconnus à nos ancêtres, ils taillent et ils rognent avec maestria dans notre précaire étoffe d'humanité et jamais peut-être ils n'occupèrent dans notre société une place aussi considérable que celle que nous leur voyons prendre à l'heure présente. Naguère, il y avait la prépondérance sociale du prêtre, du guerrier, du médecin ; actuellement, seul, le chirurgien triomphe.

Les chirurgiens sont en quelque sorte d'une constante actualité ; leur bistouri qui fait des miracles lorsqu'il ne cause pas de décès, qui d'ailleurs ne leur sont jamais imputables, vient les rappeler souvent à notre attention pour peu qu'il s'agisse de quelque personnage en renom atteint de quelque belle affection à la mode d'un mal viscéral tout à fait dernier cri.

Depuis plusieurs années ils sont constamment en représentation. Ils ne manquent aucune occasion de faire beaucoup parler d'eux, ils ont leurs histrions, leurs opérations cinématographiques; *on se les arrache* dans le monde en soirée et on voit leurs inventions supérieures chez les marchands d'appareils de torture qui se sont multipliés aux environs de l'École de Médecine. Expositions en vitrine des plus inquiétantes cisailles, des forceps, des pinces hémostatiques, des scies circulaires et autres instruments merveilleusement nickelés et à « beau brillant ». On ne parle plus que de la virtuosité incomparable de ces messieurs, et tous leurs fabricants se congratulent de la reprise des affaires, plus prospères que jamais. Les souverains bourreaux de notre lamentable basane ont su donner un élan tout nouveau aux affaires des marchands de trousses, aux vendeurs d'outils à ciseler et sectionner la chair.

Ce qu'ils travaillent d'humaine bidoche chaque jour est inimaginable. Ces grands pontifes, les gens du peuple les nomment *bouchers, tailleurs* ou *charcuteurs* et les chansonniers montmartrois n'ont pas craint de les traduire en couplets drolatiques :

C'est nous qui fouillons
Et tripatouillons,
« Coupé-toujours » infatigables,
Dans les jolis bedons.
Nous nous bombardons
Ouvriers des plus remarquables.

Ce sont indéniablement les vrais souverains de notre société ægrotante et inquiète. Ils dominent despotiquement notre chair passive et dommageable dont ils réparent les désordres ou reconstituent la plastique. Ce sont les maîtres du marché de nos souffrances physiques. Ils règlent les lois de la demande pour tous les petits et grands travaux dont ils sont les virtuoses; ils maintiennent leurs prix à un haut diapason et, à l'exemple des grands financiers d'outre-Océan, ils se sont syndiqués en une sorte de trust formidable, qui, comme celui des Pierpon-Morgan et autres monopoleurs, aurait droit au titre de : *Trust de l'acier*.

Ce trust de l'acier nickelé, grâce à l'appui de la chloroformisation et des bienfaisantes applications des théories de Lister, de Pasteur et de Roëntgen, déploie chaque jour une audace plus accentuée, développe constamment ses champs d'opération à chaud ou à froid, d'urgence ou à terme, et exploite de nouveaux filons toujours plus profondément au centre de l'animal humain. On ne saurait dire combien et avec quelle extraordinaire facilité et quelle surprenante légèreté on *laparotomise*, on *gastrotomise*, on *trépane* à tout propos. Il n'est point d'heure où l'un de ces savants investigateurs de nos individus n'ouvre un crâne comme on entre-bâille un porte-monnaie, n'incise un cou, ne pratique un curettage utérin ou ne réduise, avec une adresse infinie, quelque luxation ou fracture des jambes ou des bras. Tous nos organes sont liés et réséqués aujourd'hui en cinq sec, non sans quelque souci de belle mise en scène, mais toutefois avec un minimum de ce cabotinage si nécessaire au succès individuel à notre époque qui est de plus en plus indifférente aux talents modestes et silencieux.

C'est pourquoi nous assistons actuellement à un spectacle assez étrange. Presque tous les sportsmen de la pince et du bistouri, naguère encore enclos dans le mystère de leurs travaux de laboratoire, ont dû plus ou moins sortir de la pénombre des salles d'étude pour envahir les salons mondains, y asseoir leur notoriété et y développer, par leur personnelle habileté, leur clientèle dans la société parisienne et ses colonies étrangères. Il faut d'ailleurs reconnaître que leur succès dans tous les mondes où l'on cause et où l'on fashionne a été chaque jour grandissant. Les chirurgiens sont devenus de plus en plus nécessaires aux petites névrosées qui aiment à frôler ces subtils charcuteurs et à les interroger curieusement sur leur méthode de travail en éprouvant auprès d'eux le troublant petit frisson cherché, le soubresaut musculaire, la palpitation d'effroi des centres nerveux, la chair de poule frousseuse des incisions hypothétiques.

Il semble, en effet, que chacun se complaise à écouter ces héros tortionnaires contemporains, vis-à-vis desquels notre humanité se fait humble, craintive, soumise et doit s'avouer encore aléatoirement taillable à merci. On connaît, à la vérité, leurs menus méfaits, leurs erreurs de diagnostic, leurs *oublis* parfois invraisemblables au fond des cavités entr'ouvertes et recousues, on sait leurs querelles académiques, les différentes variétés et les oppositions de leurs méthodes opératoires, mais il faut bien constater aussi les miraculeux effets de leur science positive et l'indéniable et le constant progrès de leurs découvertes qui nous comblent d'espoir.

Il n'est personne à cette heure qui ne s'intéresse à ces choses et qui n'apporte un goût spécial aux questions chirurgicales. On s'efforce de se tenir au courant de tout ce qui est du ressort de l'arsenal opératoire; on ne répugne point à parler de fil à ligatures ou à sutures, de pièces de pansements, de drains et de stérilisation. Si la mode était encore aux petites physiologies, il serait intéressant de dresser celle du chirurgien à la façon dont Balzac, naguère, écrivit celle de l'agioteur, du dandy ou de l'homme politique. Ah!

elle serait précieuse, par exemple, la physiologie du
« tailleur » pour dames, celle du stérilisateur qui con-
nut la vogue et fut assiégé par le bataillon des éternelles rieuses qui brûlaient d'être couchées sur le
registre des infécondes. On nomma l'un d'eux :
X... *for ovair... ès*, à peu près de *for ever.*

Cette introduction des questions opératoires dans la
société élégante et frivole n'est pas une des choses les
moins curieuses ni les moins caractéristiques de ce
temps. Elle s'explique par la place chaque jour plus
considérable que les chirurgiens ont prise parmi nous,
grâce aux progrès opératoires et à la vulgarisation de
leur méthode. Ils n'exercent plus comme jadis, de
façon occulte, dans des salles lointaines, secrètes,
obscures, impénétrables, aux murailles épaisses, semblables à des caves. Leurs officines contemporaines
mises à la hauteur des révolutions de la science sont
claires, transparentes, vernissées, nickelées, fraîches de
coloration, sans tentures ou tout en glaces. Ils en
montrent volontiers la coquetterie et s'ingénient entre
eux à détenir le record de la simplicité hygiénique, de
la propreté aseptique et de l'élégance translucide dans
l'ordonnance des salles d'opération. Ils font visiter avec
plaisir ces lieux de supplices que l'action du chloro-
forme fait supporter avec l'inconscience de la douleur.
Ils ont des maisons mondaines, des cliniques de retraite
où ces dames font leurs « vingt et un jours » avec rési-
gnation, dans un milieu de tout repos qui, pour être
réduit à l'absolu nécessaire, n'en est pas moins merveilleusement ordonné. On y passe au début des
heures qui pourraient être pires et les convalescences
y sont généralement douces, agréables, instructives et
de tout repos.

Dans ces maisons de santé, les gens du monde ont

fait vaguement leurs humanités médicales; ils se sont familiarisés avec l'arsenal chirurgical et avec certains éléments de technique professionnelle. A force d'approcher les praticiens, une relative intimité est née entre eux et ces bourreaux bienfaisants qu'ils s'enorgueillissent désormais de connaître. Il semble que ce soit aujourd'hui comme une mode de parler, même à table, de la science et de l'habileté de tels et tels maîtres, de citer les miracles qu'on leur attribue, car il n'est personne qui n'ait quelque exemple à citer parmi ses proches et assez souvent il est loisible de parler de soi-même à titre de vivisectionné revenu à la vie militante et à la santé plus florissante que jamais grâce au cher docteur X..., Y... ou Z...

Les chirurgiens, dans différents milieux de la société parisienne, ont donc pour la plupart créé pour eux seuls des petites chapelles dont ils demeurent les exclusives divinités et dont ils s'efforcent d'augmenter le nombre des fidèles, des apôtres et des zélateurs. Les uns règnent sur telle ou telle partie de la société financière juive, d'autres cultivent le monde cosmopolite anglo-américain, d'autres encore ne sont célèbres que dans le quartier de l'Europe, et il n'est pas jusqu'aux demi-mondaines qui ne se soient attitré quelque illustre praticien dont elles raffolent et vantent les mérites et les façons de procéder. Dans chacun de ces clans, on fait l'éloge avec enthousiasme de celui qu'on a élu. Les femmes se montrent surtout les plus passionnées, car ces écuyers-tranchants exercent indéniablement une influence hypnothérapique sur leurs centres nerveux qui vibrent au chirurgien comme le mysticisme des dévotes vibre au confesseur. Le chirurgien est le roi du jour. On a foi en sa science qui est si probante le plus souvent. C'est l'architecte suprême de nos charpentes humaines, celui qui fait les nécessaires réparations locatives et nous aide parfois à renouveler un bail qui semblait bien près d'expirer. Comment ne serait-il pas recherché, admiré, vénéré par tous ceux qui apprécient la fragilité de leur « home » charnel !

Le médecin ne sera bientôt plus que l'observateur-rapporteur, le chirurgien deviendra l'unique guérisseur.

NOS VIEUX HOPITAUX

Pour que nous venions à nous occuper, même passa-
gèrement, des tares et défaillances de certaines de nos
administrations publiques, il faut — cela est étrange
— qu'un fait plus ou moins retentissant, sinon une
publicité exceptionnelle faite à des révélations soudaines,
attire notre attention à leur sujet. Les plus timorés ouvriers de la plume entrent alors en campagne, la presse
mène grand tapage autour d'enquêtes sommaires de ses
rédacteurs ; le public s'émeut, se passionne ; on est en
droit de supposer que les pouvoirs incriminés vont
s'agiter, faire quelque chose, mais ce n'est qu'une prise
d'armes inutile ; le silence s'établit, l'oubli vient, nous
continuons à marquer le pas rétrograde avec inconscience. C'est toujours « beaucoup de bruit pour rien ».
Les choses demeurent en état. Elles témoignent qu'en
France nous sommes conservateurs de tout, même,
sinon surtout, des ruines, et que si l'on aime à parler à
l'excès, on agit peu, ou du moins si lentement que,
pour ce qui est à renouveler (je ne dis pas à innover),
on demeure toujours en arrière, déplorablement en
arrière de ce qui se pratique à l'étranger.

Voici qu'il est de mode de se préoccuper de l'état
de vétusté de nos hôpitaux. Chacun commence à dé--

couvrir qu'ils sont une honte pour Paris et nos provinces. Nos maîtres cliniciens et chirurgiens qui reviennent d'Angleterre, d'Allemagne ou des États-Unis, nous rapportent depuis peu des observations, des documents, des impressions de surprise et d'admiration sur l'organisation hospitalière dans les grandes villes d'Europe et du nouveau monde. Ce qui est étonnant, c'est que nos éminents professeurs et praticiens de l'A. M. se soient avisés si tard qu'on guérissait ailleurs qu'en France, qu'on y opérait même supérieurement, que les pourcentages de mortalité, dans les maisons d'assistance publique, étaient moindres en Suisse, en pays scandinaves, dans les grandes cités britanniques et germaniques que chez nous ; que l'hygiène y apparaissait meilleure, grâce à la perfection d'aération, de ventilation, d'antiseptie rigoureuse, et que les bâtiments des hospices étrangers se trouvaient tous, plus ou moins, récemment reconstruits dans d'incomparables conditions matérielles, et si confortablement que les malades y oublient la tristesse de leur situation et l'humiliation de leur misère. Ce sont en définitive les refuges de toutes les infirmités et accidents de la vie humaine. Il les faut embellir. Pour ne parler que de nos hôpitaux parisiens, on a peine à croire qu'ils puissent encore subsister. Savez-vous que la première pierre de la *Salpêtrière* fut posée par Louis XIII en 1632, que *Saint-Louis* et la *Pitié* furent fondés sous Henri IV et son successeur, que l'*Hôpital du Midi*, aujourd'hui *Ricord*, fut établi en 1784 dans le déjà vénérable couvent des Capucins ; que le château de *Bicêtre* fut ouvert aux malades sous Louis XIV, et que *Broca*, *Saint-Antoine*, *Beaujon* ont un nombre si respectable d'années que tout y tombe en pourriture de vétusté et que les rats y pullulent en nombre si formidable qu'on a dû y instituer des sortes de gardiens spéciaux pour préserver les malades contre les incursions de ces répugnants rongeurs.

Il y a quelques années, Octave Mirbeau était entré, avec une fougue herculéenne, dans ces écuries d'Augias que sont nos actuelles maisons d'hospitalisation, et, avec une plume acerbe, barbelée, qu'il maniait comme un balai téméraire, il avait déjà remué de façon horrifique les immondices accumulées dans les infâmes coulisses de ces refuges pour écrasés de la vie de labeur et d'indigence. Je lisais alors ces articles véhéments avec le plus vif intérêt, dans un journal du matin, appréciant le courage de Mirbeau, espérant beaucoup de son énergique vigueur pour une réfection complète de nos hôpitaux, mais, tout à coup, les nobles pages indignées cessèrent de paraître : l'auteur avait été débarqué, sans aucun doute, par ordre supérieur. La paix revint dans la haute administration satisfaite et insoucieuse ; l'humanité continua de souffrir dans l'encombrement des salles surpeuplées de lits et de brancards. Aucune voix ne s'éleva plus en faveur des pauvres diables qui doivent recourir aux soins gratuits de l'Assistance publique.

Je ne prétends point reprendre ici une besogne nécessaire, même en y apportant toute l'indépendance voulue. C'est à la presse parisienne de faire son devoir, car pour dévoiler toutes les tares de nos misérables hospices, pour mettre en lumière les actes pitoyables qui s'y passent, les négligences, les inhumanités qu'on y découvre trop fréquemment, il ne suffirait point d'un récit passager, mais d'une étude suivie et vigoureusement conduite à travers toutes les salles des hôpitaux de la capitale. D'autres que moi, je le veux espérer, s'y appliqueront, en dépit de l'Assistance publique.

L'*Hôtel-Dieu*, naguère, était un lieu terrible où l'on entrait pour y agoniser et mourir. Les malades étaient

couchés parfois jusqu'à huit dans un lit à deux étages,
c'est-à-dire que la moitié de ces malheureux couchait
par terre pendant six heures, et faisait ensuite lever les
deux autres pour prendre leur place. Ce n'est guère que
sur la fin du règne de Louis XVI que chaque malade
put avoir son lit. N'est-ce pas horrible? Certes, cette
histoire serait curieuse. Nos procédés sont évidemment
moins affligeants : cependant, faute de place, ne renvoie-
t-on pas souvent encore des ægrotants toujours fiévreux
pour donner la place à de nouveaux venus? Le professeur Pozzi, dans une conférence faite avec conscience, et
qui fit quelque bruit, osa proclamer avec netteté la supériorité d'aménagement des hôpitaux qu'il venait de visiter en Amérique, où il était allé représenter la France à
certain *Centenaire de la Chirurgie*. Il n'y ménage pas
les vérités à nos architectes si peu ingénieux pour l'appro-
priation, commodités et confort hygiéniques des demeures faites pour une collectivité d'êtres souffrants. Il
dit quelles leçons nos médiocres Vitruves pourraient
recevoir des Yankees, au point de vue de l'aération
méthodique et de la ventilation permanente des salles
grandes et petites, dans lesquelles une température
égale et une absolue pureté d'atmosphère se trouvent
admirablement entretenues. Il dit l'importance attachée
dans les maisons hospitalières des États-Unis aux salles
de bains, aux impeccables water-closets, aux cloisons
feutrées, aux parquets silencieux, et principalement
aux *nurses*, ou infirmières, qui sont de véritables *ladies*,
instruites, diplômées, ayant conscience de leur éducation, de leur valeur et de leurs devoirs. Le professeur
Samuël Pozzi nous met au courant de l'organisation et
du fonctionnement de l'hôpital américain dont le trait
distinctif est l'autonomie. Aux États-Unis, chaque hôpital appartient à une catégorie de citoyens qui mettent

leur orgueil à détenir le record des établissements
modèles. A Paris, les hôpitaux ne sont que des dépendances négligeables d'une immense et souvent défectueuse administration. La comparaison est loin d'être
à notre avantage et la question mériterait de préoccuper,
au premier chef, nos législateurs. Il est à souhaiter que
le docteur Pozzi publie et développe les observations de
sa conférence et qu'il leur donne la plus grande vulgarisation possible. Sa lecture fut remarquable et pleine
de suggestions capitales dont nous pourrions tirer profit. Il convient d'espérer qu'elle sera salutaire.

Il y a peu d'années, à Berlin, j'eus la curiosité de visiter l'hôpital fondé par Rudolf Virchow, et qui a coûté
19 millions de marks, soit presque 24 millions de francs.
Je ne crois point qu'il puisse y avoir dans le monde
entier un établissement aussi magnifique et d'une supérieure ordonnance. Les dépendances de ce vaste édifice,
ouvert gratuitement aux nécessiteux, couvrent une super-
ficie d'environ 25 hectares, entièrement clos de murs.
On y compte deux mille lits. C'est pour ainsi dire une
petite cité dans la grande ville, à vingt-cinq minutes du
centre, une cité faite de pavillons d'isolement et de
pavillons pour la communauté. L'organisation des salles,
de leur chauffage, éclairage, aération, est d'une perfection extraordinaire. Les cuisines, buanderies, machine-
ries diverses sont conçues et exécutées avec une entente
du confortable, de la propreté, de l'hygiène, de l'esthétique qu'on ne saurait trop admirer. Quant aux salles
diverses, éclatantes de lumière qui se joue sur les murs
revêtus de faïences décoratives, elles ne rappellent en
rien celles de nos plus luxueux hôpitaux. Elles met-
traient plutôt en goût d'être malade et de s'y faire soigner, tant tout y est clair, net, fleuri de blancheur et
de gaieté. J'ajouterai que pour environner cet important

groupement de beaux bâtiments, les fondateurs aménagèrent un parc d'environ 3 hectares d'étendue, un parc de rêve, rempli de superbes bouquets d'arbres, de pelouses, de parterres de fleurs, de pièces d'eau dont le jaillissement des jets chante dans les massifs de verdure, un parc de résidence royale dédié aux miséreux qui peuvent relayer en beauté, ainsi que des pèlerins quittant le désert pour l'oasis.

Si les lecteurs de ces notes hâtives ont occasion d'aller à Berlin, qu'ils n'oublient pas de visiter l'hôpital Rudolf Virchow. Ils pourront témoigner que je n'exagère ici rien à plaisir. Ils constateront, hélas! comme je le fais, combien nos misérables hospices, qui restent encore des épouvantails pour ceux qui sont menacés d'y échouer, ne sauraient être comparés avec les invraisemblables palais d'hospitalisation qu'on érige à l'étranger.

Songeons davantage à ceux qui souffrent. Nous ne serons vraiment démocrates qu'à cette condition de faire passer les souffrances avant nos plaisirs dans nos innombrables projets d'amélioration et d'organisation sociale.

LE DROIT DE GUÉRIR

Une ligue nouvelle eut souci de se former; ne s'en forme-t-il pas tous les jours aujourd'hui et pour les questions les plus frivoles? Mais la ligue dont je veux parler me semble sérieuse et mérite d'être soutenue par toutes les personnes éclairées et par tous ceux qui souffrent ou sont susceptibles de souffrir, puisqu'il s'agit de la libre pratique du massage et du magnétisme par des professionnels attitrés. Une loi votée le 30 novembre 1892, sous la pression du corps médical, interdit aux masseurs et magnétiseurs le libre exercice de leur profession, tout au moins à titre officiel de guérisseurs. Autrement dit, les médecins qui intriguèrent auprès des pouvoirs pour obtenir cette loi ont prétendu frapper ainsi nombre de charlatans, mais aussi traiter en *outsiders* beaucoup de spécialistes dont on connaît cependant les cures souvent efficaces et parfois miraculeuses.

On ne saurait nier aujourd'hui les effets de l'action médicale et morale des magnétiseurs sur toutes les maladies nerveuses, les détraquements généraux et tous ces états de vague à l'âme, de soucis imaginaires, de chagrins sans raisons, dont les femmes principalement, sous l'empire de leur appareil génésique, sont les principales victimes. Les médecins de la Faculté lorsqu'ils ont affaire à ces neurasthéniques, à ces vésaniques, à ces pathétiques névrosées, convulsées, spleenétiques, hystériques et autres, ne trouvent généralement aucune ordonnance positive à formuler ; ils recommandent d'un air las, ennuyé et inconscient du devoir qui leur incombe, les drogues courantes à base de valériane, d'éther, de bromure de potassium, sinon des stupéfiants, et ils murmurent toujours les mêmes paroles devant ces grandes infortunes physio-psychologiques : « C'est nerveux ;... ça passera ;... des distractions, de la gaieté ; variez vos occupations, ne demeurez pas repliée sur vous-même ; sortez, faites de l'exercice », etc. Ces conseils insignifiants et qui n'impliquent que l'art de se débarrasser des gens sans se compromettre sont naturellement sans effet puisque, dans la plupart des cas, les pauvres femmes atteintes de ces désordres divers ont une *maladie de la volonté* qui leur retire pour ainsi dire le gouvernement de leur pensée et souvent même de leurs actions. Toute possibilité de déterminisme leur devient manifeste.

A ces perturbées, ce ne sont point les docteurs encyclopédiques, les savants de la Faculté, les thérapeutes distingués qui peuvent apporter un soulagement. Les magnétiseurs professionnels, qu'il faut se garder de confondre avec les hypnotiseurs, peuvent, lorsqu'ils pratiquent leur science humainement, c'est-à-dire avec une profonde conviction d'altruisme, de douceur et de bonté, obtenir une action curative infiniment supérieure à celle des médecins patentés. La suggestion que mettent en œuvre ces gens éclairés est une force admirable dans leurs mains, et les bienfaits qui en résultent d'ailleurs ne sont plus à signaler. On cite d'extraordinaires apôtres du magnétisme humain dans presque toutes les grandes villes d'Europe et d'Amérique. On vient de toutes parts pour les consulter et il n'est aucun de nous qui n'ait entendu et qui n'entende encore chaque jour célébrer les cures invraisemblables de ces disciples éclairés et régénérés du mesmérisme.

Devant tant de faits probants, qui songerait à arrêter aujourd'hui les progrès du magnétisme? Qui oserait penser à priver les malades accablés par les dépressions morales et d'inertie de la volonté, des secours salutaires du magnétisme, cet agent physique soumis à des lois analogues à celles qui régissent la chaleur, la lumière et l'électricité? On sait que les soins ne consistent pas toujours dans le sommeil provoqué, mais plutôt dans une suggestion pratiquée sous la forme d'une douce persuasion et souvent dans l'apposition des mains sur le centre nerveux avec le puissant désir d'exercer sur le mal une action pour ainsi dire résorbante qui paraît le dissiper pour le moins temporairement.

Quant aux pratiques du massage, je ne suppose point qu'il soit nécessaire d'en faire ici l'éloge; des livres entiers ont été consacrés aux moyens curatifs par l'action manuelle. Il existe en Suède toute une école de massage scientifique dont les nouveaux élèves se répandent tous les ans dans le monde et ne peuvent suffire aux demandes d'une clientèle chaque jour plus nombreuse. Dans quantité de cas de congestions locales, d'invétérée constipation, de traumatisme et même pour nombre d'accidents compliqués de fractures, les habiles masseurs qui savent jouer de la pulpe du doigt et de la paume de la main avec des connaissances précises de l'anatomie humaine, obtiennent des guérisons promptes et surprenantes. Les rebouteux, d'ailleurs, qui, dans nos campagnes, redressaient les entorses, les foulures et autres déformations accidentelles, n'étaient que des *masseurs instinctifs* qui tenaient leur science naïve de vieux guérisseurs sommaires qui la leur avaient transmise.

Les membres de la ligue qui lancèrent à leur heure une pétition au Sénat restent donc dans la vérité lorsqu'ils demandent au législateur d'intercaler dans le texte de la loi sur la médecine l'article suivant :

« L'action magnétique et le massage, étant œuvres exclusivement manuelles, restent dans le domaine de la thérapeutique naturelle et au même titre que les bains, l'air ou la lumière. Leurs partisans ne tomberont pas sous le coup des lois ci-dessus tant qu'ils resteront dans leurs attributions. »

Les ligueurs estiment, avec raison, qu'on doit considérer l'homme en bonne santé comme un remarquable accumulateur naturel du magnétisme terrestre ; ils pensent donc, et nous pensons aussi, que cet accumulateur doit et peut, selon les appels qui lui sont faits, attribuer la distribution de ses forces au profit de tous ceux qui en manquent. On ne niera pas, d'autre part, que la pratique du magnétisme, aussi bien que celle du massage, exige des forces physiques infiniment supérieures à celles que peuvent posséder nombre de médecins consultants, le plus souvent assez débiles. On ne voit donc point, et on ne saurait comprendre la raison qui empêcherait des hommes ayant une surabondance de vie et de force magnétique de se servir de leurs influences bienfaisantes en faveur des déshérités de ces mêmes forces.

La loi est inique, elle tourne au monopole médical, au détriment de la logique, de la justice et de la philanthropie. Je pense donc faire œuvre saine en venant accorder raison aux revendications des intéressés, qui ont le bon droit de leur côté, tandis que les médecins syndiqués ne sauraient avoir pour eux l'opinion, qui se refusera toujours à considérer la médecine comme un métier et les malades comme la propriété exclusive des médecins, alors même que ceux-ci ne peuvent et ne savent ni les guérir ni même les soulager.

Il semblera naturel à chacun de rechercher parmi les thérapeutiques infinies de la science contemporaine celle qui semble appropriée plus spécialement aux douleurs dont il souffre. Que l'on s'adresse aux médecins électriciens, aux homéopathes, aux hydrothérapistes et même aux empiriques, c'est un droit qui semble indéniable, surtout à une époque où tant de pèlerins vont chaque année demander leur guérison à Notre-Dame de Lourdes sans que personne pense à protester. Pourquoi dénier les vertus de l'influence psychique, d'un magnétiseur ou d'un quelconque guérisseur ? La foi ici-bas entre pour une grande partie dans la cure des maladies. Le proverbe ancien qui disait: « Chacun prend son plaisir où il le trouve » pourrait être interprété, dans le cas présent, de cette façon : *Chacun doit pouvoir prendre son médecin là où il le désire*, autrement, à cette heure de soi-disant liberté pour tous, la loi néfaste contre laquelle tant de gens protestent avec raison signifierait ceci:

En cas de maladie, chaque citoyen, quelle que soit sa façon de penser, devra prendre un médecin patenté et officiellement reconnu, sinon être abandonné à son mal et en mourir.

Les Droits de l'Homme ont été proclamés; faudra-t-il faire une nouvelle Révolution pour assurer les *Droits des Malades?*

Il n'y a qu'une formule affirmative pour la science médicale, c'est celle-ci: *Est médecin qui guérit, avec ou sans diplômes.*

MALADE ET MÉDECIN

L'agitation des étudiants en médecine, ces derniers
temps, a révélé chez nos futurs thérapeutes un état d'âme
particulier. Ces jeunes gens se sont plaints de l'enseignement qu'on leur donne; ils le jugent, à leur point
de vue, tout à fait insuffisant de par la composition des
programmes et la qualité de certains professeurs plus
zélés et plus assidus auprès de leur clientèle que vis-à-
vis des élèves de leur cours.

Ce désir d'apprendre et de se perfectionner dans l'art
qu'ils se proposent d'exercer, cette convoitise du plus
grand savoir sont très honorables et indiquent dans
l'âme de ces docteurs en herbe un sérieux et une conscience en tous points louables. N'est-ce pas aussi un
signe des temps? La concurrence qui sévit à l'état aigu
dans toutes les professions, voire celles qu'on appelait
autrefois libérales, un certain souci de la moralité qui
tend également dans la jeunesse actuelle à contre-balan-
cer ce goût de l'argent qu'ont affirmé à un si haut degré
les générations du dernier siècle, incitent les médecins
à prendre chaque jour conscience de leur rôle. Moins
que leurs aînés, ils semblent concentrer leurs efforts et
placer leur idéal dans l'exclusive recherche d'un diplôme
décroché au petit bonheur. Ils veulent savoir à la fois

soigner et guérir. C'est une belle ambition, dont il convient à nous, patients, de les féliciter.

Dans ce conflit entre nos étudiants et l'École de médecine, le malade est heureusement assuré de n'avoir rien à perdre, bien au contraire. Ces rapports du malade et du médecin, actuellement on ne peut plus à l'ordre du jour, ont été assez récemment étudiés par le docteur Doyen, dans un livre qui intéressera et instruira nombre de lecteurs, qui en gênera d'autres et en mettra quelques-uns peut-être fort en colère.

Vous pensez sans doute que le docteur Doyen prend la défense du médecin contre la littérature universelle, depuis les anciens fabliaux et chansons de gestes jusqu'à la *Nouvelle Idole* et aussi jusqu'aux compositions drolatiques légendées par Abel Faivre, en passant par notre grand Molière? — Aucunement ; toutefois, au début de son livre, le docteur Doyen taquine quelque peu M. de Curel. Celui-ci, on s'en souvient, a présenté au Théâtre Antoine, comme un héros et un apôtre de la science, un arriviste à la fois ignorant et criminel qui, sous prétexte d'expérimenter, inocule le cancer à une jeune personne phtisique. Mais M. Doyen ne s'arrête pas longtemps à répondre aux satiriques, aux romanciers et aux illustrateurs des journaux humoristiques qui ont caricaturé la profession médicale. Il prend, avant tout, catégoriquement, énergiquement, la défense du malade, et cela est infiniment moins prévu et plus sensible à nos défaillances charnelles.

Deux faits sont à constater, deux maux auxquels les médecins doivent remédier au plus tôt dans leur intérêt et dans celui de leurs malades. Le docteur Doyen, qui n'est rien moins qu'un officiel de l'art médical, j'entends un docteur académique, se trouve en situation mieux que personne de les observer ici. Les intrigues du salon

et les compromissions de toute sorte président à la
création et à la conquête de certaines chaires de pro-
fessorat ; il s'ensuit un risque d'abaissement de niveau
des études médicales, et partant un réel danger pour le
malade.

En second lieu, on compte chaque jour davantage de
spécialistes, et la spécialisation à l'excès présente le grand
inconvénient de rétrécir singulièrement le champ d'observation. Ce serait une erreur de croire que la plupart
des spécialistes [le sont parce qu'ils se reconnaissent,
pour la spécialisation de leur choix, d'évidentes aptitudes personnelles. C'est bien plutôt par suite des difficultés de la vie et aussi par la facilité et les attraits
que présentent nombre de ces spécialités, n'exigeant
que des connaissances restreintes, qu'ils se trouvent
guidés. Le docteur Doyen cite des cas typiques, des
erreurs incroyables et cependant fréquentes commises
par d'éminents professeurs, très forts en gynécologie
par exemple, qui s'avisèrent d'ouvrir un abdomen avec
la conviction d'y rencontrer un fibrôme et qui, à leur
stupéfaction, y dénichaient un enfant viable ou parfois
deux jumeaux !...

Et vers quelles complications nous évoluons pour peu
que les spécialités existantes se subdivisent encore ! Un
médecin connaîtra très bien les yeux, un autre la gorge,
un troisième l'intestin, celui-là l'estomac ou bien encore
les évolutions du cerveau ; aucun d'eux cependant n'aura
les connaissances qui seraient indispensables pour accorder des soins éclairés à un malade d'ordre général. Le
malheureux malade ayant affaire à des spécialistes passera de mains en mains, subira la division du travail
comme un article de Paris dans une manufacture ou
mieux encore comme les infortunées victimes animales
des beef-pakers de Chicago. Cette comparaison est

d'autant plus exacte que cela se terminera trop souvent par la mort précédée de divers supplices et, pour le moins, par un « écorchement » en règle. On voit d'ici à quelles scènes pitoyablement comiques cette différenciation abusive, ce spécialisme outrancier donneront lieu. Le corps humain sera un territoire où chaque spécialité se taillera un fief, avec expresse défense pour un collègue d'y empiéter : « Vous avez mal à la gorge; bien, je suis votre homme; mais si la douleur remonte au nez ou redescend dans les bronches, cela cesse d'être ma partie. Il vous convient d'aller voir mon illustre confrère, le très fort praticien du Laryngoscope ou le maître des inhalations subtiles par procédés nouveaux ! »

X... sera très calé sur le poumon, mais si vous souffrez de douleurs de reins, il vous enverra chez Y... Et encore si X... vous envoyait chez Y... et Y... chez Z..., ce serait au moins une louable preuve de défiance vis-à-vis de leurs connaissances; mais, la plupart du temps, le spécialiste empiétera sur un terrain qui ne lui appartient pas, il vous donnera une consultation, et alors que vaudra-t-elle? — Il vous opérera et, opérant dans des régions qui ne lui sont point familières, gare les complications! Dans ces circonstances, quelle est la conduite à suivre pour le pauvre malade en proie à toutes les affres de l'incertitude jointes aux angoisses de la misère physique? — Où trouvera-t-il le médecin de famille, ce véritable ami qui naguère encore soignait ensemble le père, la mère et le petit à la mamelle, vénérable chef de l'hygiène et directeur de la santé? Ce genre de docteur n'existe plus guère. Les déracinés de la profession, les spécialistes par paresse d'esprit, les mercantis et les faiseurs l'ont tué, ou du moins amoindri dans des proportions sûrement excessives.

Il faut désormais davantage de connaissances générales et une infiniment plus longue pratique. Telle est
la conclusion du docteur Doyen. Mais ce n'est pas
tout, à son avis : il faut également une solide morale,
qui peut se réduire à deux règles : *primo non nocere*,
d'abord ne pas nuire; secondement, ne pas faire à autrui
ce que vous ne voudriez pas qu'il vous fît. Avant de
guérir un malade, il est de toute nécessité de ne pas le
rendre tout de suite plus souffrant qu'il ne se présente;
tous efforts doivent concourir sans délai à le rappeler
à la santé.

Il est étrange qu'en plein xxᵉ siècle, on soit peu à
peu arrivé à redouter l'homme dont le rôle avoué est de
soulager ou de guérir, et qu'il faille espérer, s'il ne
peut améliorer notre situation, qu'il nous fasse pour le
moins la grâce de ne pas nous condamner à mort.

C'est qu'aujourd'hui comme autrefois, il y a le bon
sorcier et le mauvais sorcier. Le mauvais sorcier ne
jette plus de sort, n'envoûte plus, ne pique point de
la pointe d'un poignard des figurines de cire à l'effigie
de son ennemi, mais il saisit la moindre occasion de
vous ouvrir le ventre sans aucune forme de procès et,
au besoin, il y oubliera une sonde, une éponge ou une
pince, qui détermineront de mortelles complications.
Le bon sorcier, au contraire, est celui qui n'utilise le
bistouri qu'à bon escient et au moindre *dam* de ses
clients, qui, en raison de son amour pour la science,
n'est point conduit jusqu'à expérimenter sur ses malades
ses théories nouvelles ou les effets de ses découvertes
incomplètes, et qui reste dans son rôle de consolateur,
soucieux avant tout de soulager l'humanité souffrante,
en demeurant le moins possible homme d'affaires.

Médecine et sacerdoce autrefois ne faisaient qu'un.
— Prêtres et thérapeutes doivent demeurer aujourd'hui

ce qu'ils étaient aux anciens jours, et le souci du bien à faire doit chez eux éclipser toute autre convoitise.

Ce sont là des maximes de belle morale. Les apôtres de cette religion d'humanitarisme médical ne sont point très nombreux ; le docteur Doyen voudra bien en convenir. Les docteurs modernes sont bien les représentants de notre société affairée, arriviste, superficielle, tout aimantée vers la vitesse, le résultat et le gain. Les médecins, lorsqu'ils nous soignent, nous stupéfient trop souvent, non point que nous les estimions pour ce qu'ils savent, mais précisément parce que nous sommes obligés de les juger en raison de ce qu'ils ignorent. — Et c'est énorme !

LA MORT EN ÉCHEC

Des États-Unis nous sont câblées chaque jour des nouvelles fabuleuses, hétéroclites et invraisemblables. Depuis quelques mois surtout, les agences d'informations américaines expédient à travers l'Océan les canards les plus surnaturels. De Baltimore, de New-York ou de Philadelphie nous parviennent les annonces d'inventions miraculeuses dans toutes les branches scientifiques et industrielles. Le vieux continent accueille avec une complaisance ébahie de dégénérescence sénile les mirifiques promesses que les hardis inventeurs du nouveau monde se déclarent successivement à la veille de réaliser.

On ne compte plus les bateaux successifs qui nous sont montés par l'esprit *humbug* des Yankees amoureux de sensationnel et d'exorbitant. Dans l'ordre architectural, médical, physiologique, aéronautique et sur tous terrains où se peut exercer et déployer l'imagination, on jalonne l'avenir de projets fantastiques. Chaque heure nous révèle d'incroyables innovations qui, à bref délai, doivent modifier toutes les conditions sociales de la vie humaine.

Il y a peu de temps encore, une nouvelle plus excentrique que d'habitude, plus lourdement épanouie dans l'expression de son bluffisme, était télégraphiée aux dépêches de la dernière heure. De quoi s'agissait-il?

De rien moins que de la suppression absolue de la mort et de la pérennité vitale désormais envisageables pour tous les humains.

Le docteur Loeb, de l'Université de Chicago, nous annonçait-on, croit avoir, en partie du moins, résolu le problème de la mort ou plutôt trouvé le moyen de rendre prochainement la vie inattaquable et éternelle. Ce savant bactériologiste prétend être parvenu, à la suite de longues recherches, à prolonger indéfiniment la vie d'œufs d'oursins stérilisés préalablement de tout germe de mort et il espère pouvoir, avant peu, se livrer sur les hommes à des expériences non moins concluantes.

Ce premier passage du télégramme se montrait d'une rédaction plutôt ambiguë et on ne voit que malaisément comment le bon docteur de Chicago parviendra à isoler l'œuf humain de façon à lui retirer son principe de sénescence et de mort..., mais passons. D'après lui, continue le texte de la dépêche, la mort n'est pas un procédé négatif, un simple épuisement des tissus, mais plutôt « un principe actif » qui naît avec l'œuf et qui peut être détruit aussi aisément que n'importe quel autre microbe.

D'autre part, le professeur Loeb affirme, et ceci nous paraît plus intéressant et moins discutable, que l'homme n'est qu'une machine électrique dont, à l'aide d'une nourriture appropriée, on peut accumuler, réparer et développer les forces indéfiniment. En résumé, ledit professeur croit fermement qu'à l'aide de la suppression de la mort dans le germe vital et de l'entretien constant de la vie par des aliments accélérateurs, il peut indéfiniment assurer l'existence de l'homme.

Cette nouvelle de l'autre monde a pu apporter un considérable réconfort à nombre de ceux qui en cueillirent la primeur. La pensée d'une vie éternelle ne peut que réjouir ceux que la destinée semble convoyer irrémédiablement vers la mort. A la lecture de cette dépêche, on peut supposer que les infirmes, les décavés, les prolétaires, les innombrables victimes de l'injustice sociale, les forçats du plaisir ou du labeur, les déshérités de toute joie, aussi bien que les aplatis par toutes les infortunes morales ou écrasés par les plus lourdes fatalités se sont agités fébrilement dans un spasme d'espoir et d'allégeance en songeant au sursis possible de l'éternel repos. Il apparaît en effet de toute évidence, bien que sous un aspect plutôt paradoxal, que la douleur, la misère et le désespoir enchaînent encore plus étroitement à l'amour de la vie que l'allégresse ou la morne quiétude n'y attachent les désœuvrés ou les saturés qui sentent les premiers l'affreuse lassitude de vivre.

Les hommes de tous les temps, de tous les pays ont montré un pareil attachement à l'existence et l'histoire nous témoigne successivement des vains efforts de la science pour arrêter la faux du temps ou le bras décharné de la camarde. Il y a quelques siècles, c'était la découverte de la pierre philosophale qui se trouvait ardemment recherchée et qui, périodiquement proclamée comme enfin issue des mystères du creuset, métamorphosait les horizons de l'humanité. Les alchimistes, les occultistes, les visionnaires à la façon de Cagliostro affirmaient, eux aussi, pouvoir renouveler à long terme le bail si mal défini de notre existence. Les anciens avaient imaginé la poétique légende de la fontaine de Jouvence dont les eaux merveilleuses rajeunissaient ceux qui venaient s'y plonger. Plus tard, ce fut aux pierres précieuses que l'on prêta les vertus régénératrices. Enfin les élixirs de longue vie se succédèrent à profusion depuis la Renaissance jusques à la Révolution et nous sommes aujourd'hui parvenus avec autant d'espoir et peut-être plus de réalité à un retour aux préceptes d'hygiène et de sobriété de l'école de Cornaro et de l'école de Salerne.

Nous croyons savoir que la matière vivante, qui d'elle-même se répare constamment, a besoin d'être protégée contre les infiniment petits qui assiègent notre organisme; ce ne sont plus les élixirs, mais le sérum de longue vie que recherchent nos modernes savants. Nous croyons que la sérothérapie sera bientôt susceptible d'apporter, dans la terrible lutte de nos cellules contre les macrophages, un appoint de victoires qui peut-être prolongera de quelques années notre maturité puissante et combative.

On connaît les recherches que poursuit encore actuellement M. Metchnikoff dans son laboratoire de l'Institut Pasteur; son sérum antileucocytaire est déjà célèbre avant même d'avoir donné des preuves réellement efficaces et probantes de ses vertus policières dans les méfaits batailleurs de notre organisme.

Toutes ces tentatives de la science, de la chimie pharmaceutique, de la bactériologie et de la chirurgie elle-même, qui en est arrivée à supprimer sans inconvénient les organes considérés jusqu'ici comme nécessaires au maintien de notre existence, toutes ces ligues organisées de toutes parts contre la vieillesse et la mort n'arriveront pas, on peut le croire, au résultat d'immunité si formellement affirmé par le docteur Loeb, de Chicago.

Nous avons pensé que toutes les conséquences du monde créé se sont déjà accomplies en leur temps et que l'homme n'est pas une fin de création, mais qu'il n'en est en quelque sorte qu'un épisode passager dont le dénouement véritable se cache dans celui de l'action universelle. La prolongation de la vie universelle n'a aucune importance et ne saurait en avoir. Il y a comme une sorte d'agonie à la limite de tout ce qui a vécu et la nécessité de mourir est commune à tous les êtres créés qui, nés de la poussière, doivent retourner à la poussière.

On ne saurait avoir la conception de l'être prolongé à jamais avec sécurité dans l'extase du bonheur et de la joie et nous ne supposons pas qu'aucun philosophe, sociologue, économiste ou naturaliste puisse arriver à établir la possibilité d'une vie normale d'où la mort serait exclue. Le monde et la société, déjà si lamentables et d'une organisation si précaire, ne pourraient subsister un demi-siècle si les humains étaient condamnés à la vie à perpétuité. Tous deviendraient vivement semblables à des forçats.

Dans son *Gulliver*, l'excellent Swift nous a montré, avec un grand sens philosophique, certaine tribu visitée par son héros et dans laquelle la mort ne faisait jamais son apparition : c'était la tribu des *Struldbruggs*. « Les hommes de ce pays, écrit Swift, ressemblaient aux mortels et vivaient comme eux jusqu'à l'âge de trente ans. Après cet âge, peu à peu ils s'affalaient dans une noire mélancolie qui allait augmentant jusqu'à ce qu'ils aient atteint l'âge de quatre-vingts ans ; ils étaient alors seulement préservés de toutes les infirmités, de toutes les misères et faiblesses des vieillards de cet âge, mais l'idée affligeante de l'éternelle durée de leur misérable caducité les tourmentait à tel point que rien ne semblait pouvoir les consoler. Toutes les fois qu'ils voyaient préparer les funérailles d'hommes d'autres peuplades, ils maudissaient leur sort et se plaignaient amèrement de la nature qui leur avait refusé la jouissance de mourir et d'entrer dans l'éternel repos. »

Méditons cette fiction du conteur anglais, elle a toutes les apparences de l'absolue vérité.

Dieu nous garde de ne plus mourir !

CHAPITRE III

LES MODES ALIMENTAIRES

Les régimes de santé. Façons de vivre.

NOS RÉGIMES ALIMENTAIRES

Il n'y a pas à dire, c'est actuellement une terrible mode que celle de « l'inquiétude alimentaire » et de nos *régimes* individuels. Il en faut bien parler de propos délibéré.

« Pour l'homme social, écrivait Balzac, vivre, c'est se dépenser plus ou moins vite. » Ce qui règle la dépense, — n'aurait pas manqué d'ajouter, aujourd'hui, le profond écrivain de tant de *physiologies*, — c'est surtout la valeur scientifique et appropriée du combustible de l'humaine machine, c'est-à-dire l'*alimentation*.

L'homme social s'use encore moins rapidement par l'action accélérée que par la vie sédentaire excessive. Il gaspille ses forces physiques et morales de différentes façons, amenant des dépressions variées. L'usure est également plus ou moins apparente, selon qu'elle affecte particulièrement le cerveau, l'estomac, le cœur ou le « grand sympathique ».

Les hygiénistes et les thérapeutes modernes, qui prétendent se distinguer des vulgaires médecins consultants d'autrefois, s'efforcent d'être les apôtres de régimes alimentaires nouveaux, basés sur les analyses et découvertes de la science opothérapique et chimia-

trique. Parmi ces admirables croyants que sont les
malades, au milieu de passifs ægrotants qui ont usé
de tous les remèdes et qui sont les dociles dévots des
plus récents dogmes médicaux, les *docteurs à régimes,*
« dernier aéronef », se dressent hiératiques comme des
rédempteurs. La foule les regarde et les écoute ainsi
que des dieux.

A l'heure actuelle, les professeurs de régimes alimentaires constituant à l'homme surmené ou artério-
sclérosé des garanties de vie hygiénique, exempte de
tares et de douleurs physiques, sont au nombre de
plusieurs milliers, tant en Europe que dans le nouveau
monde, les Indes, l'Australie, la Chine ou le Japon.
Pour ne prétendre observer que ce qui se passe autour
de nous, le champ est déjà assez vaste. Les adminis-
trateurs de nos estomacs, les douaniers de nos importations alimentaires soigneusement contrôlées, les économistes de nos échanges et assimilations nutritifs
déploient à notre endroit un zèle sans pareil de bons
apôtres. Il n'est pas de jour où il ne paraisse quelque
gros ouvrage révolutionnaire sur ce qu'il nous convient
d'ingérer selon nos diathèses arthritiques ou lympha-
tiques et nos états sanguin, bilieux, nerveux et autres.
Ce ne sont plus les exquis menus culinaires de Gri-
mod de la Reynière, de Carême, de Brillat-Savarin,
qui nous sont imposés, mais des nourritures d'ordonnance judicieusement pesées par grammes de viande
rouge ou blanche, par cuillerées de farines de légumes
ou demi-verres de boisson. Pour peu que ça continue,
les ex-maîtres-queue se transformeront en potards culinaires et les fourneaux de nos cordons bleus auront
des aspects de laboratoires de pharmacie. Les *repas
dosimétriques* sont de plus en plus à la mode. Bientôt
chacun aura sa balance sur table et son *métronome,*

afin de bien lentement mastiquer selon le nombre des mesures prescrites par le *Fletchérisme* importé d'Amérique.

L'homme social, dans les villes surtout, se soumet chaque jour plus volontiers à ces tyrannies nouvelles. Il se préoccupe actuellement moins de la saveur de ce qu'il mange que de la composition chimique des aliments ébouillantés qui lui sont servis. Il sait ceux qui sont riches en azote, en phosphates, en peptones, en glucose, en sodium, en albumine, en ferments salutaires, et aussi ceux qui contiennent en excès des ptomaïnes, des nucléines, des purines ou bases xantiques. Selon que le consommateur est goutteux ou cardiaque, anémique ou bilieux-sanguin, diabétique ou brightique, rhumatisant ou ralenti de la nutrition, le docteur s'efforce de composer en conséquence pour chacun de ses repas la palette rationnelle de ses apports. C'est ainsi que, selon le succès dominant des régimes, les bouchers se déclarent ruinés par les tendances actuelles au végétarisme, que les laitiers prospèrent et que les viticulteurs trinquent pitoyablement et dans les grands prix, car le vin, c'est l'ennemi... ne l'oublions pas... — pour un moment ; on y reviendra.

Les modes de régimes alimentaires sont aujourd'hui aussi suivies que les modes de toilette, de langage, de littérature ou d'art. Elles s'imposent même davantage à l'individu et à la collectivité. Elles ont la même instabilité et aussi d'analogues contradictions, une évolution aussi rapide, des débâcles aussi soudaines, des transitions, des vicissitudes non moins capricieuses. Durant leur règne, on ne voit qu'elles, on n'écoute qu'elles seules, il ne saurait être permis qu'elles pussent être discutées ou critiquées... Mais, après..., ce qu'on s'en moque!

Les modes de l'eau, de la bière, du lait, des infusions, des tisanes, du thé, de la camomille ou du tilleul ont suivi celle du vieux bordeaux rouge, du champagne stimulant, de l'alcool, en tant que coup de fouet de l'organisme, de l'extrait de malt et des vins blancs légers. Après la fashionable fureur des larges pièces de bœuf *à l'anglaise*, des chateaubriands bien saignants, des gigots braisés juteux, dont le sang rose était offert aux délicats; après les savoureux consommés, les nutritives gelées de viandes, ce fut une révolution complète. Toutes ces nourritures, envisagées comme homicides, cédèrent la place aux blancs-mangers de veau, aux viandes d'agneau, de volaille, aux cervelles phosphorées, aux poissons longuement court-bouillonnés et aux œufs sur toute la ligne. Mais tout cela commence déjà à être critiqué. Des œufs, du lait, des pâtes italiennes, du riz comme pour les Nippons et des légumes verts ou farineux préparés selon les rites des derniers apôtres de Berne, de Lausanne ou de Paris, voilà ce qu'on nous offre le plus généralement à cette heure.

Dans les réceptions mondaines, les régimes alimentaires font, avec les potins de salons ou de coulisses, les principaux frais de la conversation, aussi bien à Londres qu'à Paris. Il n'y a guère que nos voisins les Belges et nos amis les Russes qui continuent à dévorer comme des pantagruélistes et à boire comme des ancêtres, et les bons Allemands qui s'empiffrent de victuailles, de charcuterie, de conserves épicées, et dont l'estomac est balayé et même noyé par les déluges des bières munichoises, francfortaises et berlinoises.

Chez nous, les bons petits régimes sévissent à tous les étages de la société et plus particulièrement dans les classes aisées. Chacun dévoile à l'heure des repas ses

menues infirmités qui lui font proscrire les vins, les hors-
d'œuvre, les gibiers, les rouges entrecôtes, les légumes en
salade ou les fruits crus. Le pain même doit venir de dix
fabrications diverses. Le diabétique sort le sien, le dilaté
d'estomac ne veut que des biscottes ou rôties, le dyspep-
tique ne tolère plus que le pain complet, le constipé réclame
le pain de seigle, l'*entérité* ne grignote que des flûtes mousselines.

Ce qu'il y a d'amusant, c'est le dédain que montrent
aussi bien nos professeurs de régimes que leurs crédules
malades pour toutes les médications hygiéniques périmées
du passé. Comment ceux qui nous ont donné leur vie et
qui, à leurs yeux, étaient des ignorants, presque des barbares, buvant ferme et s'indigestionnant volontiers, ont-
ils pu atteindre à la longévité relative? Ils ne l'expliquent
point. Ces Philonéistes sont convaincus de leurs innovations; ils condamnent leurs prédécesseurs, qui n'auront été que des *ânes* à leurs yeux, sans se douter
qu'avant cinquante années, ils passeront eux-mêmes,
aux regards de nos petits-fils, pour des illusionnés ou
des imposteurs qui nous en firent avaler de toutes les
couleurs.

Moins de viande, et plus de légumes. C'est le cri du
jour, c'est la formule qui réunit les suffrages de tous
les réformateurs, aussi bien que l'anathème à l'alcool et
l'invite à l'eau claire. Cela est vieux comme le monde.
Hippocrate, Pythagore, les sages de la Grèce et les philosophes de l'antiquité latine considéraient notre estomac comme le père de famille de nos organes, disant
qu'il convenait de lui faciliter son rôle de protecteur de
la santé en ne le chargeant pas d'aliments trop généreux
ou de boissons trop fortes. L'eau a été chantée naguère
non moins que le vin. La thérapeutique de l'eau chaude
est même d'origine romaine. Les *thermopolia* ou caba-

rets de boissons chaudes, les cratères de liquides bouillants que l'on passait aux convives des banquets témoignent que nous n'avons pas inventé cette moderne médication. Quant à la viande, il y a belle lurette que les fondateurs de religions l'ont proscrite, nous mettant en garde contre la consommation du *meurtre cuit*, engendrant la maladie, la douleur et la mort.

L'erreur est d'être absolu dans l'ordonnance d'un même mode d'alimentation, alors que les preuves médicales sont si sujettes à caution. Chaque homme est un alambic distillant et opérant des chimiatries proprement *individuelles*, d'où le seul axiome raisonnable : *Il n'y a pas de maladies, il n'y a que des malades.* Il n'y a pas, en conséquence, de régime alimentaire pour tous, mais des *expériences de régime* pour chacun.

Celse — qui fut le Cicéron de la médecine — parlait en sage, lorsqu'il conseillait l'usage *alternatif des choses contraires* comme le véritable secret de santé et de verte et longue vieillesse :

« Soyez, disait-il, alternativement sobre et peu retenu dans le manger, mais plus souvent sobre. Entremêlez les veilles et un sommeil prolongé; mais, plus ordinairement, dormez beaucoup. Livrez-vous au repos et au mouvement qui donne la lassitude, mais que le repos domine la fatigue. » *Contraria contrariis curantur.* C'est un excellent moyen d'user de la vie et de fortifier la nature.

Il est un proverbe basque dont la saveur surtout m'apparaît en cette manière et qui dit : *Nourris-toi de la chair d'aujourd'hui, du pain d'hier, du vin de l'an passé, de l'espérance optimiste de demain et envoie promener les docteurs et tous leurs régimes.*

Conserver sa santé au prix d'un rigoureux régime, c'est souvent la plus pitoyable des maladies.

Suivons nos appétits, ce sont les meilleurs introducteurs protocolaires de notre royaume gastrique, qui réprouve l'étiquette gourmée et même l'excès des bienséances. Faisons quelque peu *la fête* lorsque la fantaisie nous y invite. Bref, ayons un *régime alimentaire constitutionnel.* Ne craignons point d'interpeller et de faire démissionner ceux qui veulent gouverner notre économie intime avec trop de pessimisme ou de rigorisme tyrannique.

A bas les régimes absolus! La révolte contre tous les absolutismes médicaux, c'est le commencement de la sagesse.

LE VIN NOURRICIER

SON DISCRÉDIT INJUSTIFIÉ

SA RÉHABILITATION

Vive le vin ! Tel fut le joyeux et constant refrain des travailleurs, des bardes et des soldats de France au cours de plusieurs siècles de folies, de batailles, de victoires, de poèmes et d'amours.

L'ont-ils assez chanté le « jus divin », nos chers vieux pères sans pusillanimité ou vaine crainte du ridicule et d'esprit poncif. Ah ! certes, ils narguèrent la vie et ses soucis, la mort et ses affres avec leurs flons-flons bachiques, et ils traversèrent l'Europe alertes, vigoureux, indomptables, en se versant à qui mieux mieux à chaque étape toutes les rasades possibles.

A considérer, d'autre part, dans son ensemble notre littérature poétique et philosophico-fantaisiste, celle qui constitua notre plus riche et plus éclatant patrimoine intellectuel, on pourrait assurément affirmer que les crus de nos coteaux de Bourgogne et de Guyenne ont toujours arrosé profondément le génie de notre nation si longtemps impétueuse et gaillarde. Depuis notre maître François Rabelais jusqu'au rimeur des « Repues franches », depuis Mathurin Régnier jusqu'au truculent Saint-Amand, depuis Colletet jusqu'à Collé et à Panard, enfin depuis les bons drilles des Caveaux et les disciples de Monus jusqu'à Pierre Dupont, les poètes œnophiles n'ont jamais manqué de magnifier avec esprit, talent et belle humeur tous les produits de la vinée, toutes les beautés des rouges vendanges, toutes les vertus de la purée septembrale.

Le père de Lisette, le bonhomme Béranger, fredonnait sagement aux amoureux de sa lyre populaire :

> ...Il suffit d'un doigt de vin
> Pour réconforter l'espérance.

Et Alfred de Musset déclarait, dans un mode évidemment plus élevé :

> J'estime le bordeaux, surtout dans sa vieillesse.
> J'aime tous les vins francs parce qu'ils font aimer.

Après l'âge romantique, il y eut un brusque arrêt. Les coteaux du Parnasse semblèrent se dégarnir de pampres et de sarments, on y chercha en vain les bucoliques vignerons, on n'y entendit plus les pipeaux bachiques, ni les cantates à la treille. Les impassibles Parnassiens, qui y exprimèrent si bien les villes et les filles de marbre, semblèrent ignorer les voluptés de boire. Ils eurent des muses d'albâtre, belles d'attitudes, harmonieuses de lignes, pleines de charmes et de rythme dans leur démarche, mais aucune ivresse, hélas ! ne semblait les devoir atteindre. La verve épicurienne des rapsodes de la grappe échoua au café-concert et se ravala à exprimer le piccolo ou le picton dans l'interprétation d'abominables poivrots. Le vin cessa donc d'être chanté, sa pourpre et son or cessèrent également d'être idolâtrés ; abandonné des poètes, rien ne semblait dorénavant pouvoir le protéger.

Quand le discrédit du vin eut ainsi pris de l'ampleur,
écrit en une excellente étude un romancier viticulteur
et académicien, Marcel Prévost, les suprêmes ennemis
entrèrent en campagne pour le perdre tout à fait: les
médecins.

« Il faut vraiment, dit-il, que la *vis comica* soit bien
épuisée en France pour qu'une certaine catégorie de
charlatans à diplôme n'ait pas encore trouvé son Molière
fût-il au petit pied. La gloire immense de Pasteur (qui
pour la foule est un guérisseur) protège, je crois, tous
nos thérapeutes. Autrement, les huées du public auraient déjà chassé de la science les bonshommes ridicules
et pernicieux qui proscrivent alternativement la tomate
ou le haricot vert, qui forcent les pauvres humains à
s'alimenter de pâtes sinistres, et à s'abreuver exclusivement d'eaux minérales puantes. Ce furent eux qui s'avisèrent, certain jour, de proscrire le vin. Et non pas le
vin suspect, le vin d'origine mal connue, le vin à trop
bas prix pour être sincère, mais tout le vin en masse,
de la Bourgogne, comme du Bordelais, de la Touraine
comme du Midi.

« Et les pauvres niais qui s'abstiennent religieusement
de la tomate ou du haricot vert, qui s'entonnent avec
componction des bouillies et des pâtes, ne s'avisèrent
pas de réfléchir que, depuis les temps les plus reculés,
l'humanité buvait du vin comme elle mange du pain
et respire de l'air; ils ne regardèrent pas une carte de
France pour constater que les départements les plus
riches en vignobles sont presque exempts de tuberculose.
Ils se soumirent, ne burent plus de vin, se détraquèrent
l'estomac avec des eaux minérales aussi artificielles que
le plus artificiel des vins, — et devinrent neurasthéniques par centaines. Ceci n'est pas une plaisanterie:
constatez le fait autour de vous. Parmi ceux de vos

amis qui ont continué l'usage du vin, vous ne trouverez guère de neurasthéniques; — ces bons buveurs ne sont pas des « gens à médecin ». Peut-être est-ce pour cela que les médecins besogneux ont déclaré la guerre au jus de la vigne! »

Les hygiénistes, les physiologistes, les médicastres de toute nature vinrent donc; ils décrétèrent les méfaits de l'alcool et du vin; ils prétendirent, au nom des grands principes humanitaires, devoir combattre non seulement l'excès, mais l'usage même du merveilleux liquide qui, ataviquement, constitua, on peut le dire, une notable partie de notre tempérament français folâtre, prime-sautier et luron. Leur zèle s'attaqua d'abord au rouge cru de nos vignobles, puis le vin blanc fut mis exclusivement à la mode sur toutes les tables et à tous les repas. Bientôt, comme le zèle tourne facilement au fanatisme aveugle et à l'intolérance, ces terribles prêtres de la diasostique en arrivèrent à prêcher une sorte de « tea-totalisme » inquiétante et morose. L'*aqua simplex*, depuis peu, remplit la vieille coupe ancestrale où s'enivrèrent avec tant d'insouciance nos alacres et superbes devanciers. Les hydrophiles sont devenus légion. Dyspeptiques, neurasthéniques, hépathiques, hommes et femmes, jeunes gens et vieillards se sont tour à tour adonnés à l'eau des sources comme unique breuvage. Le vin, dans tous les milieux élégants, est aujourd'hui considéré comme un toxique dangereux, sinon comme un excitant inutile.

Il est incontestable qu'avec ce régime qui, de plus en plus, se généralise dans les classes aisées, la chaleur communicative des banquets a considérablement baissé parmi nous et personne ne nous contredira si nous avançons que les *dîners blancs* contemporains ressemblent à de vagues cliniques de convalescents où cha-

que convive s'ausculte, se consulte, se potionne et se
drogue. Notre caractère naguère optimiste, peut-être
même avec outrance, incline chaque jour encore davantage vers des visions plus pessimistes et vers un état
de fâcheux désenchantement de nous-même et d'autrui.

Les hygiénistes sont-ils coupables de cette situation ?
Assurément non ; ce sont des hommes faillibles et in-
fluençables à merci ; ils montrent sans cesse leur belle
candeur crédule de savants. Tous, ils ont obéi à un
courant d'idées qu'ils croyaient devoir les conduire à un
estuaire de vérité et qu'ils n'osèrent point remonter
plus tard. Ils acceptèrent de bonne foi des exposés su-
perficiels et ne repoussèrent point l'imbécile démonstration des injections d'alcool d'espèces plus ou moins
nocives à de doux cochons d'Inde qui, immédiatement,
renoncèrent à la vie au milieu de convulsions épilepti-
formes. Le rapport qui peut exister de l'homme au co-
baye n'est cependant pas très visible et l'on pourrait
longtemps et techniquement discuter la fantaisie des
procédés adoptés pour démontrer par quelle suite d'erreurs les physiologistes sont arrivés à conclure aux
effets perturbateurs de l'alcool absorbé à petite dose et
par suite du vin ingurgité rationnellement pendant le
cours de l'alimentation.

Il n'en est pas moins vrai que les apôtres de la prophylaxie ont singulièrement modifié la façon d'être, de
voir, de sentir et de vivre en un mot de la majorité des
Français. Aux peuples du Nord qui ne produisent pas
de vin et qui doivent lutter contre la profusion des cabarets, des « Bars » et des « *Gin-Palaces* » où vont
s'assommer les ouvriers à l'aide d'eaux-de-vie de grain
frelatées, nos hygiénistes ont cru devoir emprunter les
théories des sociétés de tempérance et la morale des
tea-totalistes. Ils n'ont point pensé, agissant ainsi avec

trop d'absolutisme et d'irréflexion, qu'ils supprimaient, dans l'économie physique de tout individu d'origine bourguignonne, bordelaise, tourangeaute et autres contrées de vignobles, une sorte d'impérieuse sujétion en quelque sorte atavique, un besoin d'être immergé par ce même vin qui fit vivre leurs pères. Cette hydromanie fut, en tout cas, stupide, car l'eau, le thé, la bière, outre que leur introduction en France favorise d'étrangères productions au détriment de la nôtre qui périclite, anémie à l'excès et alourdit notre race abreuvée depuis des ans et des ans de la chaleur et de la sève généreuse de nos clos reconstituants et presque tous aujourd'hui foncièrement reconstitués.

Pendant ce temps, nos voisins les Belges, fidèles à l'usage des lentes et savoureuses beuveries, persistent à entretenir dans leurs caves une remarquable ordonnance de vieilles bibliothèques de monastères où l'on trouve, avec la date de leurs plus fameuses éditions, les cuvées les meilleures de nos principaux crus. Lorsque nous allons voir nos amis de Bruxelles, de Gand, de Namur ou de Liége, ils se lamentent avec raison en contemplant des Français buveurs d'eau, alors que jadis ces mêmes Français faisaient porter les armes à leurs soldats lorsqu'ils venaient à passer devant des clos aussi illustres que le Vougeot ou le Chambertin. Ces bons Belges ne peuvent comprendre, alors qu'ils mettent si crânement « à quia » les plus larges coupes de bourgogne, de champagne et de bordeaux, comment et pourquoi nous sommes devenus incapables de déguster nos produits les plus rares, préférant un verre d'eau minérale à une lampée de cet opulent Corton que le poète Laprade disait être comparable au sang des dieux.

C'est donc avec une joie immense que nous voyons venir une réaction salutaire. Cette réaction doit naître de deux forces convergentes quoique dissemblables. La première est celle des intérêts lésés et, bien que la moins belle et la moins digne, elle mérite cependant d'être prise en sérieuse considération, car elle est un des éléments de la richesse et de l'équilibre économique de notre pays. La seconde est la force de la vérité scientifique méconnue, travestie, qui veut enfin paraître sans masque et éclater aux yeux de tous. Celle-ci est grande et noble, et c'est d'elle que nous voulons nous réclamer...

Nombre de clairvoyants docteurs affirment, d'après des observations extrêmement intéressantes faites sur le surmenage contemporain, que le surmené qui ne boit pas évite l'alcoolisme pour tomber dans les maladies qui ne valent guère mieux et qui peuvent être l'hypocondrie, la phtisie ou le cancer. Quantité d'autres témoignages seraient à donner, et parmi les meilleurs ceux du directeur de l'Institut Pasteur sur l'alcool aliment, développés en raison de l'antagonisme de ses adversaires. En attendant que le vin soit nettement et vigoureusement réhabilité et qu'il soit prouvé qu'il constitue un de nos aliments, il convient de rappeler cet aphorisme qui est d'une merveilleuse clarté : « Tout médicament est poison et tout poison médicament. »

Dans une de ses caricatures, si fréquemment daumiéresques, le spirituel Abel Faivre nous montrait un médecin autoritaire suggestionnant une pitoyable cliente, inquiète et sans déterminisme sur le choix d'une station thermale.

« Non, Madame, disait, en légende, le tyrannique docteur-consultant, ce n'est point Vichy, ni Vittel, ni Évian qui vous conviennent : c'est Béziers et dix-huit verres de vin entre chaque repas. »

Cette fantaisie drolatique ne saurait être considérée

comme une prophétie de la future *station œnothérapique*.
On ne saurait penser que les « villes de vin » puissent
jamais, dans les saisons caniculaires de l'avenir, détrôner
les « villes d'eaux ». A l'heure des vendanges, les
contrées où se pratiquent, dans le Tyrol et en Suisse,
les cures de raisin, suffiront probablement longtemps à
témoigner des vertus bienfaisantes du jus de la treille,
et l'on n'ira pas de sitôt consommer le vin verre à
verre, en le soutirant aux « foudres » d'origine de
l'Hérault, de la Gironde ou de la Côte-d'Or.

Toutefois, à l'heure même où la crise viticole s'ac-
centuait, il fut curieux de percevoir dans les sphères
médicales comme un rappel favorable au vin depuis
trop longtemps exilé de nos tables par prudence excessive, par terreur alcoolique, par snobisme et surtout par
mode, car la mode gouverne tout, même nos idées,
notre hygiène et nos goûts.

Aujourd'hui, après avoir détaillé avec une passion
excessive, les méfaits de la purée septembrale, chère
aux protagonistes du joyeux curé de Meudon, il se fait
un arrêt dans l'invective. La Faculté commence à se
rendre compte qu'elle est allée trop loin et trop vite
dans ses ordonnances de proscription. Bien des buveurs
d'eau désillusionnés, décolorisés, mornes, ayant perdu
vigueur, couleur et gaieté, répudient cet élément néfaste
que les doux ivrognes de naguère déclaraient utile seulement à la navigation et aux soins de la propreté
externe. On attribue à l'usage exclusif de l'eau comme
boisson la multiplication actuelle des entérites, des
crises appendicitaires et d'une foule d'intoxications intestinales. Il est surabondamment démontré, enfin, que le
vin a des qualités que l'on eut tort de méconnaître, qu'il
est un tonique musculaire local de l'appareil digestif,
un excitant de la sécrétion gastrique, biliaire et pan-

créatique, un puissant stimulant cérébral, un reconsti-
tuant sanguin, un neutralisant de fermentations nuisibles et qu'on doit en recommander très chaudement
l'usage, avec mesure, lorsqu'il est naturel et sans tri-
patouillage. Un mouvement indéniable se fait en ce
moment dans tous les milieux scientifiques en faveur
d'un retour au vin. Cela est fort heureux, et je suis
assuré que les temps sont proches où l'on dira son fait
à l'*aqua simplex* qui, depuis une quinzaine d'années,
tyrannisa notre belle humeur nationale et altéra nos
vieilles traditions d'honnêtes humeurs de piots.

Je ne vais jamais chez mes frères, les Bourguignons
salés, parmi lesquels j'eus l'heur de naître à une
époque de la seconde moitié du xixe siècle, où l'on
aimait encore à lever gaillardement le coude en
l'honneur de Bacchus, sans apprécier l'admirable
gauloiserie, la surprenante verdeur, l'esprit plein d'ala-
crité et de bon sens de mes compatriotes, à qui jamais
l'idée ne vint d'abandonner la boisson ancestrale, celle
des crus de Gamé et de Pineau que savourèrent nos
vieux conteurs, nos célèbres guerriers, nos grands
hommes de science, et ces gais compagnons du caveau
auxquels nous sommes redevables de si aimables
refrains.

Quand j'observe ces francs lurons de nos campagnes
du Centre, que je les étudie à tous les âges de la vie,
solides, alertes, bons vivants, prompts à descendre au
cellier et à offrir un de ces verres qui n'ont jamais,
disent-ils avec raison, « fait de mal à personne », je ne
puis me tenir de mépriser davantage ces modes médicales, ces sottises accréditées contre les purs produits
de notre terroir, qui ont contribué à alimenter notre
génie et ont certes concouru à la vigueur de notre
verve morale et à celle de notre tempérament physique.

Les docteurs français, avec leur œnophobie passagère, peuvent se vanter d'avoir métamorphosé le caractère et le prime-saut de notre race, et d'avoir mué le crâne panache que nous aimions agiter naguère avec l'allure mousquetaire, en piteux bonnet de nuit.

L'hydrophilie imposée à nos tables nous a faits peu à peu timides, pessimistes, vaguement taffeurs. Elle rendit nos après-dîners tristes, sans entrain, dépourvus de ces grains de folie qui animaient les propos de jadis. Où soupe-t-on encore? Où chante-t-on? Où s'amuse-t-on? Ce n'est assurément pas dans les tavernes où règne lourdement Gambrinus, ni dans les cabarets selects où l'on sable la camomille ou l'infusion de tilleul. Nous sommes devenus lugubres à force d'imbécile tempérance.

Il est grand temps que le gouvernail médical oblique vers l'œnophilie et rende ainsi la France à elle-même, à son esprit, à sa fougue naturelle, à ses traditions. Ni l'eau, ni la bière ne sont faits pour les Latins. J'entends bien que lorsqu'on boit du vin, même sobrement, il faut le brûler par l'exercice, par le labeur physique, et éviter ainsi les oxydations cruelles aux arthritiques. Mais c'est là une nécessité qui incite au mouvement, à l'activité, à la mise en fonction de qualités allantes et marcheuses, également dans notre patrimoine sanguin si réfractaire au sédentariat.

Les régénérateurs, les apôtres de la France de demain, nous prêchent l'amour de l'entreprise, le relèvement de notre énergie, l'action à outrance pour reprendre notre rang dans le grand concours économique des nations : comment pourrions-nous le faire, en continuant à nous gorger d'eaux minérales qui nous affadissent, et en nous lavant le sang au lieu de nous le reconstituer avec les merveilleux produits de nos coteaux et de nos plaines? La Faculté de médecine doit rigoureusement prescrire le vin après l'avoir proscrit. Je crois être bon prophète en disant qu'elle ne tardera pas à revenir sur ses jugements injustifiés et à réhabiliter le jus divin en affirmant ses vertus de panacée universelle, en faisant de nouveau chanter efficacement ses louanges, à la façon dont Homère chanta les bienfaits du fameux Népenthès. Déjà le docteur D..., viticulteur au pays du Jurançon, cher à Henri IV, s'est mis à la tête d'un mouvement de réhabilitation du vin. Sa défense est ardente et logique. Elle apparaît sous la forme de communication faite à la Faculté de médecine de Paris, et qui mériterait d'être vulgarisée par des tirages innombrables d'exemplaires destinés à une distribution générale à tous nos compatriotes. Il réfute les études de Bouchard sur les échanges nutritifs dans l'arthritisme et la dilatation d'estomac, qui conduisirent tant de médecins à défendre le vin. Il démontre que l'arthritique et le névropathe ne doivent point compter sur l'eau pour les guérir, mais que ceux-ci, en activant leur circulation par un exercice quotidien, en marchant, respirant largement au grand air, doivent mériter le vin et en boire avec modération.

La science moderne, selon ce docteur béarnais, confirme l'opinion populaire. Le vin est un stimulant nécessaire, un antiseptique précieux du tube digestif. Nos ancêtres le buvaient parce qu'ils y trouvaient plaisir; nous devons le boire parce qu'il est salutaire, et parce que l'eau est traîtresse et que les méchants buveurs d'eau méritent toutes les invectives de l'excellent frère Jean des Entommeures.

L'Institut Pasteur a démontré l'action bactéricide du vin; le vin vieux est même un agent antiseptique si sérieux et incontesté, qu'un chirurgien tenu de faire une opération urgente pourrait en faire usage, comme on se servait jadis avec succès du vin aromatique et de diverses autres préparations qui étaient des hommages rendus par l'art de guérir aux produits de la vigne.

Le snobisme de l'eau de table exclusive aura bientôt vécu. Il appartient à tous les bons docteurs rabelaisiens de notre chère France, où le bon sens reprend toujours ses droits, de favoriser avec énergie, de prêcher avec ampleur et raison le retour nécessaire au vieux vin ancestral. Ce n'est point seulement la viticulture qu'il s'agit de soulager, mais la France qu'il convient de ramener au giron de ses vignobles, afin qu'elle puisse s'y retrouver dans ses atavismes, s'y invigorer du suc de son sol, y puiser avec une légère ivresse d'espérance la conscience de sa force, la vanité de son génie toujours si fertile, et la notion de son labeur toujours si fécond. Il faut rallumer le foyer qui réchauffa les plus valeureuses générations de notre glorieuse histoire. Le vin est comme le soleil délectable et nourricier du Français. Il fut idiot et inconsciemment criminel de nous en sevrer. Revenons à notre vieille et luronne nourrice, *la vigne*. Soyons de nouveau les nourrissons dégustateurs délicats de nos propres vendanges. Tous les vieux crus de nos qualités françaises renaîtront de nouveau en nous et nous bonifieront.

Talfourd, un Anglais bon gourmet et observateur, n'écrivait-il pas : « Quel apport pour la réflexion dans un vieux vin de Bordeaux ! Quelles brillantes fantaisies dans une coupe de champagne qui pétille ! Quelle douce et sereine philosophie dans ces crus de Bourgogne, dont l'éclat est pareil aux lueurs opulentes du soleil couchant ! »

L'EAU CHAUDE

ET LES VERTUS JAPONAISES

Il y a quelques jours, je butinais dans ma bibliothèque en quête de documents curieux sur la thermothérapie chez les anciens Grecs et Romains. On sait qu'actuellement la mode est au traitement à l'eau chaude, aussi bien pour l'usage externe que comme boisson dans certaines dyspepsies, dilatations stomacales, irritations intestinales et autres défaillances de « messire Gaster », comme aurait dit Rabelais.

Je recherchais donc des notes démontrant en quelle faveur l'eau chaude aux repas avait été tenue par Hippocrate, par Pline, par Gallien même ; ces maîtres déjà recommandaient l'ébullition de l'eau jusqu'à réduction de moitié, avant d'être absorbée, et cela par mesure d'hygiène, sans avoir souci de mentionner le microbe, mais objectant de la crudité et de l'impureté des eaux de citernes et de rivières, — ce qui revenait bien au même, on en conviendra.

Sénèque, Juvénal, Martial, Plaute parlent des vaisseaux d'airain qui contenaient l'eau bouillante dispensatrice de beauté, de santé, de vigueur. L'institution de certaines tavernes romaines, qu'on nommait *Thermopolia,* indique bien, d'autre part, que les friands de breuvages brûlants étaient en majorité dans les vieilles civilisations latines; je me plaisais donc à sortir de l'oubli des usages si analogues à ceux qu'on prétend innover aujourd'hui, lorsque je mis hors de mes rayons bouquiniers un épais petit in-16 intitulé : *Après-dînées et propos de table contre l'Excès au Boire et au Manger*, par le R. P. jésuite Antoine de Balinghem, publié à Saint-Omer en 1624.

Ce livre est une suite de dialogues entre un prince désireux de s'instruire et une compagnie de jurisconsultes, de théologiens, de philosophes, d'historiens et de médecins, tous fort bavards et très calés sur toutes questions professionnelles dont ils tirent plaisir et vanité à entretenir leur puissant protecteur et interlocuteur.

J'abordai plus spécialement le chapitre où le médecin entre en scène pour démontrer à son éclairé et méthodique partenaire combien grands sont les bienfaits de l'eau bouillie pour les humains en général, et en particulier pour les orateurs, les intellectuels, les chastes religieux, les colériques guerriers, et tous ceux qui ont à fournir une longue carrière de labeur cérébral.

Après avoir cité Plutarque, qui prôna l'eau chaude comme véhicule de tout bien physique, et s'être empressé de fournir des références nombreuses de tous les écrivains de l'antiquité profane et sacrée, le docteur, passant de l'individu à la collectivité, de la nation à la race, s'exprime avec enthousiasme à propos du peuple nippon, qui doit à son habitude de boire des boissons brûlantes et de s'immerger en des bains bouillants nombre de qualités diverses toutes spéciales et surnaturelles.

J'étais loin, je l'avoue, de m'attendre à découvrir un éloge des Japonais dans cet ouvrage inconnu du début du xviie siècle. Je m'efforçais plutôt d'oublier dans l'étude des idées d'autrefois les lamentables échos de la presse actuelle énumérant les évolutions et conquêtes des Japonais. Quelle guerre effroyable et stupéfiante! la plus imprévue de toutes celles qui affligèrent les siècles récents. Comment ne penserait-on pas à détourner ses regards du spectacle de pareilles hécatombes humaines en une heure de progrès et de raison où l'on pouvait espérer voir triompher les théories des pacifistes.

« — Monseigneur, expose le médecin s'adressant au prince, l'histoire du Japon fait foi que l'eau brûlante est le boire ordinaire des Japonais, qui ne font point usage du vin, ignorant la science de planter la vigne. Il est vrai qu'ils pressent le riz, dont ils abondent, afin d'en tirer un spiritueux, mais leur boisson la plus friande est l'eau si chaude qu'elle bout presque et qu'ils absorbent même aux mois les plus chauds d'été.

« Ils mêlent à cette eau certaine poudre appelée tcha (*thé* en japonais et en portugais), et ils apportent un soin extrême à la préparation de cette boisson. L'empereur même et les plus hauts personnages tiennent à honneur de préparer eux-mêmes ce breuvage qu'ils offrent à leurs invités, et les ustensiles dont ils se servent sont d'une richesse, d'un art et d'un goût inexprimables.

« — Quelle raison donnent-ils, interroge le prince, pour faire valoir un tel usage national?

« — Ils disent, et cela est vrai, reprend le médecin, que l'eau froide resserre les extrémités et les lobes du foie et du poumon, provoque la toux, cause diverses maladies de poitrine, éteint la chaleur naturelle qui entretient la vie, alors que l'eau chaude augmente et nourrit le feu intérieur, ouvre les conduits du corps, pénètre plus avant, rafraîchit mieux et calme supérieurement la soif.

« — Voilà qui est bien, répliqua le prince. Mais quant à l'effet, quel est-il? Quelle sorte de gens sont ces

Japonais? Sont-ils bien complexionnés? Propres à endurer le chaud, le froid, la faim, la soif et toutes les autres incommodités de la vie humaine? Sont-ils faibles, mols et délicats?

« — Ah! que non, Monseigneur, dit aussitôt le savant docteur. Ces Japonais sont plutôt robustes, bien que petits de corpulence. Ils sont merveilleusement propres à la guerre, pour laquelle ils font service jusqu'à soixante ans. Ils ont le corps à l'abri de tous les accidents de faim, de soif, de froid ou de chaud que Son Excellence a nommés. Ils veillent et travaillent avec une admirable constance et patience. De quoi il ne se faut étonner car dès leur bas âge ils sont duits et façonnés à fuir toute délicatesse. Ils ne sont pas plutôt sortis du flanc de leur mère, qu'ils sont portés, même au cœur de l'hiver le plus rude, à la rivière pour y être lavés. Aussitôt sevrés, ils sont exercés à la chasse en des lieux âpres, loin de leurs parents, et rien n'abâtardit leur courage, car ils ne sont point nourris mollement. Leurs lits sont des nattes, leur chevet est une pierre ou une pièce de bois. Tant hommes que femmes marchent tête nue, même en pleine ardeur du soleil et l'hiver durant la pluie. Ils sont extraordinairement adonnés au maniement des armes. Les enfants mêmes, dès l'âge de douze ans, portent un poignard de si bonne trempe et d'acier si fin qu'il transperce le fer sans rien perdre de son fil et de son tranchant.

« Le prince s'étonne d'ouïr de pareilles choses. Le médecin continue :

« — Sans insister sur leur endurance dans toutes sortes de travaux, je dois vous affirmer qu'ils ont, en outre, l'esprit aigu et pénétrant; qu'ils sont sages, prudents et bien avisés. Ils surpassent en jugement, docilité, mémoire, non seulement le reste des nations orientales,

mais aussi celles de l'Occident. La grandeur de courage
leur est naturelle. Ils sont extrêmement jaloux de gloire,
c'est pourquoi ils s'en rendent très grand honneur les
uns vis-à-vis des autres. Ce sont de grandes louanges,
n'est-ce pas, Monseigneur ? En voici d'autres qui, à
mon avis, n'en sont pas moins à priser :

« L'eau chaude leur donne telle température, modère
si bien les humeurs, tempère si bien le sang, que c'est
chose rare que de les voir courroucés à notre degré,
alors que nous buvons vin et bière. Ils ignorent la
crainte et jamais elle n'apparaît dans leurs actions :
vous les verrez se retirer d'une place qui va sauter, d'un
pas posé, sans peur, comme s'il n'était point question
de sauver leur vie. Toute leur étude est de brider et de
serrer le bouton à leurs passions, jugeant chose indigne
de se laisser emporter à celles et de laisser couler d'eux
soit par œuvres, soit par paroles, quelqu'un de
ces traits qui sont preuves d'un homme lâche, craintif,
pusillanime ou autrement bassement doué. »

Quel curieux et opportun éloge des Japonais et aussi
de l'eau chaude, pour avoir été écrit en 1624 ! Les événements ne sont point venus contredire ce jugement,
vieux de près de trois siècles, bien au contraire.

Pour ce qui est de l'eau chaude, dont les Romains
tirèrent de si précieux services, il convient de dire que
nos bons docteurs, qui en recommandent aujourd'hui
l'usage externe et interne, n'ont rien inventé. Une étude
sur cette médication révélerait le génie des thérapeutes
de l'antiquité qui, s'ils revenaient à la vie, souriraient
étrangement des pseudo-découvertes des Esculapes de
notre heure.

LES CONDITIONS VITALES

LA NÉCESSAIRE PRATIQUE
DE LA RESPIRATION PROFONDE

Les apôtres de l'idée fixe, les professeurs d'étranges fonctions, les professionnels d'arts invraisemblables ont toujours pullulé à Paris. Naguère, Privat d'Anglemont consacrait un livre curieux à certains praticiens de métiers excentriques et inconnus. Mais, avec les temps nouveaux et l'évolution du progrès, les types se sont modifiés et cet ouvrage de haute singularité serait à refaire entièrement. Le Paris moderne contient plus d'originaux que jamais, plus de fous, de demi-fous, de visionnaires, de génies mal équilibrés, d'inventeurs extravagants qu'on ne saurait l'imaginer. D'autant mieux qu'à l'heure présente, le cosmopolitisme régnant amène dans notre capitale des spéculateurs industriels, des monomanes aventuriers de tous les coins du globe.

Il y a quelque temps mourait à Billancourt-sur-Seine, à l'âge respectable de 85 ans, certain professeur Joseph-Ferdinand Bernard, qui, sur ses extraordinaires cartes de visite, s'intitulait : « Doyen des forts ténors de grand opéra de France et d'Europe, créateur et auteur de la *gymnastique pulmonaire* ou *art de respirer dans toutes les fonctions organiques*. »

A vrai dire, le père Bernard était professeur de respiration depuis 1840, professeur d'inspiration profonde, d'aérothérapie par mouvements rythmiques des poumons. A ses yeux, le monde dépérissait faute de savoir respirer ; l'humanité était en décadence par manque d'exercices favorables de l'appareil pulmonaire. J.-F. Bernard s'était juré de sauver la société, d'arrêter le cours de la tuberculose, de réduire les ravages de la neurasthénie, de la grippe, de la chlorose et de toutes les maladies en révélant partout sa méthode, en l'enseignant par la brochure, la circulaire et la conférence. Son zèle était prodigieux et tumultueux dans un désert d'indifférence. On le regardait comme un vieux loufoque ; on s'amusait de sa fougue, de sa véhémente toquade ; on négligeait trop de remarquer que cet octogénaire était droit comme un peuplier, vibrant comme un d'Artagnan, souple comme un jouvenceau et que sa voix puissante de ténor arrivait encore sans fatigue à sortir l'*ut* de poitrine. Il le sortait même, cet *ut*, à tout venant, comme la vérité du puits, afin de témoigner de l'excellence de ses principes respiratoires et de la merveilleuse conservation des cordes vocales par le constant bain d'oxygène, la provision d'air et l'exercice renouvelé.

Le père Bernard était évidemment ce qu'on nomme un raseur, mais un raseur gai et comique. Lorsqu'il mimait les gestes courts, la voix de fausset, les attitudes creuses et le maniérisme étriqué des gens du monde qui se congratulent, la bouche en cul de poule, en animaux dégénérés qui ont désappris l'habitude de respirer jusqu'aux tréfonds des lobes du poumon, il était amusant au possible et satirique à souhait. Il prétendait qu'il fallait savoir teter l'air, s'en emplir, s'en saturer de façon à acquérir, avec un sang plus riche, la résistance à tous les maux et le dédain de la vieillesse qui ne dessèche que ceux qui n'alimentent plus leur torse de l'abondante source de vie qu'il faut humer, capter dans l'atmosphère ambiante.

Au fait, ces théories du vieux ténor valent bien celles de Metchnikoff dans ses *Essais optimistes*. On ne met jamais suffisamment en action ces vastes soufflets de nos poumons qui injectent l'air dans le sang et sont comme les rythmes réguliers de notre existence. Il semble stupide d'avoir à révéler qu'il y a un *art de respirer* : cependant, rien de plus vrai.

Nous croyons assez généralement accomplir la plupart de nos humaines fonctions selon les lois de la nature. Nous estimons n'avoir rien à apprendre pour mettre en action nos divers organes, car il nous semble que les opérations instinctives de notre corps se produisent pour ainsi dire mécaniquement sans que notre jugement ou notre déterminisme aient à intervenir dans ces actes matériels qui sont plutôt du domaine des réflexes que de celui de la réflexion. Grave erreur.

Chaque jour, de subtils physiologistes nous enseignent que nous sommes nos propres bourreaux, que nous ne savons plus tenir en parfait équilibre notre enveloppe terrestre et que, chez la plupart des civilisés, l'instinct primitif s'abolit de plus en plus au détriment de l'animal agissant désormais tout à trac.

S'il est consolant d'admettre que l'humanité, comme le diamant, se polisse par ses propres déchets et poussières, on ne peut toutefois méconnaître qu'elle s'écarte davantage des lois de la création à mesure qu'elle se civilise. Il n'est point déraisonnable de penser que l'individu, depuis la préhistoire, n'a fait qu'abâtardir son type et ruiner sa santé, dont, à l'origine, il ne faisait qu'accroître le patrimoine musculaire et sanguin par un exercice continu nécessaire à assurer sa subsistance. L'entraînement était alors constant, l'instinct suffisait à tout; la vie n'avait d'autre raison que de satisfaire aux importations et exportations de l'animal-homme. Depuis l'organisation en société, changement absolu. L'être soi-disant policé, parqué dans l'existence insalubre des villes, se trouva domestiqué, à l'encontre de toute hygiène, dans une foule d'habitudes antinaturelles, conduit à goûter des plaisirs communs, à subir des lois hostiles au bel équilibre physique. On vit alors se former ces types si étranges: le rentier, le bureaucrate, l'employé, le fonctionnaire, l'intellectuel, spécimens d'individualités figées, immobilisées dans des cubes d'air surchauffés et à peine suffisants à la vie. L'homme mis hors nature en arriva à s'oublier peu à peu, à perdre la sensation de ses besoins réels pour l'unique satisfaction de ses besoins factices.

Aujourd'hui, c'est à peine s'il interprète les nécessités primordiales de son être qu'il percevait si normalement naguère. Livré tout entier à ses intérêts moraux, à ses ambitions, à ses vanités, à ses plaisirs, à ses rêves, à ses folies, le type de l'individu socialement dressé semble s'être évadé de son centre organique, et, dès lors, il est devenu la dolente proie des médicastres.

Le vieux papa Bernard n'avait donc point tort de nous répéter qu'il faut de nouveau apprendre à respirer; que nous respirons tous, gens des villes, en dépit du bon sens, sans inspirer à la profondeur voulue l'air nourricier qui doit emplir tout notre buste. La maladresse de nos mouvements respiratoires joue un rôle déterminant dans l'origine de nombre de nos maladies chroniques et états morbides. Nos appareils circulatoire et digestif, notre système nerveux, notre sensibilité, notre moral même ne sauraient être sûrement conservés en parfait état, si l'acte principal, par lequel s'accuse la vie, n'est point accompli selon la norme.

Les leçons du défunt « professeur de respiration » méritent de survivre au bonhomme qui les prêcha avec tant de ferveur. C'est dans le courant des mois d'été qu'il faut s'entraîner à emmagasiner l'air en soi, à faire provision de santé pour l'hiver. Les anciens donnaient au verbe respirer le même sens qu'au verbe vivre. Jouant sur les mots, un Latin s'écriait avec une profonde sagesse : *Dum spiro spero!* « Tant que je respire, j'espère! » Admirable formule à propager! Apprenons l'art de respirer pour conserver la douceur d'espérer. Jamais nous n'en éprouvâmes davantage le besoin.

Les professeurs de respiration n'ont servi jusqu'alors qu'aux élèves des écoles de chant. Les barytons et les ténors, les contraltos et les soprani ont seuls appris l'art et la science d'emmagasiner l'air dans leurs poumons pour émettre sans effort des sons amples et puissants. Il est certains que tous ici-bas nous devons connaître les lois de la respiration qui sont celles des inspirations profondes. Pour marcher, courir et discourir il faut avoir appris à teter l'air, à s'en gaver et approvisionner amplement. « Je reste droit et adroit, disait le père Bernard octogénaire, parce que nourri d'oxygène je me sens léger, robuste, prêt à planer au-dessus de l'humanité qui râle. »

LA VIE D'ACTION

ET LA LONGÉVITÉ HUMAINE

Les docteurs pessimistes qui s'occupent de l'hygiène morale et de l'étiologie dans la médecine contemporaine constatent peut-être trop fréquemment, parmi nombre de maux qui nous atteignent, les conséquences du surmenage intellectuel. On parle vraiment avec excès, aujourd'hui, de neurasthénie provenant de travaux prolongés, de nécessités d'absolu repos, d'urgence de se mettre au vert et d'abandonner provisoirement la lutte pour la vie. Il y a, dans ces diagnostics et ces ordonnances, une évidente exagération, une mode médicale décadente et facile à suivre, car elle réussit toujours vis-à-vis du client dolent qui aime à être plaint, à se croire vraiment excédé par une vie de labeur, alors que, en réalité, le travail physique ou cérébral ne fatigue jamais en proportion du plaisir ou de l'oisiveté qui, seuls, détruisent, épuisent ou rouillent l'organisme.

On a dit, avec raison, que le repos, ce suicide de l'énergie, est une avance faite à la mort. Il serait temps de réhabiliter la valeur vitale de l'action à outrance, de protester contre les retraites prématurées et l'encouragement trop fréquent donné aux lâchetés et aux défaillances humaines.

La vie est faite pour être vécue sobrement et sainement avec un maximum d'activité. L'homme est fait pour produire, que ce soient des œuvres d'esprit ou de travaux manuels, jusqu'à la dernière heure de sa vie; aussi j'admire fort cette fière épitaphe du maréchal de Trivulce : *Hic quiescit, qui nunquam quievit.* « Ici repose celui qui jamais ne se reposa. » N'y trouve-t-on pas comme la satisfaite pensée et la dernière expression de tous les vaillants qui, en arrivant au terme de leur vie, se préparent à dormir le grand sommeil avec la sensation d'avoir parcouru d'une alerte et constante allure le chemin qu'ils devaient normalement suivre jusqu'au bout.

Nous n'acquérons chaque jour des forces que pour les dépenser sans cesse et les renouveler encore dans un labeur de production pour lequel nous sommes indiscutablement faits et préparés par la destinée. Les villégiatures prolongées, les repos abêtissants ne font qu'oxyder nos éléments accumulateurs; c'est pourquoi les êtres supérieurement doués comprennent et sentent d'instinct qu'ils s'amoindrissent aussitôt qu'ils s'arrêtent.

Regardons autour de nous. Parmi ceux qui se retirent de leurs ordinaires affaires, il en est bien peu qui subsistent longtemps et longuement à leur repos bien gagné; la maladie les guette, la mort les cueille et les bonnes gens s'écrient : « Ils allaient pourtant être si heureux! » Le petit monde, hélas! a le culte des rentes et de la baguenaude.

*
* *

J'ai remarqué que le destin renverse rarement ceux qui construisent un quelconque édifice ou qui marchent hâtivement et laborieusement vers un but désigné et absolu. Le mal les respecte, ces ardents. La mort s'en éloigne ou les attend au détour de l'œuvre achevée, quand la détente les fait plus mous, plus accessibles à être entamés, plus susceptibles à s'écouler eux-mêmes. Les femmes en grossesse ont elles-mêmes des immunités ; les médecins estimaient jadis que la phtisie arrêtait ses progrès chez les futures mères jusqu'au jour de l'enfantement. Depuis, ils sont moins affirmatifs, mais d'autres observations analogues pourraient être faites. La camarde ne s'approche point de ceux qui vont donner la vie, soit qu'ils créent des œuvres d'art, soit qu'ils fassent prospérer une cité ouvrière ou un monde industriel, soit qu'ils conduisent des hommes ou des idées en marche vers des horizons nouveaux.

Gœthe disait : *On ne meurt pas, on se décide à mourir.* Je ne connais point de remarque plus juste. Le philosophe allemand indiquait par là qu'il convenait à tout être humain de défier le sort, de ne jamais lâcher la rampe, de se tenir droit dans une action volontaire et constante, avec une fièvre de bien faire, un amour de vivre, une curiosité avide du lendemain. Dans la retraite de Russie, les soldats qui se reposaient aux bords du chemin pouvaient être considérés comme morts ; ils ne tardaient pas à tomber et la neige bientôt les enveloppait de son linceul ; ceux qui s'actionnaient dans la marche vivaient encore et se tiraient d'affaire à force de vouloir vivre.

Être un éternel marcheur, c'est le secret de ne s'éteindre que très vieux. Fuyons donc les excès de de table, les abus sexuels qui fauchent tant d'existences, sans que les femmes-Danaïdes aient conscience des démolitions qu'elles causent ; répudions l'alcool, éloignons-nous des soirées mondaines, où l'on s'intoxique dans le vide des bavardages sans fond ; travaillons avec hygiène, avec passion, avec joie ; il n'y aura jamais, croyons-le, de surmenage. Surtout n'abandonnons jamais notre force d'action dans un repos trop prolongé, le serpent toujours se cache sous l'herbe où l'on fait la sieste plus que de raison. Il convient de ne se reposer comme on le fait en voyage, qu'aux heures où, de toute nécessité il faut renoncer à exercer une occupation autrement qu'en rêvassant dans un demi-sommeil, alors que le corps subit dans les cahots de la route une gymnastique passive.

*
* *

Cette façon de prêche, mes très chers frères, vient de m'être suggérée par la lecture d'un article de M. William Roscoë Thayer, publié dans un magazine de New York et qui s'efforce de démontrer quelle fut la longévité des hommes célèbres de ce siècle qui ont surtout vécu du travail de leur cerveau. L'état-major spirituel des nations civilisées a été particulièrement favorisé, nous y est-il dit, par une vieillesse vigoureuse et prolongée, et il n'est pas sans intérêt d'examiner l'ensemble de cette étude.

D'après les tableaux statistiques trop compliqués pour être reproduits dans une causerie et dont les détails sont piquants de révélations et de surprises, il ressort que les « intellectuels » vivent en moyenne trente années de plus que le commun de la population. Ce privilège est réparti d'inégale façon ; les musiciens et les philosophes, par exemple, sont moins favorisés que les poètes, les sculpteurs, les peintres, les naturalistes, les chimistes et les historiens ; ceux-là ont une moyenne de soixante-deux ans, alors que ceux-ci atteignent une honnête moyenne de soixante-six ou soixante-sept ans.

Les hommes purement d'action, s'il faut en croire M. William Roscoë Thayer, ne vivent pas moins que les hommes d'étude. Les guerriers illustres arrivent exactement à la même moyenne que les historiens qui ont mission de raconter leurs exploits. Sur la liste des trente généraux les plus célèbres dont la carrière s'est achevée pendant la seconde moitié du dix-neuvième siècle, nous trouvons deux nonagénaires, neuf octogénaires et onze septuagénaires; la moyenne est de soixante-treize ans. Ce chiffre ne s'applique qu'aux armées d'Europe ; la durée de la vie moyenne des célébrités militaires des États-Unis n'est que de soixante-six ans. Il est vrai que la plupart des hommes qui se sont illustrés à la tête des armées du Nord et du Sud exerçaient les professions les plus diverses avant d'être appelés sous les drapeaux et ne présentaient, par conséquent, pas cette identité de profession et de genre de vie qui sont nécessaires pour fournir des documents sérieux à des tableaux de statistique.

Aussi, l'écart énorme que nous venons de constater entre les guerriers de l'ancien et du nouveau monde ne se retrouve-t-il pas quand on compare la durée de la vie moyenne des hommes d'État des deux côtés de l'Atlantique. Elle est de soixante-neuf ans aux États-Unis et de soixante-dix ans sur le continent européen.

Ces chiffres sont de beaucoup dépassés dans la Grande-Bretagne. Les hommes d'État anglais sont les Mathusalems de la politique; ils ont droit, en principe, à une moyenne de soixante-quinze ans qui est portée à deux années de plus lorsqu'ils deviennent premiers

ministres. Nous ne signalerons pas de noms; le souvenir de Gladstone est encore présent à notre pensée,
et nous n'évoquerons pas davantage l'admirable vieillesse des hommes de la génération de 1830, le titan
Victor Hugo, le petit père Thiers, Changarnier, combien d'autres encore!

Citerait-on beaucoup d'oisifs devenus centenaires? Je
ne le pense point. Il convient de s'entraîner et de s'entretenir dans la vie par l'action; l'arrêt, c'est la
déchéance. A bas la théorie du surmenage! Surmenage
du plaisir, surmenage imbécile, tant qu'on voudra;
mais surmenage de travail, surmenage d'un labeur passionnant, *c'est de la blague!*

Les créateurs de vie, les enthousiastes, les ardents,
les volontaires, les aventuriers allègres même se tissent
des jours longtemps renouvelés. Tous ceux qui montent
à l'assaut d'un idéal, avec passion et extase, survivent
aux indolents, aux ennuyés, aux rêveurs, aux momifiés
des repos prolongés. Il faut que tout homme ait un
levain d'action, de curiosité ou d'amour. La vie
fiévreuse, véhémente, faite de foi, de feu sacré de
croyances, de désirs de conquêtes, d'ambitions morales
peut seule agrandir ses propres horizons.

LE DÉSIR DE VIVRE VIEUX

Notre époque est plaisante à considérer au point de vue de ses contrastes. Ainsi, par exemple, à cette heure où l'individu gaspille sa vie avec tant d'insouciance, où chacun surmène ses forces, dépense de l'énergie sans compter et où il n'est personne qui ne fasse profession de ne point tenir outre mesure à son humaine guenille, en ce temps où l'on meurt sans phrases à la Plutarque et, ma foi, fort crânement sur tous les champs de bataille internationaux, sportifs, industriels, scientifiques et autres, on se préoccupe extraordinairement des moyens les plus sûrs de prolonger l'existence, et le goût de vieillir à outrance se manifeste de toutes parts. Les médecins et les hygiénistes mènent le mouvement macrobiologique et les journalistes des deux mondes publient plus d'articles qu'on n'en écrivit jamais sur les régimes capables d'assurer les records de longévité.

Je m'amuse, depuis un certain nombre d'années, à suivre les interviews que nos Mercures volants de la presse questionneuse et indiscrète infligent aux infortunés centenaires qui finissent par mourir au petit feu des interrogatoires les plus méticuleux dont on les accable sans le moindre répit ou la plus élémentaire pitié.

Tous sont sommés de nous révéler ce qu'ils ont bu et

mangé depuis leur naissance, comment ils ont dormi, dans quelles proportions ils ont usé des plaisirs amoureux et des exercices physiques, quelles furent leurs méthodes de labeurs quotidiens, l'économie de leurs journées, leurs habituels états d'humeur et leurs fonctions gastriques.

Ces pauvres vieilles loques, blanchies et usées jusqu'à la trame, répondent, lorsqu'elles entendent, toujours dans le sens où les Torquemada de l'interview les guident plus ou moins consciemment.

Certains macrobiens avouent qu'ils furent intempérants et que le bon vin, tel que Dieu le fit, ne leur parut jamais toxique; mais la plupart, il faut bien le reconnaître, déclarent que leur pleine existence fut sobre, paisible, exempte d'émotions, de débauches et de passions. Beaucoup ont vécu de privations, buvant de l'eau, se nourrissant de soupes et de légumes, dans l'ignorance de l'alcool, des petites fêtes intimes de la panse, par quoi se réjouissent les Grandgousiers.

Toutefois, certains vieux ivrognes attribuent avec un aimable lyrisme leur âge exceptionnel au jus divin célébré par Rabelais. L'eau n'a pas tous les privilèges et ce n'est pas sans agrément que je viens de lire le texte de l'information suivante dans une récente feuille américaine :

« Une notable vieille dame, Mrs. Snoy, vient de fêter le cent septième anniversaire de sa naissance. Interrogée sur sa longévité extraordinaire, elle affirme que le secret de sa longue résistance aux éléments destructeurs se trouve dans sa pipe, qu'elle fume avec une parfaite régularité plusieurs fois par jour, et dont elle a commencé de faire usage dès l'âge de douze ans, sans jamais l'abandonner. Cette dame demande même à ce qu'une pipe soit gravée sur son tombeau. »

Avouez que cette information, sérieuse ou non, nous

semble une exhilarante fumisterie. Les sociétaires contre l'abus du tabac en auront la jaunisse. Mais, qui sait si la vérité ne se cache pas sous l'apparente blague ! Mrs. Snoy a parfaitement pu être immunisée par la pipe jusqu'à l'âge de cent sept ans, aussi bien que notre vieil ami, le grand paysagiste Harpignies, qui, octogénaire, bientôt même nonagénaire et toujours florissant, doit sa verdeur, à son dire, à l'absorption quotidienne d'une verte soignée et d'un bon nombre de verres de fine sans origines spéciales. Les fils solides dont les Parques tissent notre vie peuvent aussi bien avoir été imbibés d'eau oxygénée, que fortement imprégnés d'alcool ou de nicotine. On peut devenir centenaire par les moyens les plus opposés, c'est une question de tempérament. J'ai connu en Bourgogne d'honorables buveurs qui, méprisant l'eau, qu'ils déclaraient bonne pour la navigation et pour l'usage externe, n'en poursuivent pas moins encore leur carrière avec joyeuse allure, sans avoir à abandonner le culte de la bouteille. Seule, la sophistication est nocive. Notre organisme intérieur est un alambic hypo ou hyperacide qui se charge de transformer fort différemment les apports nutritifs. Il est prudent de ne pas généraliser le résultat des expériences qui ne sont valables que sur un spécimen déterminé d'être humain. Tout individu est un microcosme unique en son genre.

Le procès des partisans et des détracteurs du vin est vieux comme le monde. Les saintes Écritures déclarent : « Le vin est la joie de l'âme et du corps, c'est une seconde vie. » Cependant, les Pères de l'Église recommandaient de s'en méfier autant que des femmes. — Plutarque, conciliant et libéral, reprochait au roi fabuleux de la Thrace, Lycurgue, d'avoir fait arracher sans véritable esprit philosophique les vignes de ses États pour empêcher ses infortunés sujets de s'enivrer.

« Il aurait dû plutôt, déclare-t-il, en approcher les nymphes, qui sont les eaux des fontaines, et retenir en office un dieu fol et enragé par un autre sage et sans excès. »

Dans l'antiquité, les deux camps des buveurs d'eau et des buveurs de vin étaient toujours aux prises et se jetaient à la tête leurs partisans devenus très vieux, comme témoignage de la préexcellence de leur méthode. Hippocrate, Démosthène, Pittacus et plus tard Locke Haller, Milton et Newton ne buvaient que de l'eau. Mais Horace, Anacréon qui vécut jusqu'à quatre-vingt-quinze ans, l'impératrice Livie, qui devint très vieille, la plupart des poètes latins chantèrent et burent les vieux crus de l'Empire et ne s'en portèrent assurément point plus mal.

Dans un entretien avec Euthylème, sur la volupté, qui nous fut conservé par Xénophon, Socrate fait admirablement valoir, il faut bien le dire, les avantages de la tempérance plutôt recommandable que la débauche.

« Avez-vous songé, dit-il, que la débauche, qui ne parle que de voluptés, ne saurait en faire goûter aucune comme il faut, et qu'il n'y a que la tempérance et la sobriété qui donnent le vrai sentiment des plaisirs? Car c'est le sentiment de la débauche de ne point endurer la faim, ni la soif, ni la fatigue des veilles qui sont néanmoins les véritables dispositions pour boire, manger délicieusement et sentir avec plaisir les approches du sommeil. La tempérance qui nous accoutume à attendre le besoin est la seule aussi qui, dans ces rencontres, nous fait sentir une extrême volupté. »

Nous avons aujourd'hui, plus que jamais, le goût de vieillir tardivement et de prolonger nos jours jusqu'à l'extrême limite possible, preuve indiscutable que la vie ne nous semble pas aussi mauvaise que nous

nous plaisons souvent à le dire. Nous nous inquiétons
donc de connaître les chemins qui conduisent le plus
loin dans la longévité jusqu'au territoire des centenaires
et nous nous informons avec une excessive perplexité
de la façon dont il convient de marcher pour y
parvenir à coup sûr.

Jean-Jacques Rousseau, qui voyait ses contemporains déjà violemment préoccupés de cette question,
écrivait fort sagement en vieil homme malade et désabusé :

« Pour savoir quel régime est le plus utile à la vie
et à la santé, il ne faut que connaître le régime observé
par les peuples qui se portent le mieux, sont le plus
robustes et vivent le plus longtemps. Si, par les observations générales, on ne trouve pas que l'usage de la
médecine donne aux hommes une santé plus ferme ou
une plus longue vie, par cela même que cet art n'est
pas utile, il est *nuisible*, puisqu'il emploie le temps,
les hommes et les choses à pure perte. Non seulement
le temps qu'on passe à conserver la vie, étant perdu
pour en user, il faut l'en déduire; mais quand ce
temps est employé à nous tourmenter, il est presque
nul, il est négatif; et, pour calculer équitablement, il
faut en ôter autant de celui qui nous reste. Un homme
qui vit dix ans sans médecins vit plus pour lui-même
et pour autrui que celui qui vit trente ans leur vic-
time. »

Le citoyen de Genève est sévère pour nos chers docteurs de la Faculté; je ne crois pas que nos modernes
guérisseurs, nos chercheurs de régimes nouveaux l'in-
clineraient à beaucoup plus d'indulgence, bien au contraire. Ce sont peut-être, à vrai dire, les médecins qui
sont les plus terribles empêcheurs de devenir centenaire... Et les chirurgiens donc! ces coupe-toujours!

En vivant sobrement, en apprenant à retrouver nos instincts naturels, en nous laissant guider par eux, en ne surmenant jamais aucun de nos chers organes, nous assurerons notre vie contre les modes médicales qui, durant qu'elles sévissent, accélèrent la mortalité des crédules humains. Le conseil de ménager leur monture à ceux qui veulent voyager loin est le meilleur conseil de longévité. On rencontre plus de centenaires dans les classes pauvres que parmi les classes opulentes. Concluons !

Ceci nous conduit à un chapitre si souvent ébauché et toujours à refaire à chaque nouvelle génération, au gré des modes médicales : *L'art de devenir centenaire. Est-ce un art à pratiquer ?* Nous allons en juger.

L'ART DE DEVENIR CENTENAIRE

Les chroniques sur les centenaires semblent être des articles d'été. Chaque année, au mois d'août ou septembre, on nous sert dans les feuilles quotidiennes des biographies de macrobes français ou étrangers. On découvre dans nos départements de très vieilles gens qui s'apprêtent à doubler le cap d'un siècle de vie, et on s'émerveille sur leur état de conservation, sur leur mémoire, la durée de leurs facultés intellectuelles et les belles apparences de leurs allures physiques. Malheureusement, les portraits photogravés qui accompagnent ces causeries faites pour encourager les hommes à perdurer ici-bas, ces portraits authentiques sont effrayants, lamentables à contempler comme des exhumations. Le faciès des centenaires contemporains, à notre humble avis, ne met point en appétit de vivre jusqu'à cent ans ; notre esthétique y contredit et l'utilité ; à défaut de la beauté, d'une telle longévité ne nous est aucunement démontrée.

Toutefois, il en est du goût de devenir centenaire comme du goût de la décoration ; il se peut qu'on n'y tienne point, mais il serait ridicule d'en dégoûter les autres qui composent une formidable majorité. L'être humain se fait difficilement à l'idée de sa destruction ;

il est foncièrement conservateur de sa peau et, tout en médisant chaque jour de la vie, en accusant le destin, en déniant la possibilité du bonheur ici-bas, rien ne lui semble pire que la mort. C'est pourquoi l'annonce de quelques rares humains parvenus à atteindre l'âge de cent ans est généralement accueillie de tous côtés avec un intérêt indiscutable. Chacun se flatte plus ou moins de la possibilité d'arriver à une semblable longévité, et il semble tout au moins, à la plupart des lecteurs de ces faits divers sensationnels, que plus long soit le ruban de route qui s'étend devant eux.

Personne ne se préoccupe de connaître l'état d'âme des centenaires, de savoir si vraiment il est à souhaiter de dépasser le temps moyen des septuagénaires et des octogénaires, et s'il n'y a pas une certaine momification de l'existence, une mise en état de vieillesse du souffle de vie chez tous les macrobes qu'on nous signale. Ce qui paraît intéresser la masse, c'est d'apprendre grâce à quelle hygiène il est permis de se survivre et de jouer une bonne niche à la Camarde, qu'il est toujours agréable de faire « poirotter ». On s'efforce d'interviewer les précieux débris et de connaître ce qu'ils ont mangé et bu au cours des ans. S'ils sacrifièrent largement à Vénus et à Bacchus, s'ils accordèrent aux soins de propreté, aux exercices violents, une bonne part de leurs journées. Les uns répondent qu'ils ont bu de l'alcool comme des Polonais, aimé les femmes comme des faunes. Qu'ils se sont peu lavés et ne se sont pas souciés de se fatiguer par la marche ou autrement. Un plus grand nombre, il faut le reconnaître, attribue à une sobriété constante, à une frugalité suivie, à la coutume de l'eau pure et à l'usage des soupes, du lait et des légumes, à la chasteté relative, la rare permanence de leur santé et leur état de survie avancé.

Tout cela est contradictoire et chacun en tire l'opinion qu'il désire. Bien peu, en vérité, ont la philosophie de se dire que la vie vaut par la qualité plutôt que par la quantité de jours qui nous sont filés, et qu'Alexandre le Grand, qui mourut vers la trentaine, Napoléon proche la cinquantaine, avaient en réalité plus vécu que Mathusalem ou que ce vieil égoïste de Fontenelle, qui régla ses mœurs comme on règle un chronomètre.

Il reste donc acquis que le prolongement de la piste de la vie est une question qui passionne tous ceux qui sont en route et classés dans l'universelle course à la mort. Le *Biodrome* est considéré comme améliorable. C'est à qui découvrira de nouvelles formules pour la consolidation du terrain et la prolongation des horizons. Je viens précisément de lire un magazine américain, le *Scrapbook*, qui publie un article à visée exceptionnelle et qui a les apparences d'un manuel intitulé : *l'Art de vivre cent ans.* Ce manuel a été fait, édité et réédité sans cesse depuis des siècles.

Le professeur de longévité, un certain sir James Chrichton Browne, essaye de démontrer que la plus indispensable condition pour devenir centenaire, c'est de le désirer ardemment, de le *vouloir* délibérément. C'est, en réalité, la théorie de Gœthe, qui écrivait non sans raison, comme nous le remarquons par ailleurs : *On ne meurt pas... on se décide à mourir,* indiquant par là que la volonté de vivre, de n'être point vaincu par le mal, de résister *quand même,* était toute-puissante dans bien des cas, et que la mort atteignait surtout ceux qui, successivement, se négligent et ne se cramponnent plus au Calvaire.

« Chaque homme, écrit sir James Chrichton Browne, devrait vivre un siècle; chaque femme devrait dépasser légèrement cette limite, car la longévité du sexe féminin est supérieure à celle de l'autre sexe. Il faudrait de très bonne heure faire entrer dans l'esprit des enfants cette idée qu'ils ont non seulement le droit, mais surtout le devoir d'arriver à leur centième année, et leur enseigner les moyens d'éviter les obstacles qui sont capables de les entraver dans cette louable ambition. »

C'est fort facile à dire, mais le professeur de macrobiologie est-il assuré de pouvoir prêcher par l'exemple de sa propre longévité? On remarque, au contraire, que tous ceux qui enseignent les règles d'une vie prolongée par systèmes divers d'alimentation et d'hygiène, meurent entre soixante et quatre-vingts ans, ce qui, pour les disciples, est d'un déplorable effet. L'art de devenir centenaire ne devrait, en toute justice, être professé que par des réengagés dans un nouveau siècle d'existence, sauf quoi il n'y a aucune garantie à suivre des cours de survivance qui se réduisent à des hypothèses. « Des mots! des mots!! des mots!!! » s'écriait Hamlet!

Sir James Chrichton Browne, le rédacteur du *Scrapbook*, dont il est question ici, n'est cependant pas un tout premier venu. C'est l'ancien président de la Société de Médecine de Londres, et sa réputation est plutôt considérable dans le monde scientifique de la Grande-Bretagne. Sa doctrine, s'il pouvait en démontrer le bien fondé par des résultats pratiques, pourrait conduire les hommes à considérer qu'un très large séjour dans cette vallée de larmes est comme la récompense normale offerte à ceux qui ont su pratiquer avec foi la tempérance et la vertu. Ainsi se dissiperaient peu à peu les fallacieuses promesses des vies futures au profit des témoignages de la vie présente. On saurait que ménager ses forces, endiguer ses vices, atténuer ses soifs, dominer ses nerfs, refréner ses gourmandises, repousser ses concupiscences, c'est, à proprement parler, prolonger sa route et conserver sa santé avec toutes les apparences de la jeunesse.

Cet enseignement, dès lors, serait fort moral si on pouvait espérer que les jeunes gens aient assez d'empire sur eux-mêmes pour bien interpréter des leçons très contraires à la fougue de leurs sens et à leur tempérament emballé. Malheureusement, on ne sent tout le prix de la vie qu'à mesure qu'on la perd. Quand avec la jeunesse on possède la poussée ardente de la sève, la joie grisante de vivre, on ne craint point la vieillesse et on ne redoute pas la mort ; c'est même l'heure où le courage entre en flirt avec elle, où l'on se joue du péril, où l'on recherche toutes les occasions de périr en quelque tournoi de galanterie et de bravoure.

L'homme ne goûte l'amer désir de vivre au delà du terme moyen qu'en voyant diminuer la fatale *peau de chagrin* et se rétrécir à l'horizon le champ d'évolution de ses forces dispersées. Ce n'est alors plus l'heure de mettre en pratique les enseignements voulus pour atteindre l'âge de cent ans. Il y eut du gaspillage dans la distribution de la santé ; on n'a point suffisamment compté avec ses énergies, ses trésors de vitalité ; plus on a été riche, plus on a donné de soi. On se trouve ruiné un beau matin, épuisé sans l'avoir prévu. Il est très juste d'ailleurs qu'il en soit ainsi. La vie contemporaine est de moins en moins faite pour les retardataires. Elle exige une circulation rapide, une combustion accélérée des forces, elle repousse les non-valeurs, rejette les déchets, ne veut point s'encombrer des valétudinaires. La vieillesse est sacrée, respectable et respectée, mais chaque jour le sentiment et le goût du respect s'en vont. Chacun tient en dédain les poids morts et les bouches inutiles. Chacun veut jouir vite ;

on ne sait plus attendre patiemment les héritages, et il y aurait de plus en plus paradoxe à pousser les hommes à prolonger leur terme ici-bas.

Notre société prend chaque jour des expressions plus hypocritement humanitaires; elle prétend tout modifier par la prévoyance, la mutualité, les retraites, les applications scientifiques et l'hygiène. En réalité et dans son essence, elle ne fut jamais aussi cruelle, égoïste, déblayeuse, impatiente; aussi hostile à ce qui ne sert plus activement ses intérêts et ses instincts d'arrivisme et de remplacement. Ce n'est point à l'heure où l'on crie de tous côtés avec passion : *Place aux jeunes!* qu'il est loisible de rechercher les moyens de faire plus durable la place aux vieux. Aimons et brûlons la vie. Dédaignons les momifications des âges avancés; craignons d'encombrer notre temps dès lors que nous n'en comprenons plus l'évolution. Mieux on a brillé dans une compagnie, plus il est de bon ton de la quitter de bonne heure et de se faire regretter. L'art de devenir centenaire, ce serait l'art de raser ses petits-fils et petits-neveux. L'art de filer à l'anglaise tout à coup, telle que l'honnête mort courante nous l'enseigne, a bien son mérite. La vaste collectivité des humains l'apprécie. C'est propre, c'est poli, c'est correct, et ça ne gêne personne dans la grande famille. *Le crépuscule des vieux*, c'est si affligeant pour les jeunes !

CHAPITRE IV

LA VIE SOCIALE
ET LES MŒURS A LA MODE

LES MODES DE L'ESPRIT PARISIEN

On pourrait écrire un ouvrage ingénieux sur les modes de l'esprit à Paris. Ces modes, depuis des siècles, ont affecté les genres les plus divers, celui des énigmes et des concetti au xviie siècle, en lequel genre l'abbé Cottin excellait, le madrigal à double sens au xviiie siècle et aussi le quatrain drolatique à la façon de Voltaire, de Piron ou de ce plaisant chevalier de Boufflers qui exposait la biblique aventure de Loth et de ses filles en ces versiculets rapides et définitifs :

> Il but
> Il devint tendre
> Et puis il fut
> Son gendre.

Sous la Révolution et le Directoire, l'épigramme poétique et la chanson satirique eurent beau jeu, et dans tout le cours du siècle dernier l'esprit parisien et boulévardier se métamorphosa avec une rapidité vertigineuse. Les pointes, les lardons, les calembours, les mots de la fin, les ana, les *comblés*, les allusions, la rosserie chat-noiresque, les termes cruels affichèrent des expressions diverses qu'il serait très malaisé d'analyser en quelques lignes. On pourrait dire que le goût public ne supporte pas au delà d'un an ou deux telle ou telle spéciale façon de s'amuser; il se lasse vite et passe volontiers à d'autres exercices pour continuer à se convaincre que le rire est le propre de l'homme. Certes, cette histoire de la malice sociale à la recherche de formules subtiles éternellement nouvelles serait fort passionnante à étudier et à présenter au monde des curieux et des érudits. Elle trouverait, cette histoire anecdotique, un dernier chapitre assez expressif dans le récent témoignage de la mode qui consista à résumer la physionomie d'un individu marquant à l'aide d'un qualificatif ou d'un jeu de mot comique, à souligner l'attitude, le vice dominant, la caractéristique physique ou morale d'un personnage connu, d'un trait frisant l'à peu près ou d'un rapprochement imprévu et drôle.

« De toutes les fascinations que Paris exerce sur les jeunes gens de province, écrit Camille Mauclair dans une étude succincte, dédaigneuse et forte, celle de « l'esprit parisien » est probablement la plus grande. Tout le monde sait qu'il existe un esprit parisien, que cet esprit est d'une qualité unique, qu'il est presque impossible de se l'assimiler, encore que cette assimilation soit la chose la plus désirable, la plus indispensable et la plus enivrante. D'honnêtes personnes instruites, intelligentes et sérieuses se désolent de ne pouvoir acquérir ce célèbre esprit « chic », ce « je ne sais quoi » qui donne, au dire des journaux boulevardiers, « la consécration suprême » et réserve à ses initiés des joies infinies.

« C'est là un article de foi qui, comme tous les articles de foi, n'a pas à être examiné et s'admet sans discussion. C'est peut-être fort heureux pour lui et pour ses croyants, car il ne résisterait guère à l'analyse. En réalité, il en va de cet esprit parisien comme de

Paris lui-même. La ville s'américanise et perd chaque année, sous la laide poussée du progrès, une des beautés qui firent sa gloire et sa séduction. L'esprit qui portait sa marque célèbre disparaît en même temps que ses aspects de jadis, et plus on le cherche, moins on le trouve. Il est légendaire, certes : mais il n'en reste qu'une légende. Le boulevard n'est plus ce qu'il était. Les rédactions ne sont plus ce qu'elles étaient ; les coulisses et les couloirs de théâtres, qu'on célébrait naguère encore comme de précieux sanctuaires du fameux esprit de Paris, ont également changé. On n'y entend que d'odieux à peu près, un jargon d'anglomanes, et des rosseries. Les journalistes travaillent trop durement pour trouver le temps de faire de jolis mots, et on peut bien absorber vingt consommations de la rue Drouot à la Madeleine sans entendre une phrase vraiment spirituelle. Les auteurs qui trouvent une réflexion amusante ne la jettent plus au vent : ils la taisent de peur qu'on ne la leur dérobe, et la notent pour leur prochaine comédie. Il n'y a plus qu'en province, entre gens aimables et oisifs, qu'on n'hésite pas à exprimer une saillie venue spontanément aux lèvres. »

Rien n'est plus vrai.

Ces dernières années, un nouveau genre d'esprit généralement fort méchant, féroce même, souvent cynique, ultra-léger et parfois même obscène, obtint un succès maladif, une vogue folle dans les cafés où l'on casse du sucre sur les absents, dans les brasseries où l'on baptise les confrères au gros sel et surtout aussi dans les salons où l'on prétend être au courant des gens et des choses et se donner du brillant, du relief en montrant que l'on connaît les étiquettes du dernier train.

Les femmes surtout apportent encore à l'heure

présente une joie fiévreuse à collectionner tous ces portraits à la détrempe, ces clichés en cinq-sec fabriqués *on ne sait où* et par *on ne sait qui*..., à vrai dire, par cette lâche collectivité d'impuissants et de ratés qui ne répond qu'à ce mot : *Tout le monde* et qui a l'avantage de ne désigner *personne*.

Tous les gens y passent ou y ont passé par ces à peu près incisifs, les meilleurs comme les pires. M. Piot, l'honnête et regretté promoteur de la repopulation, fut nommé *le Conseiller d'arrondissement*; Mgr Merry del Val, *la Soutane favorite*; Edmond Rostand, avant *Chantecler*, *Edmond à bout*; Luigini, le chef d'orchestre de l'Opéra-Comique, dont la boule de billard brilla sous le lustre : *le chauve conduit*; Léopold II : *le brillant Belge*; M. de Montesquiou : *Robert... ma chère!* Gilda Darthy : *Nichon de Lenclos*; Armand Fallières : *le Caprice de Marianne*; Samuel, le directeur des Variétés, toujours chapeauté d'un canotier : *le Chapeau de paille de Thalie*; Vadécard : *Little Fiche*; le Nouveau-Théâtre, où la grande tragédienne apparut : *le Radeau de la Mère Duse*, et l'Opéra : le *Théâtre aphone*.

Il est difficile de révéler les destinataires des plus cruels de ces mots. Telle vieille actrice est appelée *la Connétable du Déclin*, telle autre tardivement pourvue d'appas : *les Têtés de la Saint-Martin*, une troisième longue, maigre, perverse : *l'Aiguille à tripoter*. Certain directeur de journal, illustre en tant qu'israélite et ami de la noblesse, fut désigné *l'Escarpe à la Chambord* et plus récemment, *le petit coupé armorié*, et aussi, en raison de ses attaches au trône et à l'Église : *le Youpillon*.

La critique littéraire compte quelques jolies désignations, dont il convient de rechercher les porteurs : *le*

Cocul de jatte, le Tout Panaris, le Bêcheur de Perles le Pompier qui met le feu, le Suif errant, Polaire vieux, la Graisse de Dieu, la Terreur de Saint-Sulpice ou *le Bluff à la Mode.* Le théâtre, naturellement, fait de nombreuses victimes, côté des hommes et des femmes. Nous y voyons l'Opéra-Comique, *le Bébé trumeau, Tanagrue, la Bonne à tout Phèdre, la Cabote anglaise, la Tour des mamelles, la belle Madame Réclamier, l'aphonie des grandeurs, la Barrière de l'Étoile, le grand Rugisseur du théâtre français, le Sociétaire à Poire entière, le Coq qui avala sa crête, la petite moyenne, là belle haleine* ou *le tunnel du Schlingothard,* tous mots, croit-on, très drôles, très rossards, essentiellement parisiens en ce sens qu'ils collent au bon endroit, aux ridicules, aux tares physiques des protagonistes dramatiques et autres qu'ils visent.

Parmi les gens du monde en vue et dont on connaît les vices, les liaisons, les massives obésités, on parle volontiers de X... le musicien : *le Monsieur qui fuit les femmes* ou *le Bonheur... Messieurs!...* de X... collé à une octogénaire et qui en a blanchi avant l'âge : *le Vieux de la vieille,* de Z... dont la voix rappelle celle des castrati de la chapelle Sixtine : *le Phonographe sans rouleaux.* L'énorme Mᵐᵉ X... est qualifiée de *Tanagra double,* la jolie Mᵐᵉ B... aussi niaise que prétentieuse et récemment mariée : *la Cruche casée,* sa sœur qui cherche preneur en vain : *le Bébé incasable.* Notez bien que ce ne sont là que des échantillons, de modestes et honnêtes échantillons, car les oreilles des dames en supportent d'indicibles typographiquement et ce sont les plus crus, les plus grossiers qui obtiennent le plus retentissant succès à l'heure où l'on dîne. Le jeu de massacre des mots du jour est encore en déclin d'activité. Les petits carnets au vitriol remplacent les carnets de bal. C'est à qui possédera le plus grand nombre d'estropiés. Chacun est mis à contribution.

— Voyons, cher ami, on m'a dit que vous en aviez un très drôle sur C..., le bénisseur de lettres qui préfère tout le monde... Allons, dites-le.

— Sur C... Oh! Il est déjà vieux. Enfin, acceptez-le pour rance qu'il soit : *Guimauve le Conquérant*.

— Très amusant, mais sur le directeur du journal mondain, n'en avez-vous pas un autre aussi drôle : *l'Entrepreneur de ménagements?*

— C'est ça même.

— Oh! combien je vous remercie.

— Tenez, je réciproque. Savez-vous comment on nomme la petite P... qui est là-bas et qui est l'amie avérée du jeune Armand de X...? Non, n'est-ce pas : *la Belle au bois d'Armand*. Et la favorite du dernier ministre?... Ne cherchez pas!... *le Château Briand*.

Et de rire, tandis que partout l'esprit parisien de même calibre s'évertue à se faire jour.

C'est la mode, la terrible mode de l'humour qui vit aux dépens de la notoriété qui s'impose; c'est Paris qui se venge de ceux ou de celles qu'il doit admirer.

Combien le courageux et probe écrivain qu'est Camille Mauclair fut bien inspiré d'écrire son étude toute de vérité sur l'esprit parisien où il dit encore :

« Lorsqu'on est né à Paris, lorsqu'on y vit, on sait ce que vaut cette société qui s'institue bénévolement « l'élite »; on sait que l'esprit parisien n'est que l'étalage d'un scepticisme injuste et assez bas, en tout cas totalement stérile et négligeable; on sait que le je ne sais quoi est en effet on ne sait quoi, quelque chose qui ne vaut pas la peine d'être recherché. On sait que où s'inscrivent ces terribles épithètes, ces à peu près toute âme loyale, éprise de ce qui est profond, ne peut que souffrir de ce dénigrement perpétuel, de ce rictus figé dans une « blague » interminable. On sait que rien d'utile, de noble, de désintéressé, de fécond, ne peut naître d'un tel milieu. Mais à distance, tout cela fait illusion, car la force de cette société, qui vit sur une réputation, est de répéter sans cesse qu'elle détient un charme merveilleux et inimitable. Il ne pourrait avouer, sans se condamner à disparaître, que son secret n'est qu'un vide. C'est pourquoi des milliers de jeunes gens se disent, dans les provinces françaises, qu'il faut à tout prix pénétrer cet esprit, et se désolent à l'idée qu'ils n'y parviendront pas...

« Ils feraient sans doute mieux de se dire que l'esprit, d'abord, n'est pas une vertu essentielle comme la gaieté, qui est tout autre chose; ensuite, qu'un esprit qui s'alimente des critiques les plus acerbes et les plus imméritées des travers d'autrui est peu enviable; et enfin, que les ressources éternelles de la belle humeur nationale vinrent, viennent et viendront toujours de la province, de ses usages, de ses traditions, de ses dialectes. Paris amalgame tout cela, le corrompt, puis le saupoudre d'un peu de cynisme, de brutalité anglo-saxonne, d'argot de courses et de faubourgs. Une grande affectation d'immoralisme parachève le mélange. Vraiment, cela ne vaut pas la peine d'être acquis! »

Est-il rien de plus inconsistant, de plus périssable, de plus fugitif et éphémère que cet esprit rosse de Paris qui bruit comme un moustique et dont les blessures sont aussi légères et aussi pitoyablement toxiques!

LE TABAC ET LES MOEURS

Un écho de Londres, qui fut capté par les feuilles publiques, nous annonçait une nouvelle de grande importance par l'influence qu'elle peut avoir par la suite. « Une petite révolution s'accomplit actuellement, — disait cette dépêche, — dans les théâtres de Londres et surtout de la banlieue : tout le monde, désormais, semble y pouvoir fumer. Ainsi en a décidé le Conseil du comté, sur la demande de quelques directeurs de spectacles se plaignant que les music-halls — où il est admis de consumer sa pipe ou son cigare — leur fissent une trop facile concurrence. »

On ne tardera donc pas à fumer dans la majorité des théâtres d'Angleterre où l'aération et la ventilation fonctionnent, il est vrai, à merveille. On y fumera la pipe, le cigare, la cigarette, le tabac d'Orient, le caporal, le *Richmond*, le *bird's eyes* et tous les produits blonds ou bruns, rugueux ou fins comme des cheveux de Vénus, qui se débitent aujourd'hui dans le Royaume-Uni. On fumera désormais sans égard pour les femmes; on imposera, dans les théâtres, le supplice du tabac aux élégantes en demi-peau, comme déjà on le leur imposait aux *tea rooms*, au restaurant, aux cafés-concerts, aux garden-parties et dans nombre de réunions mondaines ou sportives. L'Angleterre nous avait déjà dotés de coutumes déplorables qui détruisirent en France le charme et l'esprit d'intimité et de conversation des après-dîners et le goût des causeries de salon. C'est sur le sol britannique, au pays des gentlemen, des vieux squires et des gracieuses reines, que l'égoïsme masculin imagina, un beau soir, la dissociation des hommes et des femmes aussitôt la fin du repas pris en commun. Ces messieurs, las de se contraindre dans une correction galante faite de petites prévenances, d'attentions délicates, de boisson modérée, prétendaient se dédommager, entre eux, aussitôt le service de la poire et du fromage. C'est ainsi que s'opéra le brutal divorce des deux sexes, aussitôt le *bec torché*, comme auraient dit nos pères. Les hommes prirent l'habitude d'aller boire le wisky, le brandy and soda et tous les *spirits* variés en fumant comme des Polonais, loin de leurs aimables et fines compagnes abandonnées, avec dédain, à leurs caquets et aux bavardages sur les soins du *home*, de la *nursery* et des chiffons. Affreuse mode qu'adoptèrent, hélas! en partie, les mondains français!

Le grand facteur de ces désunions *post prandium* fut indiscutablement le tabac. Les fumeurs sont à ce point dominés par le besoin de titiller leurs muqueuses buccales et nasales par l'âcre senteur du tabac, qu'ils ne peuvent attendre parfois la fin du dessert pour en « griller une ». Je me souviens qu'un ambassadeur de la Grande-Bretagne, Lord Lytton, qui fut de mes bons amis, ne pouvait, même au cours des dîners officiels, résister à l'attente de la cigarette. Dès le service des entremets, il allumait, sans souci du protocole, son *papel* et ne retrouvait qu'à ce moment précis toute sa sérénité et son esprit d'à-propos.

A Londres, ces excentricités de la cigarette intercalaire entre les plats n'est pas une exception. Les fumeurs en prennent à leur aise et la pipe principalement, la jolie petite pipe de merisier, plutôt courte et démontable, sur pivot d'argent, sévit dès le matin, de façon générale, dans les trains de banlieue. On parle encore, dans la société, de la cigarette qu'Oscar Wilde osa fumer, comme un défi, au-dessus du poste de souffleur, au théâtre, un soir qu'acclamé après *la première* d'une de ses pièces, il avait été traîné à l'avant-scène pour répondre à l'enthousiasme des spectateurs et saluer le public. Il s'empanacha de fumée comme à plaisir et par gaminerie. Grand fumeur naguère, en ce qui me concerne personnellement, je connus l'impatiente attente de l'heure du *smoking* après le repas hâtivement absorbé, mais j'estime, aujourd'hui, que la mauvaise réglementation du droit de fumer dans les réunions collectives, les spectacles et les voitures en commun, constitue une déplorable tyrannie et une inquiétante atteinte aux bonnes mœurs sociales et à l'hygiène.

Le fumeur ne se sent plus, ou aime trop se sentir; il a perdu, il a blasé la liberté de son odorat. La délicatesse de ses aspirations d'air frais pur et sain s'est peu à peu atrophiée ou, pour mieux dire, détruite. Le fumeur en arrive à vivre dans les plus âcres tabagies sans que pleurent ses yeux ou que souffrent ses bronches; il est parvenu à cette assurance qu'il exerce une fonction normale, nécessaire, qui ne peut être *hostile à personne,* et c'est ainsi qu'en Hollande, en Belgique, en Allemagne, il devient presque impossible de se soustraire à l'inconsciente grossièreté des consommateurs de pipes et d'affreux cigares qui sentent le chou calciné. Le mot d'un rustre belge me revient en mémoire. C'était dans un compartiment de première, à Anvers. Un gros monsieur allumant un faux havane s'adressait à une jeune femme délicate qui, en manière de timide protestation, toussaillait. Je fis un geste au fumeur surpris. « La fumée vous gêne, Madame? fit-il grognon. — Oui, Monsieur. » Alors le Belge, lâchant de larges bouffées et se carrant dans son coin de wagon avec arrogance : « Dans ce cas, faut descendre, Madame ; moi ça ne me gêne pas! »

De pareilles brutes, on en trouve peu chez nous, heureusement; mais il faut bien dire qu'on rencontre encore trop d'inconscients qui montent en voiture commune avec des cigares ou des pipes aux lèvres, qu'ils ne songent pas à éteindre. Dans les nouveaux trains à vestibules, il est admis de fumer hors des compartiments, dans les couloirs; mais la fumée y devient si épaisse, si intense que tous les intérieurs des wagons en sont empuantis, et c'est une souffrance véritable pour les amoureux d'air salubre qui ont la gorge délicate, d'avoir à subir tout le long d'un parcours cette âcreté de la fumée de tabac si pénétrante, si persistante et si nocive. Dans les théâtres où l'on fume, ceux qui ne partagent plus cette passion aveugle et aveuglante ne peuvent demeurer longtemps sans qu'une céphalalgie intense, un vague coryza et une inflammation des amygdales s'ensuivent. C'est intolérable, surtout dans nos théâtres d'à-côté et nos petits music-halls où l'art de l'aération est encore dans l'enfance.

Le Tabac et les Mœurs, ce titre fournirait matière à tout un livre destiné à établir la sauvagerie incroyable de cette fameuse société civilisée où la vie en commun est devenue si difficile, si périlleuse, si tyrannique. Nous en sommes lentement arrivés à cette intoxication des mœurs intimes par le tabac. Nicot fut un grand criminel. Dans *le Festin de Pierre*, de Thomas Corneille, il y a deux vers qui m'ont souvent frappé par

leur blagueuse irrévérence à l'antiquité, à une époque
où ce genre d'ironie n'était guère de mode, et aussi,
par le sentiment qu'ils nous donnent du goût presque
immédiat de fumer qui s'implanta chez nous, dès le
xviie siècle. Les voici :

> Quoi qu'en dise Aristote et sa docte cabale,
> Le tabac est divin, il n'est rien qui l'égale.

Aristote, il est à croire, n'aurait pas appris l'art de brûler un londrès à son disciple Alexandre le Grand, mais il
aurait été fort capable d'apprécier une société de civilisation raffinée qui ne parle que d'hygiène, de la nécessité d'aspirer un air pur, non pollué, et qui ne peut
vivre assemblé, pour le plaisir de vivre en communauté,
autrement que dans des nuages de fumée odieuse, irres-
pirable.

Il nous restait les théâtres sérieux, déjà malsains par
les poussières, les microbes, les senteurs d'humanité
et le défaut de ventilation ; ces théâtres, où l'on était à
l'abri des fumeurs, vont nous être ravis. Il n'y aura
bientôt plus que dans les solitudes et les thébaïdes que
l'individu indépendant, sain, soucieux de téter le sein
pur de la grande nourrice, pourra vivre loin des centres
que les hommes empuantissent à l'envi, les inconti-
nents formant toujours la majorité sur les abstinents.

Je ne suis plus fumeur. Je le fus passionnément. Pipe,
cigares, cigarettes, tabacs d'Orient, de Virginie, d'Algérie,
havanes, — conservés humides comme chez les Yankees
ou craquant à l'oreille, selon le goût français, — je connus
tout et même davantage. Je ne fus pas *un* fumeur, je fus *le
fumeur*, le curieux de toutes les herbes de Nicot poussées
sur tous les points du globe, le gourmet des fumées par-
fumées, capable d'une folie pour un *puros* de marque.

Ah ! ce qu'il m'en coûta pour me défaire de cette tyrannique habitude qui me dominait si pleinement et dont je découvrais humblement l'affreux état de servitude en lequel elle me condamnait! Des mois de lutte, de haute école de ma volonté finirent par me soustraire heureusement à cet esclavage. Aujourd'hui, tous les impôts sur le tabac me paraissent moraux, équitables, judicieux. Je doute qu'ils créent des protestations sérieuses ou qu'ils nuisent à la réputation de l'intelligence fiscale du gouvernement, surtout s'il s'agit de produits de luxe, de cigares chers, de tabacs de choix. Ceux qui recherchent et consomment ces produits ne se plaindront point de payer quelques maravédis de plus les panatellas bagués d'une étiquette polychrome et dorée, ou les blondes cigarettes d'Égypte, de Grèce ou de l'Empire ottoman.

Pourquoi fume-t-on, d'abord? C'est un problème que l'on ne s'est jamais efforcé de résoudre en France, mais qui, récemment, fit l'objet d'un referendum qui dura plusieurs mois dans la revue berlinoise *Nord und Süd*.

Le médecin qui se chargea de recueillir les résultats de l'enquête, le docteur von Vleuten, résuma ses observations par des réflexions fort suggestives. « On a chanté, dit-il, *le vin, l'amour* et *le tabac*. Le vin et l'amour ont fait vibrer les poètes que jamais le tabac n'influença. Le vin nous a valu, au cours des âges, une foule de poésies bonnes ou médiocres, mais les érudits que j'ai consultés n'ont pu me citer un seul poème de valeur réelle dédié et consacré « aux charmes de la feuille de nicotine ». Cela est assez juste. Je ne sais que quelques vers isolés qui, accidentellement, du xviie siècle à nos jours, expriment les voluptés *tabacchiques*.

Aucun fumeur ne sait pourquoi il fume. Tel est le résultat de l'enquête du *Nord und Süd*. Mais aucun des correspondants du docteur von Vleuten ne consentirait à ne plus fumer. Tous, Anglais ou Allemands, avouent

qu'ils préféreraient plutôt se priver de vin, de bière ou
de liqueurs plutôt que de ne plus en *griller un* ou *une*.
D'aucuns affirment même qu'ils bouderaient plus volontiers Vénus que Nicot. Je dis Nicot, car le dieu du tabac
ne fut jamais imaginé; on ne fuma pas sur l'Olympe.

Personne ne peut, parmi les écrivains, penseurs, philosophes, poètes, historiens, romanciers, musiciens et
artistes, expliquer comment les uns ou les autres ils se
sont accoutumés à faire du tabac le compagnon nécessaire et inévitable de leur vie intellectuelle. Aucun n'a
pu préciser le sens de cette impulsion toute-puissante
qui contraint l'homme à s'intoxiquer sûrement et par
successifs degrés — le mystère du tabac a résisté à
l'enquête de la revue allemande.

Les priseurs seuls ont affirmé que rien ne vaut une
prise pour rendre l'esprit clair. On le savait d'avant la
Révolution, mais les invétérés fumeurs n'ont pu rien dire
que de fort vague pour analyser leur passion. Le tabac
ne rend décidément pas clairvoyant. — C'est une habitude devenue une seconde nature. — Ceux qu'elle tient
ne lui peuvent échapper. L'impôt sur le tabac et surtout
sur le tabac de luxe, n'atteignant pas les pauvres bougres
dont il faut respecter les plaisirs, les paradis artificiels et
même les vices qui n'intéressent qu'eux-mêmes, sera
donc toujours un impôt aussi salutaire que celui qui
pourrait taxer la haute prostitution, les fumeries
d'opium, la morphinomanie, le hachichisme, le chlora-
lisme, l'éthéromanie et tous les stupéfiants par quoi
s'abrutissent avec ivresse nos pitoyables et faibles frères
les humains, dominés par ces servantes-maîtresses que
sont les habitudes.

LA TYRANNIE DES PRÉVENANCES

Mon vieil ami Jacques Héricy, bien que peu fortuné, n'a jamais su ni pu plier son indépendance altière aux usages du monde et aux corvées sociales. Je l'ai toujours connu jaloux de sa liberté d'action, avare d'engagements, uniquement soucieux de réserver l'emploi de son temps à ses fantaisies immédiates ou à la satisfaction de ses soudaines curiosités. Épris de belle nature, de vie salutaire et solitaire, de voyages, aucunement esclave de ses appétits, sachant parfaitement mettre ses besoins à l'échelle de ses moyens, artiste suprêmement délicat, il s'efforça toujours, en ces temps d'âpretés et de bousculades, de réaliser le summum de cette liberté que chacun vante et dont nul ne veut, et aussi d'assurer ce bonheur qu'on trouve parfois en soi-même, jamais ailleurs.

Jacques Héricy me sembla toujours, depuis la vingt-cinquième année où nous fîmes connaissance dans une pauvre auberge bretonne, le parangon de la sagesse humaine, le prototype du pur philosophe en action, tout en pratique, inaccessible aux vanités, inattaquable par l'ambition, solide dans la sérénité de la voie suivie devant de larges horizons ouverts. Aussi, je ne puis me soustraire au désir de le croiser sur mon chemin, de surprendre la constance et la solidité de son heureux mécanisme de félicité. Je l'aime comme on peut aimer la réalisation parfaite d'un rêve accompli par un frère en idéal d'existence; c'est pourquoi, de-ci, de-là, au hasard, je lance à l'heureux homme un rappel amical lui exprimant l'espoir prochain d'une rencontre.

Tour à tour Breton, Provençal, Bourguignon ou Flamand, Napolitain, Vénitien, Maltais, Sicilien ou Arabe, Héricy semble impossible à être atteint et rejoint rapidement. Il échappe à la carte postale et se réjouit avec franche sincérité d'être presque toujours le « destinataire inconnu » dont les missives, porteuses d'alarmes, d'énervements ou d'inutilités, tombent comme il convient au rebut postal.

Hier, comme je flânais en forêt Bellifontaine dans les merveilleux rochers du Cuvier de Châtillon, ravi par tant de genévriers mêlés aux trembles et aux fougères, composant un décor antique, Fox, mon épagneul, tomba en arrêt au milieu du sentier, flaira l'air et aboya soudain, tandis qu'un grand gaillard, vêtu de velours gris à côtes, feutre campé à la boër, surgissait d'un choc de blocs erratiques.

— Sacrebleu! Héricy!... Je te croyais aux îles Scilley?

— Ce n'était pas plus beau qu'ici, mon cher, mais, comme tu vois, on en revient heureusement pour rencontrer avec joie le seul sauvage confrère capable de se perdre dans ces glorieuses solitudes.

— Alors tu es Bellifontain?

— Non pas, j'ai horreur de Fontainebleau et des petites villes. Tu sais ma devise, celle de saint Jérome: *Ou le Désert ou Rome.* Je gîte à Recloses, loin des chemins de fer et des pataches. Quelques jours encore et je repars pour l'Angleterre.

— Singulière rencontre! D'autant plus étrange que je

songeais précisément à toi ; l'instinct télépathique trompe rarement... Mais, comment penser que, dans ce paysage de beauté classique où l'on ne serait point surpris de trouver Dante ou Orphée, ce soit vis-à-vis du plus cosmopolite des êtres, du plus insaisissable et du plus désiré des amis d'élection que mon chien soit tombé tout à coup en arrêt !

— Moi, ça ne me surprend guère, dit Héricy. Il n'y a de bon dans la vie que ce qui est exquis et rien ne l'est davantage que l'imprévu et l'exceptionnel.

Nous causâmes longuement en gravissant vers la perspective du camp de Chailly. Mon sage compagnon me déclara qu'il stagnait depuis de longs mois en pays britannique et que Paris et les Parisiens lui semblaient impossibles à fréquenter, tyranniques à l'excès, curieux, inquisiteurs, assommants, principalement à force de prévenances et de politesses maniérées.

— Comment ça?

— Mon cher, on a beaucoup vanté la politesse française ; nos compatriotes se targuent de la bien pratiquer ; les dames du monde, celles de la bourgeoisie, les femmes de la basse classe même, sont dressées aux attentions, aux prévenances, aux amabilités, aux compliments, aux mensonges sociaux. Elles abusent des petits soins, des sourires ; ce sont de terribles précieuses, inconscientes, je le veux bien, mais déchaînées sur les infortunés qui doivent vivre en leur compagnie, parce que confites en grâces, en minauderies, en insistances odieuses. La société ici est devenue impossible à fréquenter pour un homme réservé, indépendant, ayant la sensation de l'inutilité des mots et de leur répétition et éprouvant l'horreur des menus attentats aux idées, aux goûts et aux volontés.

« La politesse française consiste à traiter les gens

comme des enfants timides qu'il faut encourager à
avouer leurs petits vices et leurs gourmandises. Voyez,
dans un dîner, les prévenances de l'hôtesse : « Vous
ne prenez pas de potage? — Merci. — Il est si
léger! — Je vous rends grâce! — Si peu que vous
voudrez, c'est le triomphe de notre cuisinière? —
Non! — Je vous en prie, laissez-vous tenter... Goû-
tez-y? »

« Et, à chaque plat, partout, c'est la même antienne.
La volonté, les habitudes, les régimes, l'hygiène alimentaire du convive, tout cela est lettre morte ; la
politesse française doit triompher du manque d'appétit,
des dégoûts divers, de la sobriété de l'invité. Et quelle
inquisition persistante ! *Un verre de liqueur? —
Jamais d'alcool! — Pour une fois..., voyons? — N'in-
sistez pas.* Peu après : *Du café ? — Je préfère
mon sommeil. — Alors, toutes les vertus ? Vous fumez,
au moins? — Fort peu. — Une vraie jeune fille! Cher
monsieur, il faut vous marier !*

« Dans tous les actes de la vie en commun en France,
vois-tu bien, poursuivit Héricy, c'est la même tyrannie,
la même négation du libre arbitre. Cela s'accentue au
château. On y est reçu avec le devoir de la pratique
des sports, la solitude y est menacée sous mille prétextes. Dans les salons, c'est autre chose, on y est pri-
sonnier et on ne peut s'évader qu'à « l'anglaise », on
doit subir toutes les tortures de l'admiration forcée, se
déclarer pour le *bridge* ou pour le *poker*. Dans la rue,
impossibilité d'aller droit à son but sans subir les politesses assassines de tous ceux qu'on y rencontre et qui
vous immobilisent dans des courants d'air afin de vous
débiter des balivernes, bavardages excessifs sur toute
la ligne, infligeant des pertes de temps sensibles, for-
çant aux hypocrisies, emprisonnant l'individu dans des

façons d'être indignes du déterminisme et du respect
de l'indépendance d'autrui. »

— Et tu trouves qu'en Angleterre, c'est différent?

— Mais c'est précisément l'antipode. La politesse
n'y fait jamais la barbe à la liberté du citoyen, et si
tout le monde y est rasé, ce n'est point par les mœurs,
ah! non. Ce sont les moins attentatoires qui soient et
aient jamais été aux actions multiples des hommes. A
Londres ou à la campagne, je puis sortir, par exemple,
rencontrer et regarder un quelconque ami, voire un
intime, ne pas le saluer ou ne lui faire qu'un signe de
main rapide. Il n'importe. Cela ne tire pas à conséquence. On prend en considération le problème, le
souci, le rêve ou le ronronnement de pensée qui peuvent
accompagner un cerveau en balade. Il ne viendrait à
personne l'idée de se formaliser de ma *non-sociabilité*.
Au lunch où je suis invité, je ne touche à aucun plat
l'hôtesse ne fait pas mine de le remarquer. Sa politesse,
à elle, la vraie politesse, est de ne pas m'ennuyer et
de comprendre que je n'ai pas faim ou que, si cela
me sembla préférable, j'ai déjeuné à ma manière avant
de lui apporter le témoignage de ma présence amicale.
Dans les réceptions à la campagne, je trouve sur la
table de la chambre qui m'est réservée les itinéraires
des promenades ou excursions de la contrée, les horaires
des railways; j'agis à ma guise, descends à l'heure des
repas, à moins qu'il ne me convienne de fréquenter les
auberges des environs. Le soir ou le lendemain de mes
absences, on considérerait comme de mauvais goût de
s'inquiéter de l'usage de mon temps. Aller, venir,
entrer, sortir, sans donner de raisons, fuir le jeu ou
les sports, apparaître mystérieux sans qu'on vous interroge, marcher seul dans un parc sans que quelque autre
invité s'avise de vous troubler, lire ou écrire dans le

drawing-room en commun, assuré de pouvoir poursuivre sa lecture ou son travail dans le respect et le silence professé pour autrui, ce sont là des libertés précieuses, les seules qui aient quelque valeur et qui donnent à la vie toute son ampleur et toute sa saveur. Du moins, je parle pour moi et avec ma profonde compréhension de l'indépendance.

— Et alors, mon vieux, les libertés françaises?

— Des blagues remplies de mots ou des mots remplis de blagues. Ça n'existe pas. Les véritables droits de l'homme libre, c'est de conserver intact le champ de ses fantaisies, de pratiquer sans entraves, seul ou en société, la culture de ses volontés, d'affirmer partout, sans porter atteinte aux préjugés des convenances, ses désirs, ses goûts, ses instincts. Pourquoi tant de concessions aux mièvreries des politesses ou aux prévenances imbéciles de ceux qui prétendent se donner le plaisir de consommer avec nous des heures d'alimentation ou d'agrément? La *tyrannie des prévenances* en France est la pire des tyrannies qui soient et la plus niaise de toutes. Comment s'étonner que ceux qui la supportent, sans même s'en apercevoir, par lâche accoutumance, aient perdu l'esprit de déterminisme, la faculté d'aller droit au but et le goût de l'affirmation nette jusqu'à la brutalité? Notre politesse émascule et abâtardit.

Héricy est peut-être intransigeant, mais qui dira qu'il ait tort? Ours, à ma façon, j'avoue cependant partager carrément son opinion.

Pourquoi faire tant de « magnes ! » comme on dit dans le populo. — *Chacun sa vie !*

L'AGE DES AMOURS

On aurait pu croire que la jeunesse seule constituait l'âge d'aimer et d'être aimé, que le printemps de la vie apportait spécialement les fleurs de la passion, les parfums capiteux des roses grimpantes le long de la gaine du dieu des jardins. Ce fut la croyance des anciens et aussi fort longtemps celle des modernes. Mais, depuis une quarantaine d'années, les hommes, en France, se sont appliqués à métamorphoser les lois de la nature et à discréditer la jeunesse au profit de l'âge mûr et même de la sénescence. Rien n'est plus amusant à observer que cette évolution chaque jour plus manifeste. Le théâtre actuel fournit des témoignages étranges des mœurs nouvelles. Nous avons eu *la Souris*, *la Massière*, *Jeunesse*, *l'Enfant chérie*, *Bertrade*, *la Vieillesse de Don Juan* et, plus récemment, *Papa* et autres. Dans toutes ces pièces, ce sont des quinquagénaires, sinon même des sexagénaires, qui interprètent les jeux de l'amour et du hasard et se montrent des jeunes premiers attardés à Cythère. Cela semble miraculeusement parisien, très nouveau jeu : Lovelace apparaît, au moment présent, comme un vieux marcheur dont les plus jeunes et les plus fraîches Agnès se disputent les faveurs. Arnolphe qui, aux regards de Molière, était un barbon défrisant la quarantaine, est aujourd'hui l'ordinaire héros d'amour de nos comédies mondaines.

Jusques à trente ans, d'après l'Évangile de nos tardifs tyrans des cœurs, l'homme s'ignore, il se cherche, il n'a point conscience de l'amour affiné et savoureux tel que le rêve l'âme aventureuse des jeunes filles. Seule, la maturité mâle apporte la science d'amour, l'art de tisonner habilement la passion. Le quadragénaire est le jardinier expérimenté de l'éroto-culture. Du moins, on s'efforce de nous accoutumer à cet enseignement du xxe siècle qui exige de l'expérience vis-à-vis de la femme, du raffinement, de l'autorité, du poids. C'est ainsi que les petits jeunes gens sont considérés comme des « bleus » au régiment des troupes d'occupation de la *Carte de Tendre*. On les laisse évoluer sur ces terrains de manœuvre pour tous qui évoquent cette pensée de Lamennais : « Les courtisanes, comme les grandes routes, sont forcément stériles. » Ce sont les vieilles brisques qui généralement se chargent des jeunes recrues dans la vie contemporaine française. Il y a un chassé-croisé d'instructeurs d'amour très chevronnés dans les deux camps vis-à-vis desquels la jeune garde montante n'est pas sans éprouver quelque secrète attirance faite de confiance et de curiosité.

Notre mentalité à ce sujet s'est singulièrement modifiée depuis un demi-siècle. A l'époque romantique, le temps des amours, l'âge passionnel prenait fin à trente ans. Je me souviens d'avoir lu au début d'une des premières comédies d'Émile Augier, dans la désignation des personnages de la pièce, cette mention : « Le Comte de X..., vieux libertin : 3o ans. » *Trente ans*, c'était l'heure de dételer. Cela nous fait sourire et nous rend incrédules, mais c'est un fait d'histoire littéraire indéniable. Reportons-nous aux romans d'Eugène Sue, de Frédéric Soulié, de Balzac même ; les amants y sont fringants, éperdus de fougue ; ils ont vingt-cinq ans. Musset ne concevait point l'amour dans la maturité ; tous ses héros sont au printemps du bel âge fleuri et parfumé de sentiment. Dans *les Caprices de Marianne*, le fol ami de Cœlio demande à la jeune femme de Claudio : « Quel âge avez-vous, Marianne ? — La belle question, répond-elle, et si je n'avais que dix-neuf ans, que voudriez-vous que j'en pense ?... » Et Octave, doctoral, de conclure : « Vous avez donc encore, Marianne, environ cinq ans pour être aimée, huit peut-être pour aimer vous-même et le reste pour prier Dieu ! »

N'est-il pas invraisemblable cet âge fatidique du romantisme, cette trentième année au delà de laquelle il n'était plus loisible d'espérer la continuation de la vie sentimentale ? Nous avons heureusement changé cette conception un peu étroite de l'amour, mais peut-être trop considérablement élargi nos horizons. Il n'est plus actuellement de limite d'âge pour l'amour. Nos romanciers et nos dramaturges sont particulièrement favorables aux quinquagénaires que les poètes de 1830 traitaient de vieillards imbéciles ; les vieux beaux sont très recherchés ; les jeunes demoiselles ne songent même plus à leur indiquer que l'heure de la retraite a sonné pour eux. Pour le moins, les amants persistants au delà du temps ne déchaînent plus l'hilarité puissante, instinctive et saine chez les femmes : tout au plus inspirent-ils une pitié attendrie, compatissante, qui conserve quelque apparence d'une affection de cœur.

Les couchers de soleil des carrières amoureuses semblent aujourd'hui exercer plus d'attraction que les tendres aurores ; peut-être parce qu'ils ont un éclat

pyrotechnique infiniment plus à effets polychromes,
peut-être aussi parce que les époques décadentes
s'orientent plus volontiers vers l'occident comme les
êtres se penchent normalement du côté où ils doivent
tomber.

Ce ne sont point seuls nos Lauzun et nos Richelieu
qui ne veulent plus s'arrêter sur la route de Cythère et
qui y marchent gaillardement, à les entendre; ce sont
aussi nos Ninon de Lenclos qui aspirent à refléter
l'éternelle Jouvence. Innombrables sont les vieilles
gardes qui, toujours, jusqu'à la soixantaine, demeurent
prêtes à se rendre et jamais n'abdiquent leurs folles prétentions à l'amour. La comédie humaine avec ces protagonistes de verts Céladons et de Célimènes flapies
mériterait peut-être la satire plutôt que la complaisance de nos auteurs qui nous montrent les triomphes
du « Don Juanisme » au delà des possibilités des forces
humaines, c'est-à-dire au delà de la cinquantaine largement sonnée. Mais peut-on lutter contre un courant
d'idées, contre une mode, contre une tendance littéraire? — Il faut laisser passer les mœurs. On reviendra
à la jeunesse. Elle est si riche qu'elle peut attendre.
Il est humain d'ailleurs de vouloir se survivre, de prétendre prolonger sa séduction, de « perdurer »,
comme auraient dit nos pères. Dans la lutte pour la
vie, on peut admirer ceux qui, sur le mamelon de
leurs illusions, montent encore à l'assaut de la beauté
en songeant que, pour eux, il y a encore la goutte à
boire là-haut. Heureux si nos Céladons n'en sentent
jamais l'amertume ni le ridicule. Les inconscients ont
droit de cité au temple des séniles illusions.

L'ÉVOLUTION SENTIMENTALE

LES MODES D'AIMER

Je me souviens qu'il y a relativement peu de temps, certains journaux parisiens ouvrirent une enquête (sur quoi n'en ouvre-t-on point?) en vue de documenter leurs lecteurs sur *l'Amour moderne*. L'amour traverse-t-il une crise? Existe-t-il en quelque sorte un sabotage sentimental de la part des amants? Les jeunes hommes se soucient-ils, au même degré que leurs aînés, de la nécessité d'aimer et d'être aimés, et les jeunes damoiselles qui rêvent avec extase, à la façon des héroïnes d'Alfred de Musset, estiment-elles encore que l'amour constitue la meilleure part de la vie et que tout le reste ne constitue ici-bas que du remplissage? Difficiles énigmes impossibles à résoudre avec assurance.

Beaucoup de bons esprits, doués d'observation et de prétentions à généraliser, jugent qu'il y a vraiment, à l'heure actuelle, une *crise de l'amour*. Ils ont remarqué que les hommes des nouvelles générations ne naviguent plus vers Cythère à voiles aussi impétueusement gonflées et qu'ils se mobilisent moins spontanément sur cette contrée amoureuse qui excitait si finement la verve stratégique des précieux et précieuses du xviie siècle. Il paraît qu'on ne veut plus aimer, de façon exclusive, que l'amour-passion a fait son temps, que les jouvenceaux des deux sexes s'efforcent de ne plus s'engager en ces nœuds délicieux et durables que chantèrent avec de si doux rythmes les disciples de Ronsard, de du Bellay, de Marot et autres galants rimeurs fidèles à l'usage de leur mie.

J'opinerais volontiers pour la crise signalée. Je la suppose existante. Depuis quinze ans et plus, il me semble apercevoir comme un ralentissement chaque jour plus accentué et plus sensible des ardeurs passionnelles, aussi bien parmi les intellectuels, les mondains, les artistes, les étudiants que parmi les jeunes filles qui se donnent l'aspect d'excellents petits camarades de tout repos. Cela provient-il d'une plus grande facilité de rapports entre les représentants des deux sexes ou bien des conquêtes déjà fort appréciables des idées féministes? Il serait difficile d'affirmer les causes, mais, indéniablement, les effets sont apparents. L'amour est moins romanesque et moins romantique dans la généralité des cas. On le traite avec infiniment plus d'égoïsme, de prévoyance et de sang-froid. La jeunesse entend vouloir jouer avec le feu, mais sans se roussir ou se brûler. Elle consent à s'amuser, mais s'arrange de façon à ce que ses plaisirs demeurent passagers et qu'aucune liaison durable ne puisse irrémédiablement engager le présent ou l'avenir.

Ce sont de sages méthodes, aux yeux des familles toujours craintives vis-à-vis des rejetons naguère si promptement enlisés dans les voies des redoutables « collages ». Les mariages « à la colle », les unions provisoires vite devenues définitives sont, paraît-il, beaucoup moins nombreux dans les jeunes populations des grandes villes. On se prend, on se quitte avec aisance comme aux

temps futiles du Directoire; on ne s'aime que pour le
temps du caprice, sans laisser raciner la petite fleur
bleue du sentiment et sans nourrir l'amour-passion. Le
Murgérisme, le *Mussettisme* qui sévissaient sur nos intelligences, nos sensibilités, il y a encore vingt-cinq ou trente
années, et qui faisaient de nous des amants rédempteurs,
enthousiastes et enflammés pour la psychologie des
Dames aux Camélias, des don Quichotte de grisettes, des
petits héros d'aventures parisiennes à l'imitation du
Prince Rodolphe des *Mystères de Paris*, ces états d'âme
d'une école profondément sentimentale se sont éva-
nouis pour faire place à plus de positivisme et à une
vision plus nette et plus pratique de la vie.

Les femmes, qui ne sont plus chauffées au degré voulu
par ce « rouge soleil que l'on nomme l'amour », regrettent,
à n'en point douter, les heures où elles étaient encore
les dangereuses Circés dont les ensorcellements poussaient
les jouvenceaux éperdus de passion à se vautrer à leurs
pieds. Mais tout se transforme, même les façons d'aimer. L'école de la maîtresse omnipotente régnant sur
les cœurs par sa puissance maléficieuse ou sa faiblesse
non moins tyrannique, cette école, à la fois véhémente et
élégiaque, généreuse et pitoyable, exaspérée de lyrisme
et d'alcoolisme destructeur, toute dévouée aux supplices
de la jalousie et parfois de la criminalité passionnelle,
cette école de lâchage tragique, de fidélité exclusive, de
mysticité érotique s'en est allée à peu près comme s'en
furent tant d'autres modes amoureuses, depuis le xve siècle
jusqu'à nos jours. L'histoire des « modes d'aimer »
n'est plus à écrire, car elle est absolument parallèle à
celle de la littérature de fiction.

De *l'Astrée* à *Manon Lescaut* et de la *Marianne*, de
Marivaux, à *Madame Bovary*, de Flaubert, quelles dis-
tances parcourues! Quelles compréhensions diverses de

l'amour! De combien de manières les femmes n'ont-elles pas été aimées et chantées depuis les temps héroïques des Croisades jusqu'aux minutes trop vite mesurées de la Terreur! Songeons à celles de Rabelais, de Racine, de Balzac, de Lamartine, de George Sand, de Dickens, de Daudet ou de Pierre Loti.

Si la jeunesse se repose et se reprend quelque peu aujourd'hui, c'est très normal. Elle se dépense ailleurs que sur les champs de bataille des alcôves; elle se plaît à la vie en plein air, aux autos et vélodromes, aux stands de football, aux courses, aux compétitions sportives, aux recherches scientifiques. Qui donc sérieusement oserait la blâmer? Est-ce nous, les quinquagénaires qui furent, il y a vingt ans, des hommes à femmes vraiment trop exclusifs, ne vivant, ou plutôt ne semblant vivre que pour la bagatelle, ne rêvant que cotillons et apportant dans nos discours, entre garçons, la préoccupation constante de *l'éternel féminin*, comme si en dehors de cela rien de valable ne pût exister. Était-ce déjà si reluisant?

A regarder les choses de sang-froid ou plutôt de sens très rassis, notre état de coureurs d'aventures ou de cultivateurs de passionnettes tenaces ou renouvelées, était bien un peu *maladif* entre 1875 et 1895. Nous entonnions avec une complaisance trop ardemment étourdie le refrain d'Offenbach :

Les femmes (*bis*) il n'y a que ça !

Et ce qui était pire, c'est que nous nous étions vraiment convaincus qu'*il n'y avait que ça*. C'était notre éternelle marotte, notre joyeux dada, notre crânerie, notre ambition, notre but. A chaque camarade rencontré, à tous les *Labadens* croisés sur notre route, nous demandions, aussitôt les politesses nécessaires échangées :

— Eh bien! Voyons... mon vieux... *et les femmes?*

Nous rentrions ainsi dans notre atmosphère habituelle, favorite, de causerie, celle qui, seule, excitait notre verve et nous permettait de juger de l'esprit gaulois du copain et de la façon dont il savait user de la vie.

J'ai pu m'apercevoir, depuis plusieurs lustres, que les générations montantes sont plus réservées sur le propos et que la hantise du discours féministe et galant n'est plus absolument la leur. Indéniablement, il existe une autre tendance. Il faut peut-être s'en féliciter. De là à affirmer que l'amour subit une crise affligeante, il y aurait exagération sans doute; toutefois, il y a plus et mieux que des nuances à observer.

Nos jeunes gens inclinent à une existence dont les horizons ne se bornent pas à Paphos. Ils se livrent de moins en moins aux tonsures des Dalila. Ils redoutent les femmes collantes, les neurasthéniques, les affolées qui ont si vite fait de tordre une colonne vertébrale en cor de chasse et qui sont, comme le disait Musset, « les meules à pressoir de l'abrutissement ». Ils se rapprochent chaque jour davantage, nos chers juniors, de l'idéal de force, de sérénité, de salubrité des éphèbes d'outre-Manche, qui, eux, ne donnent à la femme que l'excédent de leur virilité, sans jamais laisser attaquer leur capital de muscles, d'énergie, de cellules sanguines et de volonté morale.

Cette conception nouvelle de l'amour, qui semble aujourd'hui prédominer, peut être blaguée par les vieux galantins qui mirent toujours Cupidon au premier plan de la vie. Mais tous les vrais Français peuvent en tirer bon espoir d'avenir. Nous en étions arrivés, avec notre galanterie excessive d'il y a trente années environ, à cette décadence inquiétante qui faisait écrire

justement au puissant et véhément J. Barbey d'Aure-
villy cette verte observation :

« Il y a, dans l'histoire de l'humanité, des époques
de véritable hermaphrodisme social où la femelle
absorbe le mâle jusqu'à ce qu'il n'y ait plus là ni
mâle ni femelle, mais on ne sait plus quelle substance
neutre, pâtée à vainqueur pour le premier peuple qui
voudra se l'assimiler. »

La crise de l'amour, si tant est qu'il y en ait une,
serait une crise salutaire. L'homme et la femme y
reprennent conscience de leurs missions et de leurs
génies respectifs. Il faut regarder tout cela d'un bon
œil satisfait. L'amour reste encore, selon le mot
d'Hésiode, *l'architecte de l'univers;* nos petits-fils verront
ce qu'actuellement en France il aura su bâtir. Peut-
être sera-ce supérieur à ce qui est et à ce qui fut...
Peut-être... Que savons-nous?

L'histoire de nos mœurs ne saurait se définir et
analyser au cours de son action. Nous devons donc
nous dispenser de juger des mouvements d'évolution
dont nous ne pouvons connaître ni même deviner les
résultats. D'ailleurs, il y aura toujours de grandes et
nobles ou aveugles passions du cœur, de ce fait qui
faisait dire à Byron : « L'amour ne saurait être un
fruit de la volonté humaine ! »

Les tribunaux qui ont à juger les nombreux crimes
passionnels et les causes de divorces sont là pour en
témoigner.

LE FARDEAU DES RICHES

Chaque année, de septembre à novembre, la vie de château bat son plein dans toutes les contrées d'Occident. Les prolétaires de la fortune payent leurs dettes à la société en tenant l'hôtellerie ouverte durant deux mois de l'année. Ce sont là des charges souvent onéreuses que la vanité, plus que la philosophie, aide à supporter. On ouvre table d'hôte chez soi aux chasseurs, bridgeurs, sportsmen, hommes et femmes de flirt, gens d'esprit notoire ou de réputation assise, et l'on s'efforce de tenir tout ce monde-là en haleine de gaieté, de plaisance et de confort. Ce n'est pas une petite affaire et les amphitryons et châtelaines qui réussissent dans cette profession masquée de mondanité ne sont point sans mérite.

En France, la vie de château ne s'est jamais écartée d'une relative intimité, et le luxe qui s'y déploie est encore modeste. Les mœurs de large hospitalité n'ont guère pénétré chez nous et, même chez les plus fortunés des propriétaires de domaines seigneuriaux, on sent comme une sourdine dans le faste des réceptions et l'ampleur de la porte ouverte. C'est le régime des privilégiés appliqué avec une prudente mesure. — *Pauci sed electi*, disent finement les maîtres de céans qui ont fait leurs humanités. Tout est correct, convenable, rien de plus. On n'oserait dire que c'est la grande vie large et indépendante, car chacun est tenu de représenter ce pour quoi il est invité, qui le chic et l'élégance continue, qui la drôlerie et la verve boute-en-train, qui la beauté bien nippée ou l'allumage pervers du mâle, qui la suprématie dans la conduite du cotillon, dans l'art de la danse ou dans tel ou tel sport. Combien d'autres menus talents entrent en compétition en dehors des invités qui se blasonnent de leurs titres, de leurs prérogatives sociales ou des honneurs qui les ont consacrés!

En Angleterre, il n'en va point de même. La vie de château confine à l'*open air life* ou *country life*. On y reçoit moins par genre, par vanité, par désir d'illustrer la compagnie que par pure et sincère cordialité et altruisme convaincu. On ne saurait dire en quelques mots ce que fut jusqu'à cette heure l'hospitalité seigneuriale outre-Manche et combien elle se rapproche de ce qu'elle pouvait être naguère aux temps héroïques des Tudor et à l'époque des Georges. Elle ne règne pas seulement deux mois, ainsi qu'en France, mais, pour ainsi dire, toute l'année. Aussi est-elle prodigieusement coûteuse, car il est impossible d'en atténuer les charges. La tradition exige que, d'un bout à l'autre de l'année, un château anglais demeure ouvert et en fonction domestique. Tout y reste installé à train complet, personnel de serviteurs, de jardiniers, de piqueurs, de cochers et de wattmen. Le cuisinier est tenu de n'être jamais pris à l'improviste et de pouvoir, à l'arrivée subite des hôtes de passage, servir des repas supérieurement ordonnés. Les écuries contiennent les chevaux de selle et d'équipages, les autos prêtes à l'allumage et en état d'être actionnées à toute heure de printemps, d'hiver ou d'automne. La livrée en grande tenue est constamment sur le pied de service, si bien que les frais d'une telle existence représentative exigent aujourd'hui une fortune comparable à celle des grands milliardaires américains. Il n'y a qu'un moyen de s'en tirer, c'est de considérer son château comme en faillite ou de mettre, comme nous disons, la clef sous la porte.

C'est précisément ce que fit tout dernièrement l'un des premiers grands propriétaires du Royaume-Uni, le duc de R..., qui, malgré ses immenses revenus, trouvant l'entretien de son domaine trop onéreux à son gré, prit la résolution radicale de fermer son château de Belvoir, dans le Leicestershire, et de n'y plus désormais convier ses amis.

Ce fut la grande surprise de la saison à Londres. On ne parla longtemps que de cette détermination dans le West-End et dans tout le royaume britannique. Les uns approuvèrent le noble duc, d'autres, les traditionnaires, les gentlemen *old style*, estimèrent que le devoir du duc était de demeurer fidèle à ses obligations de châtelain et de se ruiner sur place plutôt que de faillir à sa mission, de manquer aux droits d'hospitalité légués par ses ancêtres.

Toutefois, l'exemple sera suivi, car le duc eut déjà de nombreux prédécesseurs de moindre marque et notoriété. Chaque année, nombre de châteaux des comtés les plus pittoresques de l'Angleterre se trouvent abandonnés, mis en vente ou en location, *à la semaine*. C'est ainsi que chez nous la majorité des propriétés seigneuriales se trouvent proposées à l'amiable dans toutes les études de notaires. Les occasions sont offertes en tous lieux, innombrables, de devenir possesseurs de superbes castels tout meublés avec jardins et parcs d'agrément de large étendue, chasse, pêche et terrains de rapport. Les amateurs et curieux se trouvent souvent amorcés par des affiches et des réclames qui mettent en goût et appétit d'acquérir un domaine durant quelques heures, mais l'examen pratique des charges fait vite repousser l'exécution de tout projet d'achat. La place est difficilement tenable pour un rentier moyen et aucun philosophe indépendant ne saurait envisager l'acquisition de ces sortes de guets-apens que sont devenues les propriétés de plaisance.

Selon un mot de Bossuet, je crois, *nous ne possédons pas les biens, ils nous possèdent*. Aussitôt qu'ils deviennent nôtres, ils nous tiennent et nous attachent à eux, nous solidarisent avec leurs défaillances, nous enracinent à leur tréfonds et ils constituent un mariage féroce, tenace, nous enlevant toute liberté d'action voyageuse, toute possibilité de fantaisie, à moins qu'un bon divorce raisonnable nous en puisse délivrer. Le propriétaire, à de rares exceptions près, ne peut plus quitter pour un long temps ses terres. Tout est prétexte à le retenir, ou à le rappeler, semailles ou moissons, coupes de bois ou réparations, intérêts multiples. Il ne peut à loisir reposer au loin, franchir les mers, voir des pays neufs, satisfaire ses curiosités géographiques ou ses besoins d'errance. *Qui terre a, guerre a.* Ce sont les procès avec voisins, les mitoyennetés, les lapins aux incursions dévastatrices, les accidents imprévus. Tout est prétexte à querelles avec les petits cultivateurs qui veulent tirer quelque dîme du gros seigneur. La vie paisible s'achève; le financier regrette l'état d'âme chantante de l'heureux savetier.

Aujourd'hui où l'on acquiert plus vivement que naguère la sensation très nette de la rapidité et de la brièveté de la vie, où l'on découvre quels petits locataires à brefs termes nous sommes de l'existence militante, on convient plus nettement de la sottise qu'il y a à se créer des charges inutiles et nuisibles.

La locomotion mondiale, terrestre et maritime est là qui nous offre les merveilleuses facilités du globe à parcourir, des visions toujours renouvelables et des hôtelleries très confortables où l'on a si peu le temps de s'acagnarder jusqu'à sentir le poids de l'ennui. Comme on le remarque outre-Manche, le voyage, au demeurant, est *plus économique que la propriété* et combien plus agréable ! On conçoit que les Américains et nombre de cosmopolites, par goût, en soient arrivés à élire domicile à l'hôtel. Ils savent ce qu'ils y dépensent et se sentent une prodigieuse liberté de nomades. Ces mœurs, de plus en plus, se feront jour à l'étranger et pénétreront même en France peu à peu par infiltration et surtout par logique. Les hommes sages regarderont avec plus de lucidité le peu de nécessité qu'il y a à laisser de grandes propriétés à leurs héritiers, sauf à leur conseiller de les réaliser avant que le temps ne les déprécie davantage. Les châteaux, les gentilhommières même sont aujourd'hui un fort lourd fardeau pour les riches. Le poids en devient chaque jour plus pesant, car les charges diverses augmentent et augmenteront toujours, le socialisme et les lois menaçantes aidant. Nous voyons, cela s'explique, davantage de grandes propriétés closes, des demeures rustiques abandonnées. Les économistes s'inquiètent de cet état de choses. Il n'y a rien cependant qui nous puisse surprendre. L'être humain ne vit qu'une fois, en somme, et il cherche avec plus de clairvoyance à vivre agréablement. Or, les châteaux ne sont, en définitive, que les bagnes des riches où les prisons déguisées des moyennement fortunés. Les hommes de ce temps commencent à s'en évader. Ah ! comme je les comprends !

LA VIE ÉPISTOLAIRE

OU LE PLAISIR D'ÉCRIRE

Les habitudes sont des nids à souffrance. On s'y acagnarde, on s'y berce, on s'y mignote à la façon des Sybarites, mais la moindre défaillance de continuité nous y blesse. Voyez les correspondances ! A peine cessons-nous de recevoir ces autographes d'amis, de parents, d'inconnus qui, souvent, causaient notre apparent supplice, à l'heure des courriers, que nous gémissons sincèrement et que notre existence nous semble incomplète, vide, désemparée. Ce sont comme des repas offerts à notre appétit moral qui nous font défaut et nous crions cérébralement la faim, car notre curiosité ne se peut plus repaître à ses heures coutumières de ses aliments préférés nécessaires à la pensée, à l'individuel intérêt, au cœur, à la vanité, à toute notre essence psychique.

La grève postale nous fut très sensible. Je sais des hommes et des femmes qui, dès le début de la crise, vécurent dans un noir profond et intense, inquiets, angoissés, vacillants, en raison de la disette épistolaire. Ils ne se sentaient plus reliés à tous leurs chers élus, et de ce fait, il y avait en eux comme un arrêt de circulation normale, un détraquement véritable par suite d'une perte de contact, de polarisation électrographique, avec tant d'absents chéris à divers titres.

Nos plus urgents besoins dérivent évidemment moins de la nature même que de nos habitudes individuelles et sociales. L'attente de l'inconnu, de l'imprévu, de l'inespéré fait partie du bagage de nos menues joies; et ce sont précisément les lettres qui nous apportent de l'inédit, du mystère, de la surprise, des espérances ou des mécomptes. Nous aimons, quoi que nous en puissions dire, dépouiller cette correspondance qui nous parvient à notre réveil, à midi ou le soir. Il y a quelque fébrilité dans la façon hâtive dont nous brisons les enveloppes, dont nous recherchons les origines, dont nous reconnaissons les écritures familières.

Nous croyons toujours, dans ces plis divers, à l'aspect de calligraphies inconnues, qu'il va nous arriver quelque bonheur, et la moisson de sensations est le plus souvent agréable et douce, il faut en convenir. Les convenances, les témoignages de respect, de politesses, les compliments affectueux, les tendresses qui se donnent carrière avec d'innombrables formules de supérieure hypocrisie ou de loyalisme cordial nous sont généralement favorables et nous en buvons volontiers le lait tiède et sucré.

L'heure du courrier n'est pas une heure banale; elle ne nous blase point, car elle est peuplée de *Que sais-je?* ou de *Peut-être!* aussi bien pour le négociant, l'industriel, le financier ou l'homme d'affaires, que pour l'intellectuel, le besogneux, l'amoureux, l'idéaliste, le voyageur, l'ambitieux ou même le paisible rentier que rien désormais ne semble plus parvenir à émouvoir.

Quand la correspondance cesse, il se fait un trou dans la vie morale des citoyens. On se sent à la diète de quelque chose d'important, on en bâille et on est mal à l'aise. C'est un indéniable cataclysme à Paris et dans les villes importantes, mais, à la campagne, l'arrivée du piéton avec les mains vides et la musette flasque, c'est un événement funèbre, effroyable, une consternation profonde, un témoignage de vivres coupés et de famine assurée, pis encore, un décret de réclusion, un arrêt d'*in pace* dont il est difficile de supporter la rigueur barbare.

Ni lettres, ni journaux, durant de longs jours, lorsqu'on est éloigné, isolé, dans la plaine, la montagne ou la forêt, quelle sombre aventure pour les plus déterminés solitaires, même pour les plus misanthropes d'entre nous !

On ne saurait demander au civilisé supérieur de vivre absolument dans l'unité de temps et de lieu et de borner ses aspirations à son entourage direct, aux occupations et intérêts du centre où il s'agite.

L'homme moderne aime à se dépenser à tous les temps du verbe et à s'extérioriser par la pensée sur tous les points du globe où ses affections, ses sympathies, ses souvenirs persistent. C'est ce qui constitue *La Vie épistolaire*, cette existence télépathique qui nous permet de nous retrouver par la pensée avec les êtres que nous avons laissés au passage de voyages entrepris, dans des décors que notre mémoire conserve avec fidélité, et de maintenir par une correspondance suivie les affinités électives, les ponts d'âme à âme qui nous rattachent à eux. Avoir des correspondants partout, c'est vivre intensivement avec ubiquité.

Le Français est relativement peu épistolier; il n'y a chez nous que les entraînés de la plume, les professionnels de l'intellectualité, toujours sous pression et prête à démarrer, qui écrivent souvent et beaucoup. Les passifs qui aiment à recevoir des lettres et à n'en point répondre, par défaut d'habitude, par paresse ou indécision, sont en majorité. J'estime qu'ils sont à plaindre.

Ils se privent, en ne sachant point vaincre leur apathie, d'une des joies les plus subtiles et les plus irradiantes d'ici-bas, celle de donner et de recevoir la vie à distance, de nourrir des affections et des rêves, d'exalter des intérêts, de réconforter des tendresses, d'apaiser des alarmes et de rayonner, pour ainsi dire, par des projections qui atteignent le destinataire et le baignent un instant d'une lumière qui nous est propre.

Écrire, c'est en effet échanger comme une trans-substantiation de son esprit, de ses pensées, de ses sensations intimes, c'est faire commerce d'impressions, c'est se dévoiler, se révéler mutuellement par goût sympathique vis-à-vis de ceux ou de celles que nous jugeons dignes de nous sentir et comprendre. Ce trafic moral, ce troc de mentalités, ce dialogisme épistolier, ces causeries, bec à bec de plume, dégagent dans l'âme de ceux qui s'y livrent, avec une ardente habitude, une ivresse particulière qui n'est point sans analogie avec celle que nous procure l'abandon des confidences ou le charme des flirts sincèrement conduits au-dessus des galanteries vulgaires.

La vie épistolaire nous crée des relations, des amitiés, des affections, des tendresses, des dévouements souvent plus sincères que la vie réelle mondaine tissée en communauté par la navette des fréquentations suivies. Cette vie tout idéale des esprits qui osent de valables échanges est exempte de certaines mesquineries des habituelles contingences sociales. Il n'y a ni heurts, ni vulgarités matérielles, ni fausses interprétations de frais ; ce sont les *corps astrals*, comme dirait un occultiste théophilanthrope qui se rencontrent, se pénètrent et font échange de leur chemise de lumière.

Ceux ou celles qui sont atteints de scriptomanie et qui peuvent dire, à l'exemple d'Eugénie de Guérin :

Il est en moi d'écrire comme à la fontaine de couler, laissent avec un plaisir véritable trotter leur style, dans toutes les directions, la bride sur le col, à la Sévigné. Il s'ensuit qu'à leur existence propre se surajoute bientôt une vie intellectuelle faite chaque jour d'apports nouveaux, de curiosités renouvelées et dont l'art des savants échanges de lettres est le prodigieux magicien.

Recevoir beaucoup de missives, y répondre allégrement et sans fatigue, est un sport qui donne à ceux qui le cultivent des sensations enviables, surtout lorsque ces épîtres et billets sont échangés par des lettrés, des sensitifs, des intelligences curieuses, éveillées, avides d'ouvrir des débouchés sur toutes les originalités individuelles rencontrées sur la route.

Nombre de nos contemporains et contemporaines trouvent un refuge contre la banalité des relations courantes dans cette supérieure vie épistolaire qui donne tant d'éclat et d'intensité aux éclairages intellectuels indispensables aux profondeurs de nos intimités. La rupture imprévue bien qu'éphémère des communications des P. T. T. fut donc, aux heures où elle sévit, pour quelques-uns d'entre nous, comparable à un arrêt de force et de lumière dans un centre industriel. On ne saurait dire les obscurités, les dépressions morales, les phobies des ténèbres qui en résultèrent.

Demandez aux mères, demandez aux amantes quelles angoisses sont les leurs, lorsque tout chôme dans les administrations d'État chargées de transmettre paroles et écrits aux êtres chers, désormais muets et impuissants à faire aboutir le moindre témoignage d'existence ! Mieux vaudrait être partiellement sevré d'eau, de chaleur, de provisions alimentaires que de lettres qui sont la manne nécessaire des affections attentives et soucieuses. Les menues conséquences d'une grève de ce genre sont incalculables dans l'ordre moral aussi bien que dans l'ordre économique et matériel. On dira, certes, quels furent les dommages causés par le déplorable geste des postiers au commerce, aux gens de bourse, aux intérêts collectifs et privés; mais qui saura jamais les catastrophes intimes qui seront l'inévitable conclusion de l'impossibilité de poursuivre des romans vécus, des tragédies en cours, des drames ébauchés, dont les dénouements sombres seront inconnus des principaux intéressés !

Ah ! comme nous apprécions plus et mieux que jamais ces lettres messagères de toutes les images de l'existence humaine, ces chères lettres qui sont le meilleur de notre vie sentimentale et sans lesquelles nous demeurons un peu stupides, semblables à des paralysés, dont l'organisme essentiel fonctionne encore, mais qui ne peuvent rien exprimer ni rien percevoir à distance !

L'ARRIVISME A L'ANCIENNETÉ

PLACE AUX VIEUX !

Entre disciples de saint Hubert, la conversation s'attardait, après dîner, dans la gentilhommière normande qui servait de rendez-vous de chasse. Le hasard avait rallié l'intérêt commun des discours sur les avantages de la jeunesse et, parmi tous les quadragénaires et quinquagénaires qui se trouvaient là réunis, c'était à qui vanterait avec le plus de mélancolique ardeur les joies de l'âge des illusions, de l'insouciance et de la Vache Enragée.

— Et vous, Lésigny, cria-t-on à un fumeur obstiné, silencieux et grisonnant; ça ne vous embêterait pas de revenir à la vingt-cinquième année, solide, râblé, brillant et apte à tout?

— Ma foi si, ça m'embêterait... et ferme par-dessus le marché! Éloignez de moi cette vision morose.

Les convives se regardèrent ébahis.

— Ah çà! Lésigny, tu blagues, dit l'un d'eux. Comment, observateur, curieux de tout, amoureux de la vie, artiste, globe-trotter et, qui mieux est, célibataire, comme tu l'es, tu ne voudrais point rajeunir d'une pièce de vingt ans? Allons donc! Tu nous montes un bateau ! Avoue-le vite, ça vaut mieux... nous n'embarquons pas.

— Croyez-moi si ça vous chante, reprit Max Lésigny, avocat, poète, sociologue et voyageur, mais je n'agiterais assurément pas la cendre de ma vieille pipe pour obtenir la miraculeuse jouvence du docteur Faust. S'il faut vous l'avouer, j'estime qu'en France ça ne sert à rien ni à personne, la jeunesse. Ça grise un instant, c'est illusoire, c'est joli quand ça a disparu ; comme une vision excessive de vigueur et d'éclat dont on n'a presque jamais su tirer parti. En réalité, avec les mœurs de notre doux pays, la jeunesse est bien le temps le plus stérile, le plus ironique, le plus vainement tantalesque qui soit. On semble fait alors pour tout posséder et l'on n'obtient trop fréquemment que des plaisirs à la manque. Ah ! non, je ne réengagerais pas au vieux Quartier latin. Sacrebleu, non !

— Est-il drôle, l'animal ! Voyons, Lésigny, ça ne biche pas, ton paradoxe.

— Il n'y a aucunement paradoxe ni essai d'originalité dans mon dire, reprit celui-ci ; si vous voulez m'accorder quelques minutes d'attention, j'essayerai de vous convaincre que vous êtes tous le jouet d'un mirage et qu'au demeurant, sous les institutions qui nous régissent, il n'y a de bon, de vrai, d'exquis que l'âge mûr. Seule l'excellente cinquantaine, qui est de tout repos, nous apporte d'elle-même la majeure partie de nos satisfactions d'ambitions, de vanités, de puissances, d'amour même dont la jeunesse est toujours plutôt avare pour la plupart d'entre nous.

— Vas-y de ton plaidoyer en faveur de la maturité. Il faut bien rire. Nous aimons les conteurs gais.

— Mes enfants, puisque vous le voulez, écoutez-moi, je vous prie : Si, par atavisme, j'avais pu posséder certaines facultés tout instinctives d'ailleurs, certains privilèges du bel animal primitif non encore intoxiqué par les infiltrations de nos décadences, certes il me plairait d'avoir vingt ans sous un ciel d'Orient, en pays musulman et même dans certaines contrées du Nouveau-Monde, là où l'existence est saine, normale et où les jeunes hommes, développés par les sports, sont semblables à de beaux fruits que convoitent de jolies filles encore sensibles à la fraîcheur et à l'éclat du sang palpitant sous la peau. Mais, fils de notre démocratie étrange, condamné par mes origines à vivre dans le seul pays où je puisse développer avec plaisance un tempérament spécialement constitué par nos mœurs tempérées, je ne saurais raisonner qu'à un point de vue exclusivement français.

« Or, vous en conviendrez tous aisément, en France et surtout à Paris, on n'arrive qu'à *l'ancienneté.* Toutes les jouissances petites et grandes, toutes les faveurs, honneurs, fortune, vanités satisfaites, ne s'acquièrent qu'avec l'autorité que donne l'âge. Avant les septième ou huitième lustre, on ne sait où ni comment placer avantageusement les ressources généreuses, les fougues physiques et morales, les exceptionnelles aptitudes de travail que l'on sent en soi. C'est précisément à ces heures où l'on aimerait à se prodiguer éperdument, à marcher de l'avant que les issues qui seraient nécessaires à nos besoins d'action, à notre esprit d'entreprise ne s'ouvrent point au gré de nos désirs. La jeunesse, jusqu'au delà de la trentaine, est mise pour ainsi dire en suspicion; elle reste en tutelle; on brise ses forces dans l'énervement de l'attente. C'est bien l'âge ingrat, celui qui nous apporte, alors que nous piaffons comme des pur-sang, le plus de désillusions; de rancœurs, de couleuvres avalées. En effet, depuis les intimes tristesses qui nous viennent d'une famille généralement tracassière, hostile à notre valeur, jusqu'aux autres soucis qui se rencontrent à l'orée de toutes les carrières que nous voudrions embrasser avec ardeur, nous subissons toutes les caresses à rebrousse-poil, tous les pieds-de-nez du destin. »

— Mais les femmes, les femmes; vous oubliez les femmes, Lésigny, interrompit un petit vieux nasillard au visage congestionné.

— Les femmes!... Ah! mon Dieu! En voilà encore un préjugé, une légende, une blague remplie de vent! Les femmes, les vraies, les coquettes, les coquines, les adorables, les intellectuelles, les raffinées, mais elles ne peuvent sentir le *petit jeune homme;* elles le trouvent bébête, sentimental, inexpérimenté, raseur, insignifiant. Elles vont d'instinct, jeunes, belles, assoiffées de vie, à la maturité triomphante, souvent même aux premières sénescences de la virilité. Consultez les « professional Lovers », les Don Juan reconnus, précisez même vos souvenirs à ce point de vue et concluez. Voyons, en vérité, est-il un âge où il soit plus malaisé de placer son cœur en galant viager qu'entre vingt et trente? Se trouvera-t-il quelqu'un parmi nous pour accepter encore aujourd'hui la veule affection des Gothons que nous dûmes subir aux heures fameuses où nous appartenions à *l'active?* Non, mes amis, avouons crânement et sans amour-propre que nous avons fait, tous plus ou moins, notre apprentissage sur de lamentables frégates-écoles qui étaient, elles aussi, arrivées « à l'ancienneté », car les vieilles gardes qui sont nos professeuses d'amour sont, hélas! infiniment plus recherchées que les tendrons. En France, je vous le dis, mes frères, il faut les chevrons des vieilles brisques pour inspirer un culot de confiance à l'individu, à la collectivité et à cette vague entité fluctuante que l'on nomme l'opinion.

Des murmures, des rires francs, des mots drôles, des « *Hé ! hé ! il a raison !* » saluaient les paroles de Lésigny. Imperturbable, lentement, la pipe en main, scandant ses phrases, il continua :

— Remarquez que les Français sont effroyablement conservateurs en toute chose. Ils apportent un temps considérable à adopter ce qu'ils n'ont point acclamé d'emblée, spontanément, par un emballement irréfléchi. Ils aiment les réputations lentement et progressivement établies, les notoriétés avec lesquelles ils se sont familiarisés peu à peu, mais qui sont entrées dans leurs habitudes. Nos chers compatriotes s'effarouchent de tout ce qui est nouveau et doit nécessiter de leur part le travail d'une accoutumance. C'est pourquoi ils admettent si difficilement qu'on puisse toucher à leurs ruines monumentales, à leurs sexagénaires jeunes premières, à leurs vénérables auteurs, à toutes les célébrités consacrées dans la politique, le théâtre, les sciences, les arts. Dans le monde où l'on s'amuse, par exemple, le succès n'atteint, avec toute son amplitude, que les ancestrales courtisanes décrépites, envahies par l'embonpoint ou desséchées sous l'émail du visage. Il n'est pas rare de voir nombre de nos belles Impéria, — qui pourraient se dire élèves de l'*atelier Cora Pearl*, — largement entretenues par quelques-uns de nos plus jeunes milliardaires. Ainsi va le monde. On aime à rendre hommage aux vieilles peaux qui ont flotté comme des drapeaux dans toutes les batailles du travail, du négoce ou du plaisir. J'admets que les ruines soient respectables, mais cependant il arrive un moment où il convient quand même de les faire disparaître et de se méfier de la mélancolie de leur décrépitude. On parle toujours chez nous de rajeunir les cadres, mais ne faudrait-il point commencer par rafraîchir énergiquement les tableaux?

« Tenez, naguère, un écrivain, farouche polémiste, fit paraître une amusante série de portraits d'hommes et de femmes réunis sous ce titre : *le Musée des Antiques*. On y voyait défiler tour à tour les vieilles cocottes, les sénateurs aux prétentions junéviles, les *m'as-tu vu?* attardés sur nos théâtres en des rôles de jeunes premiers et nombre d'autres types curieux de notre temps. Eh bien! nous avons renouvelé sans cesse notre musée des antiques, nous le soignons avec de touchantes précautions et le public français tout entier en est le conservateur. Ah! ce « Musée des Antiques », on y voit exposée toute la France contemporaine; le « Crépuscule des Vieux » y triomphe avec l'inconscience de l'âge. Les grands chefs d'emploi de notre magistrature, de notre armée, de notre marine, de nos beaux-arts, de nos universités, de nos scènes dramatiques, se rencontrent là soutenus, appuyés, préservés, confits, embaumés par la vénération nationale... »

On riait, on hoquetait de gaieté autour de la table, tandis qu'un grand feu de brindilles allumé dans l'âtre de la pièce engourdissait de bien-être les hôtes. Personne n'interrompait plus Lésigny qui poursuivit avec quelque nervosité :

— Et vous trouvez ça drôle, vous autres? Et vous croyez qu'il fait encore bon avoir vingt ans dans un pays où le cri : *Place aux vieux!* est devenu l'unique mot de passe de la Renommée?

« Ah! la Jeunesse couronnée de roses des anciens, la jeunesse véhémente, combative, généreuse, fière d'elle-même et en perpétuelle ivresse, à quoi vraiment se dépense-t-elle autour de nous? Elle s'agite sans but, elle piaffe avec incertitude, elle file éperdue en automobile ou à bicyclette, elle s'étourdit de son mieux, car elle n'arrive à rien. Les vétérans demeurent impassibles sur la brèche, ainsi que les séniles sénateurs romains de la légende. Tous semblent momifiés dans les honneurs et prolongent au delà de tous les termes connus naguère *l'heure fatale du renoncement... de tous les renoncements.* Il devrait vraiment y avoir des officiels avertisseurs de la retraite; c'est encore une fonction à créer. Elle offrirait carrière à bien des activités, mais il faudrait, hélas! trop souvent, vis-à-vis des récalcitrants, procéder *manu militari.* Et puis, — conclut tristement Lésigny, — cela servirait-il réellement aux jeunes gens? Ah! que non point. Ce seront toujours les fruits mûrs qui remplaceront les fruits blets. Quant aux fleurs follement épanouies de nos ambitieuses jeunesses, elles continueront à être enfermées, effeuillées, et comme étouffées dans d'étranges pépinières où elles se flétrissent sans gloire dans une atmosphère de délétère ennui. C'est dans ces pépinières que l'on apprend à connaître les interminables « poireautages » de l'arrivisme qui nous sont imposés de vingt-cinq à trente, et même bien au delà... Nous y avons tous passé. Pitoyables souvenirs non accompagnés de regrets... Voyons, qui de vous voudrait recommencer?

— Ce n'est certes point moi, fichtre non ! Et j'estime que Lésigny parle d'or, clama le chef du contentieux d'une grande administration. Il y a un bluff énorme, un traditionnel battage, un illusionnisme niais dans l'évocation des joies prodigieuses que nous confère la jeunesse. Ce n'est en réalité que l'antichambre de la vie, la préface de l'existence qui ne commence à être pleinement savoureuse que bien après la trentaine.

Tant que nous semons avec un geste large et énergique à travers la plaine, le regard fixé sur les horizons lointains et prometteurs, nous ne nous nourrissons que d'espérances. C'est plutôt vague. Il n'y a de vraiment bon ici-bas que l'heure de la récolte : ce n'est pas au semeur, mais au moissonneur qu'appartiennent les fleurs et les fruits de la terre; le seul âge agréable à vivre est celui des certitudes.

— Qui peut se vanter de les posséder! soupira Lésigny dans l'assoupissante mélancolie qui gagnait tous ses compagnons maintenant méditatifs ou rêveurs.

CHAPITRE V

LA VIE DOMESTIQUE
LE HOME. — LES SERVITEURS

MAITRES ET DOMESTIQUES

NOS OFFICIEUX

Lorsque la Convention voulut effacer tout ce qui,
dans les termes usités jusqu'alors, pouvait porter
atteinte à la dignité humaine, elle remplaça le mot de
« domestique », estimé en quelque sorte comme offen-
sant pour un libre citoyen, par celui plus relevé d'*officieux*. Les valets et les servantes furent donc des officieux ; cela sentait bien quelque peu son hôtel de Ram-
bouillet, mais ce qualificatif, qui ménageait si bien la
respectabilité individuelle de ceux qu'on nomma si
longtemps nos « gens », ce mot distingué « d'officieux »
ne parvint pas à faire fortune et ne tarda pas à disparaître de notre langage courant. Les serviteurs rede-
vinrent bien vite des domestiques, et la démocratie, qui
aggrave bien des choses en vue de les améliorer, les
désigna bientôt par l'expression d'argot : « les larbins »,
ce qui affectait un mépris encore plus hautain de la part
de la petite bourgeoisie parvenue et assise.

A l'heure présente, en l'absence d'événements d'une
actualité vraiment primordiale et passionnante, ce qui
alimente surtout les conversations des maîtresses de
maison en visite les unes chez les autres, c'est, on le

peut affirmer, la question des domestiques qui demeure
généralement toujours plus ou moins sur le tapis. Quelques semaines après la période d'accalmie des étrennes,
cette question apparaît même à l'état aigu. Il y a comme
une reprise d'hostilité entre les maîtres et les serviteurs
à gages. Les mésintelligences s'exaspèrent; le torchon
brûle dans la grande majorité des cuisines et, dans la
société, c'est presque partout un même concert de
récriminations contre la gent ancillaire : « Quelle plaie,
chère Madame ! » s'écrie-t-on dans les petites parlotes
familières, et le plus souvent on se prend à ajouter :
« Dire que c'est un mal nécessaire et qu'on ne peut se
passer de ce monde-là ! »

Un mal nécessaire, on le suppose, en effet. Nous ne
nous arrêterons pas à ce qu'en pensent l'admirable
maître Tolstoï et le vigoureux auteur de la *Conquête
du Pain*, Kropotkine. Quoi qu'il en soit, il convient
de ne pas exagérer les conséquences de cet état de civilisation qui nous fait admettre au logis quelquefois des
espions et des ennemis, mais assez souvent également
des êtres soumis, travailleurs et relativement dévoués.
Le mal est moins grand qu'on ne le juge d'habitude
dans les ménages moyens. La situation des maîtres
vis-à-vis des serviteurs n'a certes pas empiré depuis des
siècles et, s'il faut en croire ceux de nos devanciers
qui ont écrit à ce sujet avant la Révolution, nous
devrions plutôt penser que les domestiques actuellement
à notre usage sont plutôt supérieurs, à quantité de points
de vue, à la valetaille que nous présentèrent nos satiriques, nos historiens et nos philosophes des xviie et
xviiie siècles. Ce sont, il ne faut pas hésiter à le dire,
les exigences des maîtres qui, indéniablement, ont pro-
gressé à mesure que se multipliait et se vulgarisait l'état
de maître et que s'étendait l'échelle sociale des patrons.

Jamais la distance n'a peut-être été, aussi, si grande entre le serviteur et son tenancier; les idées démocratiques ont rendu plus pénibles et plus dures les servitudes humiliantes de la domesticité et ont également accentué l'âpreté de méfiance et de lésinerie ainsi que les joies de cruelle domination des petites ménagères heureuses d'avoir des esclaves à leurs ordres. L'aigreur s'est donc accrue chez les servantes et une rancœur hostile s'est lentement développée, on peut le croire, dans la conscience des gens en service.

L'intimité confiante, la familiarité avec une certaine mise à distance qui existait autrefois entre le seigneur et le valet, entre le grande dame et la soubrette, ce rôle de confident ou de suivante qui servit si bien l'esprit dramatique de nos auteurs tragiques et comiques, cette harmonieuse fusion d'intérêts, de plaisirs et de passions, cet attachement enfin par des qualités et des défauts pour ainsi dire parallèles qu'on remarquait naguère entre les Frontins, les Pasquins et leurs protecteurs, entre les Toinettes, les Martines et leurs jolies maîtresses, tout cela a disparu, hélas! irrémédiablement. Les maîtres actuels ont, inconsciemment, à vrai dire, transformé avec un plus étroit et plus vigoureux despotisme le servage de leurs gens; les récents parvenus sont aujourd'hui plus durs, plus méfiants, plus injustes avec leurs domestiques que les gentilshommes d'autrefois ou ceux de nos contemporains qui semblent posséder par hérédité un droit normal au commandement. On sait que les plus terribles oppresseurs des gens d'office sont les larbins eux-mêmes lorsque le destin s'est avisé sur le tard à les créer patrons. L'expérience ne paraît leur avoir donné aucune clairvoyance, ils demeurent impitoyables à ceux qu'ils emploient et semblent se venger des humiliations passées ; tels les forçats engagés, à l'expiration de leur peine, dans la surveillance ou la garde de la chiourme.

J'imagine, ayant quelque peu observé et étudié la domesticité contemporaine chez nous et à l'étranger, que les serviteurs français sont encore actuellement, toutes proportions gardées, les meilleurs du monde. La moyenne d'intelligence, de probité, de convenances, de sobriété, d'attachement et même de désintéressement est, j'ai du moins toutes les raisons de le croire, sensiblement plus élevée ici que celle que l'on peut constater en Angleterre, en Allemagne, en Russie et aux États-Unis. Je ne fais exception que pour l'Extrême-Orient où l'on peut rencontrer des domestiques modèles et plus particulièrement en Chine où ils sont incomparables. Un statisticien pourrait démontrer, chiffres en mains, la réalité de ce que j'avance. Mais tous ceux qui ont séjourné loin de France ont pu apprécier, au retour, les qualités précieuses qui sont demeurées dans la race de nos serviteurs et constater que nous sommes au demeurant les maîtres les mieux servis d'Europe et du Nouveau-Monde.

Il conviendrait plutôt de s'en émerveiller, car nos bonnes à tout faire, nos femmes de chambre, nos cuisinières, nos valets et maîtres d'hôtel ont quelque mérite à se plier à nos exigences qui, en France, sont plus excessives que partout ailleurs. D'un autre côté, nos « suivants », comme on disait dans la société polie de jadis, sont infiniment moins bien rétribués qu'à l'étranger; nous réclamons d'eux, comme Harpagon de Maître Jacques, les services les plus divers et cette mainmise à tout qui ne serait certainement pas acceptée par les maids les plus subalternes ou les plus nécessiteux butlers d'outre-Manche. A Paris, nos hommes et femmes à gages ont à supporter une fatigue assez considérable et continue, par suite des hauteurs d'étages à monter et descendre, des courses lointaines, des ménages à faire à toute heure, des réceptions improvisées, des couchers tardifs et des levers tôt. En récompense du surmenage qui leur est imposé, ils n'obtiennent pas le moindre repos confortable ; les chambres qui leur sont attribuées sont d'horribles trous mansardés, d'affreux cabinets de débarras, des pièces sans air et sans clarté qu'une petite boutiquière de Londres rougirait d'avoir à offrir à la plus misérable laveuse de vaisselle et qu'aucun nègre des États-Unis ne consentirait à habiter.

Il ne faut pas nous dissimuler ces choses et nous dire qu'il est encore miraculeux, dans de telles conditions, d'obtenir des serviteurs d'aussi moyenne tenue, de bonne apparence, d'activité constante et de probité dont il ne faut assurément pas trop médire. A voir les choses sans parti pris, avec cette indulgente philosophie dont on ne devrait jamais se départir, j'avoue que ce m'est une surprise véritable de constater la force de résistance au mal de la plupart de nos domestiques qui, à peine instruits, de visions bornées, livrés à leurs mauvais penchants et à leurs instincts brutaux, ont pu, depuis leur entrée en service, recueillir les pires conseils de leurs semblables et les exemples les plus pitoyables de patrons dans nombre de maisons qu'ils ont eu à traverser. Tout les a poussés plutôt au vice et à l'inconduite ; ils ont pu connaître l'envie et sentir toutes les convoitises dans les milieux où tous les vices s'en donnaient à cœur joie et où les satisfactions les plus minimes leur étaient strictement mesurées.

Leur vie passée moitié à l'office et moitié dans la fréquentation obligatoire de maîtresses parfois hargneuses, tyranniques, méticuleuses, qui, loin de les

moraliser, les ont le plus souvent ravalés par le soupçon
de la mise sous clef de toute chose, aurait pu davantage déséquilibrer les malheureuses servantes à tout faire
et rendre sans croyance les gars incultes et farauds de
nos antichambres. Si la mode admettait encore le genre
des physiologies telles que les concevait Balzac, une
petite physiologie du domestique moderne serait amusante à entreprendre. Instructive, imagée et documentée,
elle nous inviterait à la méditation sur nos devoirs
et nos droits vis-à-vis de nos mercenaires et elle aurait
à coup sûr pour nécessaire épigraphe l'irréfutable,
profonde et ingénieuse boutade du Figaro de Beaumarchais :

« Aux vertus qu'on exige dans un domestique, con-
naissons-nous beaucoup de maîtres qui seraient dignes
d'être valets ? »

Que les maîtresses de maison, dont beaucoup actuellement s'affligent et se lamentent sur la difficulté de
trouver d'excellents domestiques, réfléchissent un instant et pensent au nombre incommensurable de boîtes
qui se trouvent à tous les étages de nos demeures
parisiennes. Qu'elles songent au désordre de telle ou
telle maison amie, aux inquiétants spectacles et aux
conversations orageuses de certains ménages désunis
et prompts aux gros mots ; qu'elles se remémorent
l'existence fiévreuse et en coup de vent des mamans
Benoiston continuellement hors de chez elles ou des
papas de Frou-Frou, légers, inconscients, déshabitués
de toute intimité, incapables d'ordonner et de se faire
servir. Qu'elles évoquent enfin certains compartiments
des immeubles parisiens où vivent et fricotent des
familles de Mercadet à la hausse et à la baisse, des
Parisiennes semblables à celles de Becque, des boutiques
à scandales enfin où s'étalent et se déballent toutes les

hontes, tous les stupres, toutes les trivialités scabreuses, toutes les inconsciences de la respectabilité, toutes les amoralités de la parole et de la mise en action.

La vérité est, lorsque nous engageons un serviteur, que nous nous inquiétons peut-être trop exclusivement de connaître, par des certificats plus ou moins trompeurs, complaisants ou faux, les mérites de celui qui pourrait être appelé à nous servir. Nous ne recherchons pas suffisamment, d'autre part, à obtenir les nécessaires références sur les maisons et les maîtres chez lesquels ont été précédemment en service ceux qui se présentent à nous. Il serait infiniment plus judicieux d'agir par une enquête sur les précédents patrons éducateurs, car il faut bien en revenir à la sagesse du vieux proverbe : « Tel maître, tel valet. » Nos « officieux » sont le plus souvent ce que nous les faisons.

> Du maître, quel qu'il soit, peu, beaucoup ou zéro,
> Le larbin fut toujours ou le singe ou l'écho.

NOS MAISONS MODERNES

LE DÉCOR A LA MODE

Selon le mouvement étrange et constant qui porte presque toutes les grandes villes vers l'ouest, le nouveau Paris se développe en effet de plus en plus à l'occident. Le centre de notre capitale est situé aujourd'hui place de l'Opéra. Demain, ce sera le quartier de la Madeleine. L'on prévoit déjà l'heure où les boulevards Montmartre et des Italiens, totalement démodés, seront considérés comme de grandes artères parisiennes veuves de leur splendeur d'antan et quelque peu provinciales. Les quartiers neufs attirent la population désireuse d'hygiène, de confortable moderne, de murailles saines et de clarté. Ces quartiers sont, il est vrai, ceux qui constituent la grande *Cosmopolis* en formation, qui s'amalgament dans la cité des colonies étrangères chaque jour plus nombreuses, mieux assouplies aux mœurs parisiennes, mais qui maintiennent en bonne partie la prospérité du négoce de la Ville-Lumière.

La vie se retire assurément davantage de certains milieux urbains où le pittoresque des vieilles demeures, l'ampleur des appartements, alors même qu'affreusement distribués, séduisirent longtemps toute une classe de Parisiens, romantiquement épris des fastes d'autrefois. Dans tels ou tels arrondissements naguère très peuplés, les locaux se vident aujourd'hui et ne trouvent que fort difficilement des locataires. On ne voit, de porte en porte, qu'écriteaux indiquant des vacances et la crise apparaît lamentable dans nombre de zones de la rive droite ou de la rive gauche. Cette crise dure déjà depuis quelque temps, elle s'aggrave de façon visible. Il ne convient point de s'en alarmer ; peut être même, dans l'intérêt général, est-il bon de s'en féliciter.

Les propriétaires d'immeubles qui datent ont, en effet, élevé plus que de raison les prix, pour des appartements le plus souvent très médiocres, dépourvus des commodités nécessaires, d'un cube d'air insuffisant et d'une ordonnance défectueuse. Le public commence à se révolter contre des hauteurs de plafond inférieures à 3 mètres ; il se rend compte mieux qu'autrefois des conditions hygiéniques nécessaires à l'existence. Il s'est familiarisé avec les ascenseurs, avec les vastes baies distribuant l'air et la lumière et aussi avec les salles de bains et l'électricité, qui fait paraître barbares, désagréables et sales tous autres modes d'éclairage. Il s'ensuit que les vieux logis, non mis à la hauteur des révolutions du progrès, n'offriraient de charmes que si la modicité des prix de location venait y compenser les défauts de confort. Cela n'est malheureusement pas encore. Les propriétaires de maisons centenaires ou septuagénaires devront donc par la force des choses ou se soumettre aux lois des appropriations et des installations contemporaines ou se démettre de leurs prétentions excessives pour la taxation de logis désuets et qui ne répondent plus aux besoins de notre heure.

Est-ce à dire que les maisons nouvelles soient parfaites et en dehors de toute critique? Je ne le pense pas. Leurs avantages sont considérables pour la majeure partie des habitants fortunés qui aiment jouir bourgeoisement et sans complication aucune d'un appartement d'étage ingénieusement ordonné et décoré selon le goût du jour.

Ce goût actuel est séduisant; il vise à un style néo-Louis XVI tout de blancheur, de gaieté et de lumière. *Blanc partout*, ont décrété ces poseurs de dominos que sont les architectes. Et aussitôt le blanc a fleuri sur les lambris, les corniches, les portes. Un blanc Trianon, immaculé, neigeux, qui rend périlleuse toute décoration individuelle et interdit un mobilier qui se montrerait de tonalité très accusée ou de forme trop archaïque. Avec les portes vitrées ou revêtues de glaces, les fenêtres agrémentées de rideaux verts ou citron en mousseline de soie, les tentures art nouveau aux nuances pâles, affadies, les tapis ton sur ton effacé, les sièges laqués et cannés, sinon couverts de soieries fraîches et délicates, les demeures modernes sont nettes, lumineuses, chatoyantes, avec une atmosphère ambiante agréable, mais d'une coruscation trop éclatante où tout objet sombre fait tache dans le décor.

C'est exquis pour la mise en valeur des tables fleuries, des nappes chargées de cristaux et d'argenterie, pour les toilettes féminines et les plastrons masculins, mais je n'affirmerais point que le teint des brunes y soit avantagé au même degré que celui des blondes, ni qu'il soit facile de maintenir dans ces apparences latescentes une harmonie constante des êtres et des choses. Le doux clair obscur, les jours frisants, les demi-teintes crépusculaires des appartements de tonalités plus chaudes et de lumière plus voilée convenaient davantage à nos costumes de ville, aux ciels de nos climats, à nos carnations moins nettes et moins transparentes que celles des peuples du septentrion.

Les appartements modernes ont toutefois ceci d'ex-

cellent qu'ils imposent à ceux qui les occupent une
simplification absolue d'existence. Le goût nouveau,
l'architecture du jour exigent une mise au point des
besoins et le choix d'un mobilier de première nécessité. Plus de surcharge possible, plus d'encombrement,
de bibelots, d'étagères, de décoration rapportée. Le bric-
à-brac s'arrête au seuil des demeures contemporaines.
Le style antiquaire ne saurait y avoir accès, non plus
que la bouquinomanie ou l'amateurisme d'art.

Il faut se borner — pour ne pas tuer l'harmonie de
ses panneaux — à y accrocher tout au plus une ou deux
toiles, aquarelles ou gravures anglaises. Rien autre. Les
surfaces murales du *home* actuel sont très restreintes,
en raison de la dimension des portes et fenêtres, des
dégagements et de la division des lambris. Un minimum
des meubles clairs, des fleurs dans un vase précieux,
des tentures harmonieuses et floues, peu de tableaux,
puisque c'est la pièce elle-même qui fait tableau intime, tableau symphonique à la façon des intérieurs
de Le Sidaner, de Walter Gay ou de Lobre. On ne
saurait nier le charme prenant de ces salons vaporeux,
transnovés, qui semblent éclairés par les lueurs d'aube,
ces chambres d'un xviiiᵉ siècle illusoire, où tout se
précise, s'isole avec éclat et propreté, de ces salles de
bains ripolinées, de ces antichambres virginales aux
porte-manteaux laqués et cuivrés. Tout cela chante
comme une ingénue Renaissance dans le regard et
délasse comme une puérilité accueillante.

Ne devons-nous pas redouter cependant l'ennui
menaçant d'une telle uniformité? Il n'y a pas à dire,
la mode bat son plein et ne paraît pas en veine de
s'atténuer. Le style faux Trianon s'accentue, nos
demeures sont vouées au blanc; nous inclinons de
nouveau vers « la sainte mousseline », vers la fashion

Directoire, vers la simplicité du décor. Ce ne sont point ces *homes* nouveaux, très en harmonie d'ailleurs avec ce temps d'excentricité, d'automobilisme et de vie outrancière, à transformations continues, qui hâteront le retour des actives transactions d'art et de littérature. Nos mœurs et nos maisons repoussent de plus en plus *le livre* et *le tableau*. Sauf à l'état pour ainsi dire exceptionnel, nos tendances vont à l'idéal du Japonais qui, jamais, n'admet dans son intérieur plus d'un ou deux objets d'art, de la beauté desquels il s'imprègne, jusqu'à ce que l'accoutumance le rende insensible à ce même bibelot rare et lui fasse désirer de s'en débarrasser afin d'en posséder un autre.

Les maisons modernes nous font vivre exclusivement dans le présent, nous invitent à une ordonnance très rigoureuse de nos besoins et nous évitent le souci d'apporter une personnalité quelconque, le moindre goût individuel dans l'agencement de notre habitat. Nous nous logeons de plus en plus comme les Anglais s'habillent, en adoptant l'étoffe et la coupe favorite de la saison. L'essentiel est que l'uniforme soit plaisant. Celui de nos maisons neuves n'est pas désagréable dans son état de primeur. Laissons-nous aller à son charme sans trop le discuter. Il est bien représentatif de notre société qui n'entend plus s'encombrer et qui ne veut même plus témoigner d'un caractère individuel. Le décor architectural à la mode suffit à nos élégants. Il n'y a rien de plus pauvre aujourd'hui que la maison des riches.

Ce sont bien des appartements pour siècle d'automobilisme et de vagabondage. Il est facile d'y camper et d'en déguerpir; tout ce qui concerne réception, le tape-à-l'œil, les apparences, s'y trouve supérieurement machiné; mais ne regardez pas les dessous, les commodités réelles, celles des gens de service, car tout ce qui n'est point façade est déplorablement saboté, depuis l'escalier des fournisseurs jusqu'aux turnes sans nom réservées aux domestiques.

Le véritable luxe, le luxe de l'espace, tend à disparaître; les jeunes générations simplifient davantage et ont moins de besoins intimes, de goût d'intérieur que celle de la seconde moitié du xix° siècle. Celle-ci affectionnait encore le bric-à-brac, le décor individuel, la profusion décorative, l'orientalisme, tout ce reliquat du romantisme: panoplies, étoffes, chansons des couleurs, par la variété des objets mobiliers qui donnait tant de cachet à l'ambiance intime où se dépensait une vie d'artiste. La richesse moyenne des logis contemporains est vraiment indigente; elle ne se fabrique que *d'uniformité.* C'est le tapissier anglais ou français qui règle la mise en scène des existences modernes. Ce serait faire acte de mauvais ton et de mauvais goût que d'oser y apporter quelque note individuelle. Il faut bien vivre selon la mode avant de vivre selon ses goûts. Et puis les goûts et les dégoûts, c'est si mal porté! ça ne s'avoue plus; *ça daté !...* Il faut s'en défaire de toute nécessité. S'habiller, penser, se loger, vivre comme tout le monde, ne faire montre d'aucune originalité, c'est d'un suprême confortable. On a tout à y gagner et rien à y perdre. L'*Évangile de la Mode* n'indique-t-il pas cette sagesse : *Abdiquer sa personnalité dans l'opinion qui a cours.*

LES GITES DES IMPÉCUNIEUX

LOGEMENTS A BON MARCHÉ

Dans le programme des réformes dont les projets sont depuis longtemps déjà à l'étude, l'une des plus considérables de l'heure actuelle est celle des logements à bon marché et de la création, dans notre métropole, si mal adaptée aux besoins modernes, d'habitations hygiéniques et économiques à l'usage des prolétaires et des petits rentiers.

Je n'ignore point que des philanthropes, des sociétés coopératives ou de spéculation, des législateurs, voire même des esthètes imbus de théories ruskiniennes se sont plu, il y a belle lurette, à développer à ce sujet leurs rêves de démocratie rationnelle. On a exposé avec raison que le logement est l'un des facteurs les plus essentiels du problème social et l'on n'eut aucune peine à démontrer la profonde vérité de cette honnête formule naguère émise par Jules Simon, à savoir que sans habitation il n'y a pas de famille, sans famille pas de morale, sans morale pas d'humanité élevée et par conséquent pas de patrie.

Tout cela est fort beau et il faut rendre grâce aux humanitaires bien intentionnés qui s'efforcent à l'amélioration de l'habitat moderne; mais il n'en demeure pas moins attristant de penser que les pauvres gens continuent à se nourrir de la viande creuse des mots. Paris offre aux regards des observateurs que n'aveugle point la poussière du monde de la piaffe le spectacle le plus lamentable au point de vue des logements offerts à ceux dont le budget ne dépasse point quelques centaines de francs. L'enfer des taudis de la Ville-Lumière pourrait tenter un Dante contemporain. Il y trouverait d'innombrables cercles des vices horrifiques, des visions de l'insalubrité et des contagieuses maladies de la nature. Il se dégagerait de cette étude la compréhension des origines de l'alcoolisme, de la tuberculose, de mille maux endémiques, de la mortalité assez élevée de notre capitale et aussi celle de l'amoralité pour ainsi dire normale des infortunés enfants élevés dans ces milieux étroits, grouillants et féconds.

D'après certaines statistiques publiées par M. Bertillon, la population parisienne comprend 360 000 malheureux qui vivent dans des bouges sans nom, et près d'un million de déshérités divers qui doivent se terrer dans ce que l'optimisme administratif désigne du nom de logement insuffisant. En réalité, plus d'un grand tiers de ceux qui sont si fiers de se dire des « Parigots » payent l'honneur de gîter à l'intérieur des « fortifs » au prix de misères inconnues et inavouées et s'étiolent en des piaules effroyables et sans air, dans des niches obscures qu'ils peuvent logiquement désigner, en argot, du nom de « canichottes », car elles conviendraient plutôt à la gent canine qu'à l'espèce humaine.

Regardons en détail les affligeantes conditions sociales de la population laborieuse qui a élu domicile dans le centre ou les faubourgs de l'Urbs. Plus de cinquante mille logements parisiens composés d'une seule pièce abritent environ 180 000 personnes, enfants ou adultes, c'est-à-dire un peu plus de trois habitants en moyenne. D'autre part, 25 000 locaux de deux petites chambres contiennent près de 140 000 de nos semblables. 5 367 logis composés de trois boîtes logent plus de 40 000 êtres, enfin un millier d'autres turnes mesquines divisées en quatre compartiments, — et sans cuisines ni nécessités, — voient s'entasser dans leur exiguïté pitoyable environ 180 000 personnes, ce qui est peut-être plus surprenant, plus angoissant encore que le reste.

Imaginez, en des heures caniculaires, la vie de ces êtres humains grouillant dans ces taudis sombres, situés sur des courettes mal odorantes, pouvant à peine respirer, se mouvoir, se laver et satisfaire à leurs plus urgents besoins. N'est-ce pas horrible de penser à de telles détresses et ne faut-il pas s'émerveiller de l'accoutumance de l'homme aux pires milieux, de son endurance aux plus précaires situations, de sa résistance enfin aux suggestions des anarchistes et aux sollicitations des prometteurs de curées de la Richesse.

Un ancien ministre très humanitaire, M. Jules Siegfried, fit naguère une campagne qui aboutit à la loi de 1894 relative aux sociétés et entreprises de particuliers tendant à la construction de maisons ouvrières, collectives ou unitaires. Cette loi offrait des avantages fiscaux et de prêts qui semblaient suffisants pour encourager l'initiative privée à l'édification d'immeubles spéciaux comprenant des logis à bas prix. Malheureusement le résultat jusqu'ici est presque insignifiant, car c'est à peine si l'on compte à l'heure présente sept cents logements à bon marché livrés à la population dans les termes et conditions spécifiés par cette loi votée il y a seize ans et sur laquelle on fondait tant d'espoir.

Tout reste donc à faire. Il convient de ne se point décourager et de redoubler d'efforts. Trop de citadins vivent parmi nous à l'état de prisonniers, dans des façons d'ergastules plus inconfortables que celles où les Romains enfermaient durant la nuit leurs esclaves gaulois soumis pendant le jour au travail en plein air.

Parmi les villes d'Europe, notre grande cité demeure aujourd'hui la moins progressive, la plus impitoyable de toutes vis-à-vis de ceux de ses habitants qui ne peuvent attribuer une cinquantaine de louis au minimum à la location annuelle d'un abri. Partout ailleurs, il faut le reconnaître et nous en affliger, des efforts considérables ont été accomplis pour doter les populations de maisons d'habitations saines, claires, agréables, bien exposées au soleil et pourvues de tous les éléments d'hygiène et d'utilité en rapport avec l'état actuel de la science. En Allemagne, le mouvement qui pousse à la maison collective et aux logements pour travailleurs, ouvriers, employés et petits patrons s'accélère de jour en jour ainsi qu'en Hollande et dans les pays scandinaves. Il est singulier de devoir remarquer que les plus hautaines leçons de socialisme pratique nous sont fournies du Nord-Ouest au Sud-Est par des monarchies plus ou moins constitutionnelles qui s'appliquent à donner peu à peu au peuple divers gages de sollicitude ainsi que tous les témoignages intelligents d'une véritable compassion à ses besoins, à l'amélioration de son sort et au relèvement de sa dignité.

En Angleterre, depuis plus de vingt ans, on a prodigieusement assaini l'habitation populaire tout en améliorant l'alimentation des classes laborieuses par l'importation de viandes d'Australie vendues à très bon marché. C'est ainsi qu'on est arrivé à réduire les progrès de la tuberculose et de l'alcoolisme dans des proportions énormes. Le conseil du comté de Londres a favorisé la construction de 25 000 logements ouvriers et l'on a dépensé un peu partout plusieurs milliards de francs pour exproprier toutes les maisons malsaines et assainir toutes les nécroses immobilières des quartiers insalubres.

Ce n'est pas tout, on se préoccupe énormément depuis peu dans le Royaume-Uni de la création des « Garden Cities » ou des « Villes Jardins ». Les grands industriels prétendent dissimuler leurs usines dans des Eden fleuris où leurs ouvriers pourront oublier les heures de noir labeur et reposer leurs yeux sur des échappées de verdure. Ces « Cités de bonheur », comme on les nomme outre-Manche, vont être propagées de tous côtés. Des sociétés dévouées à l'embellissement de la vie des prolétaires ont promis de multiplier ce type nouveau de cités bocagères sur tout le territoire britannique. Ce ne sont pas là promesses en l'air et les villes enveloppées de frondaisons vertes et de jardins parfumés seront bientôt nombreuses de l'autre côté du détroit.

Il ne faut point tant en demander à nos gouvernants. Nous croyons qu'il est encore un peu tôt pour réclamer des habitations populaires d'art nouveau. Plus modestes et plus pratiques, ramenons la question à sa plus exclusive simplicité. Il s'agit de rendre Paris habitable à la grande majorité des ouvriers de toutes classes et petits bourgeois, de la purger de ses nombreux îlots de maisons gangrenées et lépreuses, d'assainir tous les quartiers que de sentimentales raisons de prétendu pittoresque protègent seules encore et de favoriser la construction d'immeubles élégants de façade, mais sans inutiles surcharges décoratives qui mettront des logements propres, clairs, bien aérés à la portée des petites bourses et des ménagères amoureuses du nid.

Pour combattre le cabaret, les foyers épidémiques, les contaminations morbides, les vices précoces, la dépopulation, prêchons sans trêve l'édification de logements économiques pour familles laborieuses. Ayant sans cesse en pensée l'état misérable de l'habitat de la moitié de nos concitoyens, innovons à bref délai, à côté de la grande Cité de Luxe si plaisante aux fortunés, la Ville-Asile pour tous ceux qui sont privés du commun patrimoine d'air, de lumière et d'espace.

Les propriétaires philanthropes qui « feront du logement ouvrier » feront aussi une excellente affaire; on ne peut que s'étonner qu'ils ne l'aient point encore compris.

Michelet disait : « De toutes les fleurs, la fleur humaine est celle qui a le plus besoin de soleil. » Rien n'est plus juste. Avant même d'assurer les fameuses retraites ouvrières, pensons au logis des travailleurs dont le repos est souvent infiniment plus pitoyable que le labeur. Songeons à cette remarque terrible de l'Anglais Colton : « Proportionnellement aux progrès de la corruption dans une nation, la pauvreté est traitée avec plus de mépris et la richesse avec plus de respect. »

NOS VANITÉS DOMESTIQUES

LA CUISINE FRANÇAISE

Chaque été, le président de la République inaugure l'Exposition culinaire qui s'ouvre dans une vaste tente d'un Jardin très parisien. Après s'être quelque peu promené (avec un ennui déguisé sous les formules de politique et de politesse), à travers langoustes, jambons, rôtis, cassoulets, pâtés et pièces montées, il improvise à peu près ce petit speech aux Vatels assemblés :

« La France est célèbre dans le monde grâce à sa littérature et à ses arts, mais elle doit surtout à la cuisine le grand renom dont elle jouit. Nulle part, — c'est un dicton universel, — on ne mange aussi bien qu'en France. Vous contribuez donc puissamment, Messieurs, à l'excellente réputation de notre pays et aussi à sa fortune.

« Faites de la bonne cuisine. Soignez vos sauces et mettez-y votre talent et votre honneur. Vous avez conscience de l'importance de votre rôle social, conservez-le et maintenez la cuisine française au rang éminent où vos devanciers l'ont placée. »

De telles paroles, on peut le penser, savent vivement toucher la vanité et la sensibilité de nos cuisiniers.

On ne peut guère, toutefois, à vrai dire, s'intéresser à ces architectures d'aspics, d'endaubages, de gélatines et de suprêmes de volailles, ni apporter une curiosité vraiment artistique aux ornementations des spécialistes du saindoux et de la confiserie. Les gastronomes ne sauraient davantage rien apprendre dans ces assemblées annuelles, car l'art culinaire ne s'expose pas, il dépend moins de notre rétine que de notre palais et de nos délicates papilles, dégustatives. Toutefois, ces exhibitions ont une importance dans le monde des fourneaux de haut style ; c'est pourquoi tous les maîtres professionnels *de arte coquinaria* s'agitent durant quelques semaines à l'égal des peintres à l'approche de ces salons de haute graisse. Ce qui est intéressant surtout, c'est de se demander comment se comporte actuellement cette cuisine de France qui joua un rôle si considérable dans le monde entier. Est-elle toujours à la hauteur de cet excellent renom que nous conservons d'autre part dans les arts et les lettres et aussi de l'attraction qu'exerce encore le goût omnipotent de nos couturiers pour femmes? Il faut le croire, car partout, à l'étranger, règne notre cuisine.

On retrouve sans cesse en tous lieux notre « tournedos plénipotentiaire », notre « sauce béchamel » et notre « filet Périgueux ». Les menus sont généralement rédigés en français sur toutes les tables d'hôte de l'univers et font davantage pour la vulgarisation de notre langue que toutes les ordonnances, toutes les ligues d'enseignement et toutes les conventions protocolaires. On pourrait dire que, au point de vue gastronomique, tous les peuples du monde entendent le français, mais cependant, reconnaissons qu'à cette heure où nous parlons volontiers de la décadence qui menace toutes nos exportations, il est bon de chercher à savoir si notre art culinaire possède au même degré que naguère, l'intégrité de sa puissance dans les hôtelleries et restaurants de l'Europe et des États-Unis.

On ne saurait être d'accord sur ce point. Beaucoup d'étrangers que l'on rencontre, grands amis du Paris d'hier et toujours fidèles boulevardiers par intérim, pensent que nos restaurants déclinent, que l'heure est venue de réagir, que nous nous laissons trop aisément envahir par la brasserie allemande, la taverne viennoise, l'auberge hongroise, le Bodega, la gargotte italienne, l'american-bar et le grill-room d'importation anglaise. D'après ces gourmets cosmopolites, *Paris internationalise sa cuisine*, tandis que les grands chefs français engagés à l'étranger développent surtout hors de France le style suprême des Carème, des Vatel et des Berchoux. Il s'ensuivrait donc que l'on dîne déjà supérieurement à Londres, à Berlin, à Bruxelles, grâce à nos maîtres-queux obligés de s'expatrier dans ces grandes villes, parce qu'ils y sont infiniment plus chèrement payés qu'à Paris. Les vieux Parisiens et les provinciaux qui fréquentent régulièrement dans la métropole sont plutôt portés à croire que l'on mange encore excellemment à Paris, bien que les frères Provençaux, Vachette, Brébant, Magny, Philippe et combien d'autres aient depuis longtemps disparu.

De quel côté est la vérité? — Il semble très malaisé de trancher le différend, car les mœurs ont totalement changé en France, et nos soucis de gastrolâtrie, nos recherches de voluptés bachiques ne sont point les mêmes assurément que les préoccupations raffinées qui guidèrent les hommes de la génération de 1830. Notre sensualisme s'est orienté d'un autre côté et on ne saurait nier que nous ne soutenons plus, que nous ne patronnons plus, que nous ne divinisons plus, ainsi que nos gourmands aïeux, cette religion de la suprême cuisine qui eut ses grands jours et qui ne compte plus aujourd'hui que de très rares apôtres.

Nous avons hérité de nos ancêtres, qui furent si bons

vivants, des estomacs capricieux, facilement distendus ou dilatés, voués aux régimes les plus variés et surtout les plus tempérants. Puis, les modes médicales sont venues, imposant les breuvages lactés, les eaux minérales, le vin blanc à l'exclusion du vin rouge, interdisant les vieux crus, les sauces complexes, les viandes noires, les coulis épicés et toutes les exquisités comestibles qui faisaient passer un sourire de sensualité sur les lèvres palpitantes des gourmands de jadis. On ne rencontre plus guère de ces gros mangeurs, joies des tables bien servies, qui faisaient un dieu de leur ventre transformé en vaste garde-manger. Nos pauvres ventres de l'heure actuelle ne sont plus que des mendiants à qui nous faisons strictement l'aumône. Les livres de gastronomie sont actuellement remplacés par des ouvrages de médecine, on cherche à protéger son estomac; on étudie le régime de Pythagore, on recherche les mets qui contiennent telle ou telle composition chimique et la plupart des êtres se rendent à table sans plaisir, pour y parler de leurs infirmités, de leur frugalité nécessaire et de leurs médicaments à absorber avant, pendant ou après les repas. Les temps sont plutôt mornes. Un écrivain qui publierait actuellement un *Art de bien vivre* risquerait de ruiner son éditeur, et il est en plus à remarquer qu'aucun grand littérateur ne songe aujourd'hui à s'adonner, à la façon dont le firent Brillat-Savarin, Dumas père ou Monselet, à l'étude des questions alimentaires savamment cuisinées et des joies gastriques élevées à la hauteur d'un poème.

Est-ce un mal, est-ce un bien, et convient-il de s'affliger du discrédit dans lequel est tombée la cuisine raffinée, riche et savoureuse? Je ne le crois pas. Nous traversons évidemment une période de transition où le régime sain s'oppose aux succulences. Les jeunes géné-

rations nous paraissent devoir encore exagérer ces tendances et s'appliquer de plus en plus à une excessive
sobriété. La bonne chère, il faut le reconnaître, a fait
dans l'humanité presque autant de victimes que
l'amour sans avoir pour son honneur suggestionné au
même degré que celui-ci des actes d'idéalisme et
d'héroïsme qui confinent parfois à la folie. Notre gourmandise se trouve momentanément paralysée. C'est une
question de mode. — Sans doute, une réaction viendra
qui, d'ici vingt-cinq ou cinquante ans, conduira à une
vie plus débonnaire les êtres sains reconstitués, d'un
appétit vigoureux qui demanderont également à l'art
culinaire le *nec plus ultra* de jouissances dégustatives
auquel assurément, on le peut espérer, Messire Gaster
saura répondre. La tradition, en effet, se poursuit et
n'est pas près de se perdre, car, tandis que les Français
des grandes villes s'assagissent et vivent de deux plats
légers et d'eau claire, les étrangers, il faut bien le
constater, viennent encore en foule dans notre Paris
pour y faire la fête, et par *faire la fête* ils entendent
éprouver l'art de déguster largement nos excellents mets
et entremets et toutes ces friandises que savent toujours préparer, sans peur et sans reproche, les cordons
bleus et les grands chefs-Bayards vigilants, toujours
au feu, de la rôtissoire dans les bonnes maisons où
l'on dîne. Il en reste beaucoup.

CHAPITRE VI

LES MŒURS VAGABONDES

La Vie hors de Chez soi.
Les Voyages:
Les Hôtels.
Stations Balnéaires.

NOS ANCÊTRES DROMOMANES

NE VOYAGEAIT-ON PAS MIEUX
ET PEUT-ÊTRE DAVANTAGE
AUTREFOIS?

Une question me vient à la pensée. Je la pose. La voici :

« Ne pensez-vous pas, n'estimez-vous pas plutôt, que, tout en tenant compte des énormes facilités dont nous ont dotés les chemins de fer et l'automobilisme, nous voyageons proportionnellement beaucoup moins bien, moins longtemps, sinon moins souvent, que nos excellents aïeux d'avant la Révolution? »

Oui..., je sais, à n'en point douter, ce que cette question a d'étrange, d'imprévu, de facétieux même. Je n'ignore point que la réponse de quelques-uns d'entre vous sera : « Elle est bien bonne! Est-ce que je sais, moi? » et que d'autres affirmeront aussi — tel Labori naguère en d'illustres débats —.: « *La question ne peut être posée* ». Autant demander si nous voyageons plus vite qu'au temps des diligences. »

Cependant, il me faut bien y insister; cette bizarre interrogation que je fais publique, il y a longtemps qu'elle me sollicite en particulier, qu'elle travaille de son point d'enquête en crosse épiscopale mes méninges, où s'agitent des désirs d'établir toutes conceptions historiques sur des pilotis documentaires et véridiques. Or, je dois le révéler, sans prétendre jouer du paradoxe agréable et subtil, je ne crois pas, ayant depuis longtemps fréquenté le xviiie siècle à fond, dans ses mémoires, sa littérature épistolière, ses nouvelles à la main, ses œuvres d'aventuriers, de coureurs de grands chemins, d'explorateurs et ses récits de nombreux créateurs de *Nouvelles France* au Canada, aux Indes et ailleurs, je ne crois vraiment pas que nous voyagions actuellement, toutes proportions gardées, autant que nos pères le faisaient sous les règnes de Louis le Bien-Aimé et de son successeur, le bon roi serrurier.

Dès 1635, Jacob Laurent, s'adressant aux Genevois, leur disait : « On vous ferait grand tort en vous considérant comme des casaniers et des souffle-cendres. » Rien de plus juste, non seulement pour les citoyens de Genève, mais également pour tous les habitants de France, d'Italie, d'Allemagne, de Russie, d'Angleterre et surtout de Pologne, qui ne restaient guère chez eux.

Les médecins psychologues et aliénistes qui, en ces dernières années, s'avisèrent d'étudier et d'analyser les signes de morbidité du génie de J.-J. Rousseau, découvrirent qu'il était un *dromomane constitutionnel*. Rousseau écrivait en effet : « La vie ambulante est celle qu'il me faut. » Il ajoutait dans une lettre à son ami du Peyrore : « Je vous parle de mes voyages, parce qu'à force d'habitude, les déplacements sont devenus pour moi des nécessités. » Pour Rousseau, l'action était nécessaire à la pensée ; il formulait cette opinion : « *Les jambes sont les roues de l'intelligence*; plus on les met en mouvement, mieux le cerveau fonctionne. — Je n'ai jamais tant pensé, tant existé, tant vécu, tant été moi, déclare cet amoureux des fugues impulsives, que dans les voyages que j'ai faits tout seul et à pied. »

Cela est très sensé, et, dans tous ses récits, Jean-Jacques personnifiait, on ne s'en est pas suffisamment avisé, non pas un goût particulier impliquant un état d'idiosycrasie maladive, mais le goût général, dominant, de tout son siècle.

La *dromomanie* de Rousseau s'exerça sur une moyenne étendue; ce fut celle d'un chemineau pédestre couvrant peu de terrain. Mais que dire de la *dromomanie en chaise de poste*, qui fut celle de Voltaire, du maréchal de Richelieu, d'Helvétius, de Beaumarchais, du marquis d'Argens, du chevalier d'Éon, de tous les lettrés, artistes, guerriers, musiciens, danseurs qui s'en allaient à travers l'Europe chez les grands électeurs, les margraves et les landgraves, chez les innombrables petits potentats des principautés, chez ces étonnants rois de Saxe ou de Wurtemberg, chez les mécènes scandinaves, quand ce n'était pas à la cour de la grande Catherine ou à celle de Frédéric II. *Jamais on ne voyagea tant et plus.* Ce n'est pas en un fugitif chapitre de morale qu'on le pourrait prouver. Il faudrait un livre, et même plusieurs, pour représenter tous les éléments de cette curieuse dromomanie qui sévissait sur l'Europe en ce xviiie siècle galant et frivole.

Les courriers alors font rage sur les grandes routes; les auberges sont pleines de gentilshommes de toutes nationalités, les aventuriers se multiplient autour des banques de *pharaon*. On joue, on aime, on s'amuse en tous lieux et puis, fouette cocher! on repart pour recommencer plus loin.

Londres, Paris, Rome, Florence, Varsovie, les cours

du Nord sont des mirages scintillants qui attirent toute
la jeunesse amoureuse d'imprévus. On rencontre des
Français nombreux en Europe, en Amérique, sur tout
le territoire indien. Même à Constantinople, où le
comte de Bonneval se fait pacha et possède un sérail.
Les artistes de France sont recherchés. L'orfèvre
Thomas Germain est célèbre à Rome; l'architecte Paul du Ry, appelé par le landgrave de Hesse,
érige le merveilleux château de Wilhemshœ, près de
Cassel, où Napoléon III vint plus tard en captivité.
Nattier accompagne un grand nombre d'ouvriers des
Gobelins jusque chez Pierre le Grand. Van Loo parcourt les premières capitales. Watteau séjourne à
Londres, où nos compatriotes affluent; Perrocel travaille au *Belvédère* à Vienne. On trouve en Angleterre
les peintres Joseph Goupy, Joseph Rice et Lambert,
pâle continuateur du Poussin; les graveurs Bernard
Baron et Louis Boitard, des littérateurs en nombre,
des acteurs danseurs par centaines. Presque tous les
Frontins et les *La Fleur* au service intime des lords
sont originaires de la Champagne ou de l'Ile-de-France.
Dans les comédies de Garrick, les valets parlent en
français. Horace Walpole vient à Paris sans cesse avec
ses amis. On sait, d'après Laurence Sterne, comment
ils y vivaient et y étaient reçus. Quant aux Italiens,
quels migrateurs! Leurs musiciens tiennent tous les
théâtres à Vienne, à Dresde, à Prague, à Saint-Péters-
bourg, à Londres et même à Paris. Lisez les mémoires
du parolier de *Don Juan* de Mozart, Lorenzo d'Aponte,
qui fut un coureur de grands chemins et mourut à
New-York. Dans son journal écrit à travers l'Europe,
il rencontre des poètes florentins, des musiciens de
Bergame, des castrati romains, des danseuses milanaises, sans compter le génial Casanova, le Roi des

aventuriers, dont il nous narre les invraisemblables prouesses.

Antonio Canal, dit *le Canaletto*, se rend à Londres à deux reprises ; son neveu Bellotto devient peintre du roi à la cour d'Auguste III, à Dresde ; puis à celle de Poniatowski, à Varsovie. J.-B. Tiépolo quitte le peintre anglais Reynolds en Italie pour aller faire à Wurtzbourg les admirables fresques que nous y allons admirer aujourd'hui.

Hændel s'ennuie en Allemagne, il court s'établir deux ans en Angleterre. Laguerre décore, à Londres, le palais de Marlborough. Berlin attire de Bodt en 1706 et il y bâtit un arsenal. Le Trévisan Bellucci, appelé par le spirituel Joseph Ier, se rend à Vienne pour s'y faire une brillante carrière. Benoît Coiffre va en Danemark, Caffieri meurt en France. Ricci quitte Venise pour l'Angleterre ; partout, c'est un chassé-croisé d'artistes, d'artisans, d'intellectuels dont on ne saurait se faire une idée qu'en montrant les hôtes cosmopolites des grandes cours du Nord et des moyens cercles des principautés. Étudiez Beyreuth, Weimar, Dresde, Vienne, Berlin, Pétersbourg, etc., au xviiie siècle, vous y verrez à quel degré la *Dromomanie en chaise de poste* était alors poussée pour que la société y fût si surchargée de représentants de toutes nationalités. Et quelle gaieté sur les routes ! Récemment, nous nous trouvions au château de Bel-Œil, en Belgique, le château cher au maréchal prince de Ligne, qui fut aussi un impénitent vagabond. On nous y contait cette jolie anecdote inédite : le prince, qui avait été l'ami tendre de la grande Catherine, avait reçu d'elle, au moment des touchants adieux, un portrait de la véhémente souveraine, tout enrichi de diamants. Le voyage de Russie à Bruxelles était long. On but comme des Belges savent boire, on gaspilla l'argent, on fut à court de monnaie; c'est alors que le prince de Ligne sortit le portrait de son impériale maîtresse. Il fit éclater un diamant hors de son chaton, criant joyeusement: « Nous n'avons plus d'argent, mes amis. *Allons! saute, Catherine!* »

Et de relais en relais, de *saute, Catherine!* en *saute, Catherine!* le portrait n'avait plus une pierre quand son propriétaire rentra au logis de *Bel-OEil.*

Ne blaguons point ni les voyages ni les voyageurs d'autrefois. Nos pères ignoraient les rapides et le *cent à l'heure*. Ils n'en voyageaient pas moins; au contraire, et j'ose croire qu'ils voyageaient moins sottement qu'aujourd'hui.

Relisez le *voyage de Michel Montaigne*, par exemple. Le philosophe gascon faisait par jour, à dos de mulet, une dizaine de kilomètres n moyenne, mais son récit a toute la saveur d'un mets gratiné à petit feu et il dégage de tous les pays traversés avec belle humeur, comme un fumet de terroir qu'on ne rencontrerait plus dans les œuvres qui décrivent les randonnées en limousines de 90 HP. — Et le voyage, du président de Brosses... Et combien d'autres! Croyez en nos connaissances, nos souvenances des *Mémoires* d'antan, sans que nous ayons à vous fournir ici de plus nombreux témoignages. Nos ancêtres voyagèrent énormément, en gourmets du voyage, avec une science, une mesure, un esprit de suite que nos contemporains en majorité sont loin de posséder au même degré.

N'en doutez plus... On voyageait mieux, et répétons-le, « proportionnellement », peut-être d'avantage et plus lointainement.

LE VOYAGE

ENVISAGÉ EN TANT QUE SUPPLICE D'AGRÉMENT

Jamais pourtant on ne voyagea avec plus de légèreté nerveuse, de trépidation, d'incuriosité et de snobisme qu'aux jours actuels, à l'heure où les collégiens entrent en vacances, entraînant leurs familles vers d'illusoires repos. L'exode des Parisiens hors Paris devient formidable. Sur les côtes bretonnes, sur les plages normandes, en Italie, en Angleterre, dans les Vosges et les Pyrénées, au Mont Saint-Michel, à Jersey, les familles françaises semblent vouloir donner un démenti au signalement de notre dépopulation.

Le goût des petits déplacements temporaires se propage chaque année avec une progression surprenante. On paraît moins redouter qu'à l'époque romantique et surtout que sous le second Empire de franchir les frontières. Est-ce à dire que, de casaniers, nous soyons devenus tout à coup vagabonds, à la façon des Américains ou des sujets britanniques? Il serait puéril de le penser. Nous ignorons encore la science, le goût inné, l'art suprême du voyage.

Pour ce qui est du ressort des déplacements de quelque

importance, estimons que, sur cent de nos concitoyens qui s'entraînent vigoureusement. vers les escales de la Méditerranée, vers la Grèce, la Turquie, l'Espagne, le Maroc ou l'Extrême-Orient, les deux tiers au moins n'agissent que par un vague besoin de snobisme, afin de se soumettre à la mode, aux exigences de la vie moderne, aux nécessités d'avoir vu certains pays classiques dans le but d'en parler, d'épater ceux qui restent au logis et de donner, comme les autres, des témoignages d'extériorisation des moyens de fortune toujours profitables à la considération.

Le plaisir du voyage, pour la grande majorité des hommes, est surtout *rétrospectif*. Il n'est parfait, ce plaisir que lorsqu'il est consommé et que les fatigues et l'ennui de l'avoir accompli avec les tracas et vicissitudes qu'il comporte, transforment en vanité la joie paradeuse de conter son itinéraire avec quelque éclat.

Beaucoup, qui ne l'avouent, se mettent en route sans le moindre enthousiasme, avec paresse même, et font montre d'une lassitude anticipée. Au retour, il est d'usage de se dire *emballé*, « pour la galerie », mais, entre soi, combien de nos *vacançards* ne confessent-ils pas que la balade fut éreintante, les hôtels médiocres, la nourriture déplorable, les conditions de vie matérielle férocement onéreuses. On ne voyage, dans notre bourgeoisie, que pour la satisfaction de. *dire qu'on a voyagé*, et le plus doux moment de nos chères compagnes surtout est assurément celui du retour au foyer.

A considérer avec quelque esprit malicieux ceux qui reviennent d'excursionner à l'étranger, fourbus, incertains de ce qu'ils ont vu, on devine que ces ivresses vagabondes des vacances rentrent plutôt dans la catégorie des nombreux divertissements que Théophile Gautier déclarait être des *Supplices d'agrément*.

Cela se conçoit d'ailleurs aisément. Le voyage est affaire d'éducation, de culture spéciale, d'entraînement individuel. Il faut y apporter un goût particulier, une indépendance de caractère et d'habitudes assez rares chez nous, un esprit éclectique, une curiosité inlassable, une complaisance physique et morale très assouplie aux conditions matérielles, climatériques et coutumières des contrées visitées. Il y faut encore une belle humeur équilibrée par une sereine santé, une aimable philosophie nourrie d'optimisme, un minimum de besoins, faciles à satisfaire, et, avant tout, une certaine passion pour la solitude, pour l'isolement, des sens de compréhension et de communication orale permettant de supporter sans douleur ni tristesse les séjours en des centres dont on n'interprète ni le langage écrit, ni l'expression verbale des indigènes.

Un homme peut, à la rigueur, réunir de pareils états d'être et d'âme, et en jouir personnellement, mais il lui est difficile, voyageant en famille, de communiquer son huile essentielle d'imperméabilisation aux ennuis de la route, à la mère, à la femme, aux enfants, aux parents et amis.

Le voyage en groupe nombreux devient le pire des *supplices d'agrément*, le plus tyrannique de tous. Les choses y marchent tout à trac, chacun tirant de son côté et témoignant du désir d'imposer sa façon de voir ou de comprendre. Les femmes — à ne le point celer — sont trop fréquemment des impedimenta. Les jeunes, par leur coquetterie, leurs inexactitudes, leurs caprices; les plus âgées par leur indifférence lamentable aux spectacles d'art ou de nature, leurs réquisitoires perpétuels contre la nourriture ou les logis d'aventure, contre la température trop haute ou trop basse, trop sèche ou trop humide, et leur antienne favorite concernant les douceurs de la cuisine faite chez soi, les délices du bon dodo à soi, le solide confortable des intimités du *home* que l'on hâte de réintégrer.

Combien n'en avons-nous point rencontré de ces estimables matrones, retour d'Italie, de Suisse, d'Espagne ou même de Bretagne et d'Auvergne, nous exposant leur ivresse démesurée de la reprise de possession de leurs chères habitudes, et contant, avec une terreur persistante et drôlatique, toutes les différentes phases de leur *supplice d'agrément* à travers les voies ferrées, les auberges, les excursions, ascensions et pérégrinations diverses. Il y aurait des livres héroï-comiques à écrire à la façon de Tœppfer et des comédies dans la manière héroï-comique de Perrichon, à mettre en scène sur ce sujet intarissablement hilarant.

Regardons autour de nous, parmi ceux qui déjà réintègrent leurs nids, nous découvrirons vite combien peu d'oiseaux migrateurs par innéité, par goût dominant, parmi ces voyageurs d'occasion. La part faite d'un certain snobisme, d'un vague désir de juger des pays hâtivement par soi-même, d'une sorte de gageure audacieuse, d'une vanité démonstrative pour rehausser son propre prestige, il reste peu de chose en réalité dans la détermination qui poussa l'énorme majorité des itinérants hors de leurs habitats. Le résultat d'ailleurs est médiocre; on comprend vite que l'ennui a découragé l'observation, que la lassitude de voir a clos inconsciemment les yeux des voyageurs, sur ce qui méritait le plus d'être vu, que le « goût artistique » n'eut aucune nécessité d'être satisfait et que ce qui domina toute l'équipée aussitôt l'exode accompli, ce fut l'idée impérieuse du prompt retour, la hâte angoissante, inquiétante, maladive, de couvrir à toute vapeur le kilométrage du parcours circulaire, la volonté toute cramponnée au *pensum* à faire pour demeurer fidèle au programme. Rien de plus.

Mais que de *tartarinades* à la rentrée! C'est par quoi toujours on se rattrape!

Les voyageurs à la flâne, ceux pour qui les déplacements et villégiatures ne deviennent certes point des *supplices d'agrément*, sont dans la proportion de 6 à 8 p. 1000 parmi nos soi-disant amateurs de la vie hors de chez soi. Le Français aime à couver ses habitudes au même giron, à borner ses horizons, à savourer ses plaisirs sur le territoire même où il racina; il montre de l'appétit pour les produits du cru et se croit en exil dès qu'il ne voit plus se profiler dans le gai soleil de la route l'ombre de son clocher. Il y a quelque chose de touchant sans doute dans ces sensations d'attachement à son sol, dans ce dédain d'autres visions, dans cette obstination de capricant à brouter là où le sort l'attacha; mais pourquoi avoir honte de reconnaître cette vérité et la proclamer hautement et clairement? Pourquoi voyager à contre-cœur et se donner des oppressions d'exilé en quittant, à l'heure des vacances, les milieux où il est si plaisant de s'acagnarder? On se le demande. Il suffit que l'on veuille mettre le voyage à la mode pour que chacun rougisse de ne s'y point conformer.

Récemment, après avoir quitté la gare des Eaux-Vives à Genève pour nous rendre à Annecy, nous nous trouvions en compagnie d'un inspecteur de la Compagnie P.-L.-M., qui nous narrait sa vie continuellement roulée, presque nuit et jour, sur le réseau du P.-L.-M., depuis déjà des années et des années. Comme nous l'interrogions sur l'utilisation de ses vacances, il nous répondit, les yeux fermés, comme en extase à la pensée des voluptés qu'il se proposait d'en retirer :

— Ah! Monsieur! Je vais m'installer dans un petit
cabanon que je possède près de Marseille et je n'en
bougerai plus. Je n'en sortirai plus. J'y vivrai claustré
délicieusement, avec des livres, des boissons fraîches,
immobile et rêveur. Durant des semaines j'oublierai la
nécessité de l'odieuse locomotion ; je ne marcherai plus,
je ne trépiderai plus, j'écouterai le silence, je ferai le
mort avec des délices que je ne saurais décrire.

Et, comme le train stoppait à La Roche-sur-Faron,
et qu'une foule grouillante d'alpinistes poussiéreux,
en sueur, chargés de sacs et de valises descendait des
wagons, encombrant les trottoirs, se bousculant pour
se rafraîchir avant de bifurquer sur Chamonix, mon
compagnon de route les regardait avec une pitié et
une curiosité intéressées, examinant leur fatigue, leur
détresse, leur poussée exténuée :

— Dire, s'écria-t-il en ricanant amèrement, que
tous ces gens-là font un pareil métier *par plaisir*,
sans y être forcés, et qu'ils seraient si bien chez eux !
Ah! les fous !

Ce voyageur perpétuel, par nécessité, nous révélait
ainsi toute l'étendue épidémique des *Supplices d'agrément*, et il nous vint à la pensée de nous demander si
nous-même, malgré les joies constantes réitérées de très
fréquents, presque constants déplacements, nous ne
serions point, à notre insu, *un supplicié par persuasion*.
En définitive, qu'en savons-nous? Pascal n'a-t-il pas
affirmé que « tous les malheurs ici-bas viennent de ne
pas savoir rester chez soi » ; nous n'en sortons que pour
savourer la joie d'y rentrer.

A vrai dire, l'agrément du voyage, son charme
intime ne se font sentir que lorsqu'on s'éloigne des
grands centres du cosmopolitisme et des milieux où la
civilisation confine au snobisme. Dans tous les centres

où dominent les étapes des agences de tourisme, où de vastes hôtels modernes se sont installés, il ne faut point songer à sortir de la monotonie des coutumes, des décors, des services domestiques, des menus internationaux de table d'hôte.

Les Américains, les Anglais opulents, les Français convoyés par bandes en parcours conduits par des guides font des voyages illusoires et pour ainsi dire inutiles. Ils trouvent partout le même dîner à prix fixe, les mêmes poulets étuvés dans un jus au liebig, d'analogues puddings de cabinets, des mets identiques sans valeur ni saveur spéciale. Ce sont les mêmes maîtres d'hôtels solennels qui officient, répètent les mêmes phrases, servent les eaux minérales connues et les vins de « wagons-lits » dans des salles à manger semblables les unes aux autres. Dans ces conditions, qu'apporte le voyage et pourquoi voyager ?

On se le demande vraiment, à regarder sur les lacs d'Italie ou d'Écosse, en Suisse ou en Allemagne, dans tous les grands caravansérails où s'entassent les riches à vie errante, combien pitoyable est la monotonie de ces existences où rien ne varie en somme, sinon la croyance qu'en quelques heures de train de luxe, ceux qui furent transportés ont changé d'endroit.

En observant l'art du voyage avec un œil dépourvu de préjugés, on s'aperçoit vivement que ce sont les touristes à ressources les plus modiques dont les conditions de vie adaptée sont les plus favorables à la connaissance approfondie des contrées traversées.

Les gens très fortunés qui, sans compter, vont de capitale en capitale, qui usent de l'auto entre temps, qui veulent aller vite, encore et toujours, qui cherchent avec persistance les hôtels de premier rang, ignorent vraiment tout ce qu'on peut retirer d'un vrai voyage à la mode ancienne. Ils sont aveugles vis-à-vis des êtres et des choses, n'ont aucun élément d'appréciation des façons de vivre indigènes : ce sont des colis qu'on transporte avec confortable. Rien de plus.

Chaque jour nous apprenons davantage les bonnes fortunes positives que nous donnent l'indépendance, le manque de vanité, la nécessité de compter avec sa bourse. Aussi est-ce une erreur de dire qu'il vaut autant ne pas voyager que de le faire en très modestes conditions. C'est le contraire qui plutôt serait rigoureusement véridique.

La fortune nous gâte très souvent, nous masque pour le moins les intimes beautés et les saveurs réelles de la vie. Elles nous rend imbéciles à nombre de points de vue. Regardez plutôt l'usage qu'en font nombre de ceux qui la possèdent.

En terminant, par un séjour prolongé au Caire sous le merveilleux firmament égyptien, une promenade commencée au *Paradis terrestre* de Ceylan, nous pûmes récemment davantage nous convaincre, par de nouvelles et plus variées observations, combien rares sont les voyageurs occidentaux contemporains qui se déplacent pour vraiment *voir, interpréter, comprendre* les pays et les populations qu'ils croient s'être donné pour mission de visiter avec agrément et loisirs.

Ceux qui se rendent aujourd'hui aux Indes, à Java, en Indo-Chine ou au Japon, n'ont, en majorité, pour unique préoccupation que de couvrir rapidement du terrain, à la façon de Philéas Fog. La fatuité du voyage semble leur avoir infligé le pensum de parcourir des itinéraires de convenance. Ils exécutent donc, à travers certaines villes réputées, la course prescrite par les Bœdeker et les guides Cook and C°. Ils voyagent à peu près de manière analogue à leurs bagages. Enregistrés, selon les règles, vers les centres les mieux accrédités, ils se font automatiquement conduire, avec le même ennui, mué en admiration résignée, vers les temples fameux, les ruines illustres, les bazars bruyants, où ils achèteront stupidement de pauvres objets réservés à leur aveuglement ou à leur ignorance esthétique. Ils ne sont sensibles qu'au faux luxe du « Caravansérail-Palace » qui les héberge, qu'à la nourriture conventionnelle qui leur est servie et aux cartes postales qu'ils expédient en nombre à tous ceux dont ils ont coutume de médire et auxquels ils s'accordent la basse et vaniteuse joie de causer de l'envie.

Ce qui est à voir et à connaître puisque nous venons à parler de l'Orient, c'est le peuple oriental, ce sont les indigènes, leurs coutumes, leurs costumes, leurs mœurs intimes, leurs ambiances, leurs expressions multiples, leur vie prodigieusement intéressante, leurs goûts et leur mentalité. Alors que des villes européennes s'érigent hélas! partout sur le sol des contrées les plus fabuleuses et les plus réfractaires à notre civilisation et contribuent à enlaidir, à dénaturer, à banaliser en apparence les cités que notre imagination romantique magnifia, les *villes noires* qu'on dédaigne, les vieux quartiers primitifs où l'on passe hâtivement avec une affectation de dégoût, sont les seuls qui vaillent qu'on s'y attarde, qu'on y vive, qu'on y regarde et qu'on y rêve jusqu'à ce que nous soit peu à peu révélée l'âme ingénue, instinctive, primordiale, naturelle de ceux qui y demeurent imperméablement à l'abri des mensonges et des laideurs de nos mœurs européennes et civilisées.

Ces quartiers indigènes ne sont point troublés par les touristes d'Occident, les agences de voyages n'y conduisent point leurs pigeons voyageurs. Ils ne sont point profanés par les Anglais en complets de tweed ou les Allemands vêtus de lainages verdâtres du Tyrol. Il est délicieux d'y passer la majeure partie de ses journées, de se familiariser avec les merveilles architecturales qui y sont encloses, d'y goûter le mouvement intense qui s'y manifeste, d'y ouïr la chanson ardente des rues, orchestrée magnifiquement par des êtres impulsifs et gais, enthousiastes et rêveurs, souples et beaux sous les loques opulentes qui masquent à peine leur nudité dorée.

Il faut estimer — nous le disions au début de ce chapitre — qu'on ne voyagera jamais aussi légèrement qu'aujourd'hui, parce qu'aussi rapidement. En Europe, en Italie même, les touristes actuels n'ont qu'une préoccupation : visiter en toute hâte les villes essentielles, celles qu'il faut avoir vues pour en conserver de vagues notions et d'importantes collections de cartes postales qui aident au souvenir et témoignent du déplacement. Quant aux petites cités secondaires, celles où ne s'arrêtent point les grands rapides munis de Wagons-lits, Restaurants, on les brûle, selon le terme consacré; on les plaque, faute de temps et aussi parce qu'on redoute de n'y point rencontrer les hôtels cosmopolites à ascenseurs et chauffage central, le portier polyglotte et toutes les sottises qui s'associent à l'idée du confort moderne.

Il convient de prémunir les curieux sincères contre cette négligence condamnable des petites villes. En Italie, par exemple, aussi bien qu'en Allemagne, ce sont les plus exquises, les plus ensorcelantes, celles où nous communions le mieux en intimité avec les mœurs, le caractère, le langage, la cuisine, les produits, l'âme populaire même du pays. Le vrai voyage d'Italie serait encore à faire à pied, sac au dos, à la façon de nos vieux peintres de 1830, car en Piémont, en Toscane ou en Lombardie, il n'est point de grand village qui ne réserve quelque admirable surprise aux déterminés amoureux d'architecture et de pittoresque.

Les petites cités secondaires qu'on a si grand tort de négliger laissent au voyageur qui les pénètre, qui s'y intéresse jusqu'à y loger dans des auberges plaisantes et pittoresques, des souvenirs vraiment originaux et multiples. Les sensations qu'on y rencontre sont en effet infiniment variées dans le domaine de l'art archéologique et de la vie moderne. L'imprévu y fleurit; on y trouve plus et mieux que ce que signalent les guides poncifs ou même que ce que montrent les photographies des vignettes postales généralement prises par des photographes dépourvus de sentiment esthétique. Il faut bien ajouter qu'au cœur de ces petites cités, on comprend, on sent, on interprète mieux le pays parcouru, ses mœurs et son caractère que dans les capitales presque toutes cosmopolites aujourd'hui. Les hôtelleries y ont encore de la couleur; elles sont révélatrices. On y vit exclusivement à la manière locale, sans avoir à s'en plaindre. On y fait connaissance avec une cuisine dont on croyait posséder une idée d'ensemble et dont la variété échappait à notre connaissance. Les vins, ce ne sont plus seulement, si l'on parle de l'Italie, le chianti classique, le falerno romantique, le lacryma-christi ou l'asti spumante; ce sont dix, vingt, cent crus du pays, de la contrée qui nous offrent leurs bouquets agréables, leur saveur étrange, qui s'allie si bien à celles des risotto, des stufato, des pâtes napolitaines, des fromages gorgonzola et strachino et des savoureuses *tortes* milanaises, bolonaises et autres.

L'âge héroïque et romantique du voyage disparaît

chaque jour de plus en plus. La faculté d'entreprendre des itinéraires tout faits, le Bœdckérisme associé au tourisme et au cookisme organisés ont créé la *badauderie vagabonde* qui caractérise notre époque irrémédiablement vouée aux *supplices d'agrément*. On voyage aujourd'hui avec la même fatigue, la même lassitude que celle qu'on observe chez les visiteurs d'Expositions universelles, mais les véritables voyageurs indépendants et sagaces n'ont à aucune époque été aussi rares. Ce n'est pas un paradoxe difficile à soutenir, c'est une vérité qu'il serait fort aisé à démontrer avec tous témoignages à l'appui.

Observez bien la *Mode du voyage* et surtont ceux qui se croient tenus par vanité à suivre cette mode aussi rigoureuse que les autres, sinon davantage. Vous verrez alors apparaître ce qui, à nos yeux, est aujourd'hui si apparent : que cette mode constitue l'un des plus tyranniques *supplices d'agrément.* N'envions pas trop ceux qui figurent aux *annuaires du tourisme* non plus que les abonnés des agences de déplacements et voyages en commun.

LES HOTELS

ET LA VIE EN LOCATIS

Paris, en août et septembre, est vide, pneumatisé par les petits trous pas chers et les grands trous ruineux des côtes normandes, bretonnes et basques. Chose invraisemblable, on y peut circuler et rêver, traverser les chaussées sans affolement et s'embarquer dans le détroit plein d'écueils des carrefours boulevardiers sans avoir à méditer sur son testament.

Chaque année la capitale, aux époques caniculaires, se dépeuple davantage et tous les professionnels veulent goûter des vacances. Le nombre des boutiques fermées pour cause de villégiature s'augmente du centre à la périphérie. La morte saison atteint tous les commerces de luxe, qui ne se donnent même plus la peine de se mettre en frais d'étalage pour les touristes râleux venus d'Allemagne ou des lointains comtés d'Angleterre. La mode de la clôture annuelle des théâtres a gagné les grandes maisons de couture, d'orfèvrerie, d'objets d'arts et d'antiquités.

En flânant en ces heures bénies, dans le quartier des marchands de curiosités, entre le quai Voltaire et la rue de Rennes, on peut y constater l'impossibilité d'y

exercer la chasse aux bibelots et d'y musarder passionnément, si on en possède goût et coutume. Les anti-
quaires, marchands de meubles anciens, d'estampes,
de bric-à-brac, certains bouquinistes même, ont clos
leurs auvents. Les volets mornes sont posés sur les vitres
claires, au travers desquelles le regard plongeait inqui-
siteur, émoustillé et comme en flirt avec d'hypothétiques bonnes fortunes bibelotières. Certains sont
allés tenter la chance des clientèles flottantes dans les
grandes villes d'eaux ou sur les plages fashionables, où
le snobisme rend les dupes plus faciles; mais la grande
majorité a lâché le négoce pour aller se mettre au vert
ou au bleu marin et s'offrir quelques semaines de
repos dans les meilleurs hôtels des stations thermales
ou balnéaires et y faire de la piaffe et de l'épate et de
la *poussière* à qui mieux mieux.

La vie hors de chez soi, la vie en locatis, qui règne
en maîtresse aux États-Unis et qui s'impose de plus en
plus chez la plupart des peuples européens, commence
à jouer un rôle curieux chez nos Français, si casaniers,
si amoureux du foyer et du ronronnement félin des
habitudes domestiques, si fidèles à leur patelin, si
esclaves de leurs régulières manies. On y cède à la
mode des voyages; on entend faire comme les voisins,
changer d'air, sortir de chez soi; c'est une façon de
témoigner qu'on est à son aise, qu'on sait se débrouil-
ler et qu'on peut, à la rigueur, pousser une pointe à
l'étranger. On ne voyage point, nous l'avons remarqué
par ailleurs, par goût inné, par ardente curiosité de
regarder au delà des frontières, par passion de vues pittoresques, artistiques, ethniques ou archéologiques, mais
principalement *pour avoir voyagé*. Nous pensons même
que, pour nombre de nos compatriotes acagnardés
dans les usages, les observances, le trantran familial, le

voyage constitue en quelque sorte une corvée conventionnelle et de bon ton. De toute façon, cet état est tran-
sitoire. Le vieil homme de France, cramponné à ses
dieux lares, disparaît de plus en plus. La vie l'entraîne
vers l'*ailleurs* ; la loi des déplacements prend plus de
force, entre en vigueur dans tous les milieux. Ce ne sont
plus seulement les chemins de fer, les automobiles, les
agences de vagabondage et de tourisme, les entreprises
de pèlerinages, les combinaisons de trains dits de plaisir, les congrès, etc., qui agitent la masse populaire
et la mettent en tentation de s'évader des ornières quotidiennes et du grand chemin des vaches, comme on
disait naguère. Il y a comme une émulation de vanités ;
les jeunes générations mettent en branle les anciennes.
Personne ne veut plus rester chez soi.

Cette nouvelle vie locomotionnée fréquemment et qui
fait faire à tous de la géographie en action, la seule valable
et positive, est loin d'être malsaine. Si les chambres
et la nourriture d'hôtel ramènent avec agrément au
nid familier et au succulent pot-au-feu ancestral, le changement de milieu n'a pas été moins profitable aux idées,
aux goûts, à la philosophie économique des voyageurs.

Montaigne a délicieusement écrit : « Le voyage me
semble un exercice profitable ; l'âme y a une continuelle surexcitation à remarquer les choses inconnues et
nouvelles. Je ne sache point meilleure école à façonner
la vie que de lui proposer incessamment la diversité de
tant d'autres vies, fantaisies et usances, et de lui faire
goûter une si perpétuelle variété de formes de notre
nature. Le corps n'y est ni oisif ni travaillé et cette
modérée agitation le met en haleine. La mutation d'air
et de climat ne me touche point ; tout ciel m'est un ;
je ne suis battu que des altérations internes que je
produis en moi et celles-là m'arrivent moins en voya-

geant... Par le voyage je me dérobe aux occasions de me fâcher et me détourne de la connaissance des choses qui vont mal; et, si je ne puis faire qu'à toute heure je me heurte chez moi à quelque rencontre qui me déplaise, en voyage, je n'ai point ce souci et considère mes affaires de loin et en gros et sentirais moins alors la ruine d'une tour de mon castel que ne ferait à présent la chute d'une ardoise. »

La vie en locatis, qui nous décharge de tout souci domestique, qui nous soulage des préoccupations de belle ordonnance, d'approvisionnement, de bonne tenue du logis, qui nous fait insensibles à l'usure, à la détérioration des objets, nous épargne l'amour-propre des coquetteries intimes, des responsabilités de netteté, de propreté, d'harmonie mobilière. Cette vie d'hôtel ou de maison meublée, qui nous laisse la libre disposition de notre temps, est une école de renoncement aux tracas de la propriété qu'il serait bon et sage d'interpréter pour améliorer désormais nos conditions d'existence.

En effet, nous nous apercevons aussitôt que le sentiment de la propriété de la maison, des objets mobiliers, des êtres mêmes à notre service et sur lesquels nous exerçons notre maîtrise cesse d'exister, que notre *indépendance monte et plane*, légère comme un aérostat qui vient de jeter du lest. Nous nous sentons dégagés des contingences vulgaires et mesquines. Comment ne nous vient-il pas à l'idée que la pire des servitudes est celle de la possession et qu'être *chez soi* c'est se faire esclave de tout ce qu'on y a réuni de biens dont on est l'incontesté propriétaire, mais le pitoyable serviteur.

Bias, philosophe antique, raisonnait en voyageur, disant qu'il portait toute sa fortune sur soi. Il mettait sa sagesse en pratique. A l'hôtel, en villa meublée, hors de chez nous, nous comprenons mieux l'art de vivre en attachant aux choses l'exacte importance qu'elles méritent. Nous estimons combien nos besoins sont moins nombreux que nous ne pensions, nous découvrons le peu qui nous est nécessaire, indispensable, et combien aisément nous nous adaptons à certains modes d'existence sommaire peu compliquée. Avec un minimum de confortable et d'objets usuels, nous nous sentons heureux de faire litière de nos médiocres habitudes.

Le bonheur, disait Léon Gozlan, est moins de posséder ce qu'on n'a pas que de cesser d'avoir ce qu'on possède.

On n'a donc, — insistons-y, — jamais conjugué davantage, — et avec quelle sereine cruauté vis-à-vis de ceux qui demeurent! — le verbe partir. Dans tous les dialogues hâtifs des rencontres, on n'entend que des : je pars..., nous partons...; alors, vous partez? Eux!... mais ils partent!

Où vont, de août à octobre, tous nos francs-fileurs?

En très petit nombre, ils se rendent en villégiature sur des terres domaniales, dans le chez-soi de châteaux, mesnils ou villas. On pourrait estimer ceux-ci comme les plus heureux, s'ils n'avaient la nostalgie de l'ailleurs et ne rêvaient de rompre la monotonie des retraites trop familières, sans imprévus charmeurs ni horizons nouveaux. En grande majorité, les « vacanceux » vont au hasard, vers la mer, la montagne ou la ville d'eaux, pour y vivre à l'hôtel ou en maison meublée. D'autres, moins sédentaires encore, se livrent à de classiques voyages circulaires de tout repos et s'apprêtent à découvrir les bords du Rhin ou de la Meuse, la Thuringe, la Suisse ou le Tyrol, à moins qu'ils ne poussent jusqu'en Écosse, ou ne visitent l'Italie et ses lacs, la Bavière et ses châteaux, la Norvège et ses fjords. Quelques vagabonds, épris de nature et de pittoresque, jugent que, sans se rendre à l'étranger, ils trouveront amplement matière à admiration et à déambulation dans notre pays où fleurit la Touraine, où s'érigent les pics de la Savoie, les sommets de l'Auvergne, les altitudes des Pyrénées, où se creusent les gorges du Tarn et les vallons verdoyants de l'Isère. Pour ceux-ci, la France est un thème à promenades toujours variables et passionnantes, et s'ils veulent étendre leurs investigations sans quitter moralement nos frontières, l'Alsace s'offre à eux hospitalière et souriante, cette belle et plantureuse Alsace, vers laquelle nous convient tant de souvenirs douloureux, nous voudrions pouvoir ajouter : tant d'espoirs réconfortants !

Pour tous ces itinérants et pèlerins de divers tempéraments et d'idéal changeant, c'est la vie d'hôtel qui commence, le gîte d'occasion à chaque étape nouvelle, la recherche continue d'un logis propre, d'une chambre confortable, aérée, plaisante, avec fenêtre s'ouvrant sur de vastes perspectives.

Les hôtels modernes semblent devoir répondre à tous ces désirs ; presque partout ils se sont, non pas seulement transformés, mais créés entièrement sur des plans nouveaux. Selon les contrées où l'on désire fréquenter, on sait généralement d'avance le type de caravansérail que l'on trouvera pour y séjourner. Le citoyen suisse, par exemple, éminemment hôtelier, nous offre partout l'hospitalité la plus agréable et la plus confortable, même dans l'Italie, sa voisine, où son initiative d'homme d'affaires a su pénétrer. Dans les pays du Nord, Belgique, Allemagne rhénane, Suède, Angleterre et Écosse, de considérables et nombreuses hôtelleries ont été bâties depuis vingt années, qui sont à la hauteur de toutes les exigences. On y trouve aujourd'hui, partout, de vastes palais élégants d'architecture, où le luxe intérieur est comme assourdi et discret, et aussi on y peut loger dans de plus simples maisons ou hôtels de tempérance, dans lesquels les excursionnistes qui ne tiennent que médiocrement au vin et aux spiritueux rencontrent, à des prix très minimes, la nourriture abondante et saine, ainsi que les chambres les plus soigneusement meublées et les mieux pourvues au point de vue de l'air, de la propreté et de l'hygiène. Les salles de bains, de douches, les cabinets indispensables sont, même dans ces hôtels tempérants et si peu onéreux, multipliés à tous étages et tenus dans un état impeccable. Rien de laid, de malpropre ou de malodorant n'y afflige le regard ou l'odorat. Tout y est blanc, vernissé, lavé, net et sans inutiles tentures. On y peut respirer en toute quiétude, s'y reposer dans une ambiance presque virginale.

En est-il de même dans notre pays de France, où nous sommes si foncièrement conservateurs de tout ce qui existe que nous devenons très inconsciemment réfractaires au progrès?

Il faut bien constater, hélas! que sauf quelques centres de villes d'eaux ou de plaisirs mondains, où la concurrence exaspérée a fait des miracles, nos principales villes de province sont si mal dotées au point de vue des hôtels logeables, que c'est une affliction véritable que d'être dans l'obligation de s'y arrêter.

Dire ce qu'on affronte de dégoûts, de répugnances, d'écœurements dans les cinq sixièmes des cités maritimes et autres de la Manche ou du Nord, sans parler de la Bretagne, est plus que malaisé. Ces arrivées dans des hôtels, dits de premier ordre, ces sensations au travers de couloirs étroits, éraillés par les malles et remplis d'odeurs de latrines et de senteurs de juliennes renversées; ces installations d'épouvante dans des chambres

empuanties d'exhalaisons d'animalité humaine accumulées, et effroyablement meublées et tapissées, cet affale-
ment d'être laissé là, avec une bougie de basse qualité
ou une lampe de triste incandescence, vis-à-vis d'une
toilette branlante et d'un lit dont les draps ont un
spécial parfum de crasse et d'humidité, nos lecteurs,
à coup sûr, les connaissent. Ce sont des souvenirs que
chacun n'oublie pas. On comprend qu'ils aient guéri
beaucoup de nos compatriotes du goût des voyages, et
l'on doit montrer quelque sympathique indulgence pour
le bourgeois casanier qui, ne voulant plus recommencer
l'expérience, énonce cet honnête lieu commun : « Il
n'est vraiment de bon que le chez-soi. »

Comme il nous est agréable d'attirer l'attention sur
des réformes que chacun souhaite en silence, sans
donner libre cours à sa mauvaise humeur, nous pouvons dévoiler cet état d'infériorité, de vétusté, de déla-
brement de la plupart de nos hôtelleries françaises,
alors que nos compatriotes se mettent en goût de
voyager et d'y élire un domicile passager.

Ne nous illusionnons guère sur le résultat immé-
diatde cette constatation publique, mais, toutefois, si
tant de braves hôteliers, inconscients de leurs bouges
insalubres, se plaignent encore avec candeur du mauvais état des affaires, il n'est pas superflu de leur dire
que leur déconfiture n'a rien qui doive surprendre
et que ce n'est pas en offrant aux étrangers des
chambres indignes de rouliers et des water-closets de
caserne qu'ils parviendront à galvaniser la clientèle
qui demeure *at home*. La grande, très grande majorité
de nos hôtels de province, — je pourrais même dire
de Paris et de ses environs directs, — sont d'une lamentable médiocrité, d'une propreté trop souvent
douteuse et d'un confortable indigent. Il en est, cela

ne fait aucun doute, quelques-uns de recommandables,
ici et là, mais trop de villes que je tairai en sont dépourvues entièrement, et on y chercherait en vain la cham-
brette impeccable, fraîche et ouverte à l'air, où reposer
sans appréhension une nuit ou deux.

Nous n'ignorons pas les améliorations que le Tou-
ring-Club a déjà réalisées en faveur de l'hygiène des
sportsmen, mais ces améliorations portent plutôt sur
les auberges des bourgades qui, sans prétention, sont
généralement très supérieures aux hôtelleries. Les
bonnes petites auberges de Bourgogne ou de Normandie,
les aimables tourne-bride, les jolies tavernes de campagne où, naguère, on logeait à pied et à cheval, les
honnêtes « Lion d'Or » et « Grand Cerf » et les « Écu de
France » qui apparaissent au bord des routes, avec l'éclat
des cuivres des vastes cuisines, et la tenue blanche du
chef qui se repose au-devant de la porte, voilà ce qui
consolerait encore des hôtels des grandes rues, des cours
et des places centrales de nos chefs-lieux de départements ; toutefois, c'est insuffisant.

Ce qui exaspérerait les plus bénins voyageurs dans
ces « maisons de confiance » des villes, c'est la prétention aveugle et les mines d'onction et d'importance qu'apportent pour vous y accueillir les dames
mûres qui vous attribuent, à un prix excessif, un
numéro 8, 15 ou 20. Ce numéro représente, trop
fréquemment, une chambre nauséeuse, au mobilier
antique, au parquet vacillant et dont le lit, bateau à
moitié décollé, avec descente de lit montrant un chien
d'arrêt, est surchargé d'un édredon sordide qui sent
encore la basse-cour, sinon d'un ciel de lit où des poussières sans nombre se sont accumulées. Mais essayez de
réclamer, et aussitôt vous verrez la mine courroucée
de la digne hôtelière qui ne saurait souffrir que l'on

osât douter de la merveilleuse tenue, de la « haute réputation consacrée » du bon goût et du confortable d'un hôtel fréquenté par toutes les notabilités des environs depuis plusieurs générations. (Ça se voit, du reste, et ça se sent !)

Qui dira la pestilence et l'exiguïté des « nécessités » dans ces provinciales demeures, dont doivent se satisfaire tant de commis-voyageurs, et qui dépeindra les salles à manger sombres, où une orgueilleuse table d'hôte, toujours nappée, s'allonge dans le boyau ordinaire de la pièce comme un large tænia. Ne serait-il pas temps de moderniser ces hôtels, dont les plus luxueux semblent s'être arrêtés et figés dans le style lourd et falot du second Empire, avec des reps verts, des velours Solférino et des draps Magenta qui, en se décolorant à la lumière, n'ont conservé que des tons vinasse ou des nuances d'ecchymose.

A défaut d'un luxe dont on peut fort bien se passer, que nos hôteliers désireux d'attirer les voyageurs se décident à nous donner une hospitalité simple, mais rigoureusement propre et hygiénique. Que leurs chambres soient ripolinées et fréquemment lavées, que les lits soient de bois neuf ou de fer, mais sans tentures, que l'air circule partout avec de la lumière à profusion, que l'odeur des cuisines soit canalisée ailleurs que dans les couloirs; que tout soit gai à l'œil, frais, éclatant de propreté et surtout que les prix ne dépassent pas la norme, voilà ce qui est désirable. On verra alors, j'aime à le croire, le nombre des étrangers se multiplier dans nos admirables provinces et nous perdrons une mauvaise réputation d'hospitalité inconfortable, vis-à-vis des voyageurs, réputation que nous n'avons pas toujours volée, les plus optimistes en conviendront.

Un magistrat municipal de New-York nous disait un

jour, en montrant la grande cité américaine, toute peuplée d'hôtels neufs et d'un tel confort, que les milliardaires désertent parfois leurs palais pour y habiter : « Voyez-vous, cher ami, nos municipalités arriveront à décréter que tout hôtel doit être démoli ou brûlé après vingt-cinq années de service. Rien n'est plus malsain, après un certain temps, que ces boîtes à voyageurs, où des gens de toute provenance se renouvellent sans cesse. Rien ne s'infecte plus vite et ne devient plus contraire à l'hygiène des étrangers. J'espère bien, ajoutait-il, qu'une loi sera formulée, qui fixera l'existence pratique d'une hôtellerie à vingt-cinq ans au maximum. »

Il faut certes approuver entièrement ce rigoureux projet de notre ami le magistrat yankee ; mais si cette loi-là passait en France, supputez un peu ce qui resterait d'hôtels dans nos provinces, et même à Paris. Il en est tant et tant, hélas ! qui pourraient fêter le bi-centenaire de leur fondation !

Ceci m'amène à parler du *gîte et du repas*, car quelques-uns, parmi ceux qui fréquentent nos hôtels de France, déclarent que le confort du logis importe peu si la nourriture est succulente et saine ; la question vaut d'être discutée.

LE GITE ET LE REPAS

Nous venons d'aborder la question des hôtelleries regrettant de constater avec quelle déplorable lenteur ceux qui, en France, émettent la prétention de tenir des hôtels de premier ordre, s'érigent véritablement à la hauteur des progrès aujourd'hui réalisés presque partout en Suisse, en Angleterre, en Allemagne et même en Italie.

Il n'y a pas à dire, répétons-le, la majorité de nos grandes auberges ne favorisent pas le voyage dans un pays cependant si admirablement varié que le nôtre et qui, au dire des étrangers, qui savent voir et comparer, est encore, comme le nommait Shakespeare : *le jardin de l'univers* le plus merveilleux à parcourir et visiter qui se puisse rencontrer sur cette planète.

Certes, nos compatriotes ne se montrent guère exigeants sur la propreté, la coquetterie décorative, la clarté, la fraîcheur et la salubrité des chambres qui leur sont offertes dans la plupart de nos préfectures et sous-préfectures. Les négociants, voyageurs et touristes se contentent de gîtes dont l'exiguïté, la laideur, la saleté, l'affreux mobilier, les tentures passées, les peintures défraîchies, les tapis usés jusqu'à la trame donnent une véritable sensation d'angoisse et de dégoût à ceux qui aiment trouver, hors de chez eux, la chambre lumineuse, aux rideaux de guipure bien blancs sur des vitres impolluées, au parquet ciré ou lavé, aux papiers nets et propres, aux meubles simples et brillants, au lit de fer ou de cuivre n'éveillant aucune appréhension pour le dessous des couvertures, des matelas et des draps.

Combien peu fréquentes, hélas! dans le centre de notre beau pays, se rencontrent ces chambrettes souriantes et avenantes dans leur simple mousseline! Après un long et poussiéreux trajet en chemin de fer, en auto ou à bécane, elles représentent cependant pour nous le port salutaire, le nid accueillant où, dans une harmonie de blanc majeur, nous aimerions à opérer les nécessaires ablutions, et à goûter dans la fraîcheur, le silence et la propreté bienfaisante un repos sainement gagné, sur une literie impeccable.

Ce que le voyageur quelque peu délicat attend, espère et se croit en droit d'exiger, c'est un logis aussi peu compliqué, aussi sommaire que possible comme mobilier et décoration, mais apparemment net de toute souillure, avec des murs, un plafond, un parquet brillants, un lit agréable à voir dans sa tonalité et sa bonne senteur de complet blanchissage; une table de nuit hygiénique ne dégageant aucun relent des provenances azotiques et ammoniacales que la stagnation ou la négligence et le défaut de soins rendent si vite intolérables. Ajoutons à ces desiderata la toilette de bois blanc coquettement lingée, l'armoire de pitchpin, la table à écrire et quelques chaises légères, cannées ou paillées. Tout cela est aisé à réunir et installer sans frais, ni génie d'organisation. A proximité, le voyageur recherche des w.-c. ou indispensables à chasse, ou, pour le moins, munis de système à siphons, des *retirate*, comme disent les Italiens, clairs, bien aérés, soi-

gneusement ripolinés, et faisant oublier nos plus humiliantes fonctions, ou, pour mieux dire, celles des
passagers locataires qui nous précédèrent, car nous
sommes plutôt inaccessibles au dégoût de notre propre
humanité.

Au lieu de cette simplicité lessivée, astiquée, frottée,
maintenue en rigoureuse netteté après chaque occupation, que nous offre-t-on, le plus souvent?... Des
chambres du temps de la Restauration, avec un mobilier boiteux de l'époque, des tentures poussiéreuses et
brûlées par la vétusté, des murs tapissés depuis cinq
ou dix lustres, des plafonds surchargés de tapisseries, de
corniches encrassées et de crevasses pitoyables, des
baldaquins de lits, avec ou sans rideaux, mais qui recè-
lent plus de détritus qu'il n'en faudrait pour intoxiquer
des centaines de cobayes ; des lits, enfin, où l'on a
fumé, aimé, transpiré, exhalé des senteurs de maux
divers, des lits qui ne furent jamais purifiés, ni dans les
dessous essentiels, ni dans l'ébénisterie, ni dans les
couvertures. Les draps sont insuffisants à neutraliser
tant de miasmes et tant d'évocations de l'organique
malpropreté des innombrables humains qui dormirent
là sans souci, ni écœurement, hélas ! et sans la moindre
protestation.

Quant au petit meuble contenant « le vase qu'en
chambre, on demande », c'est la plus nauséabonde
cassolette que l'odorat puisse supporter. Le bois s'est
imprégné des essences ammoniacales et des acides
uriques au point que le voisinage, à l'heure du sommeil,
en devient un supplice indicible, une demi-asphyxie.
Quant aux nécessités, ou w.-c., disons que c'est trop
généralement une honte. Les odeurs en sont si effroyables
dans certains hôtels, cependant réputés, qu'elles
envahissent les couloirs, les escaliers, les chambres,

rappelant les latrines des collèges, des séminaires, des casernes, les lieux publics des vieilles gares de chemin de fer.

Notre confrère et ami Marcel Prévost a fréquemment signalé dans d'excellents articles de journaux ces tares déplorables de notre industrie hôtelière. Nous avouons qu'il le fit avec une philosophie infiniment plus résignée que la nôtre, dans un esprit fort rabelaisien, plaçant au premier rang les plaisirs de la table, généralement supérieurs, estime-t-il, en nos auberges de France à tout ce qu'on peut rencontrer dans les first-class hôtels de l'étranger.

La théorie de Marcel Prévost semble être celle-ci : « Il faut opter entre les deux meubles, entre le lit et la table, entre le gîte et le repas. » L'heureux châtelain de La Roche, dans le Lot-et-Garonne, est indulgent à la cuisine, aux savoureux ragoûts, aux bidoches habilement déguisées, aux délicatesses des desserts de nos grandes auberges. Il estime sans doute que l'agrément de bons et solides repas peut fort bien être payé par un bien-être absent et une hygiène douteuse du coucher. Certes, il préférerait plus d'harmonie entre les deux symboles du réconfort humain et pousserait volontiers l'exigence jusqu'à prétendre bien dormir en voyage, ayant bien dîné, ou bien déjeuner ayant bien dormi, mais on devine que la question du gîte est moins importante à ses yeux que celle du repas.

Nous devons montrer ici des tendances absolument contraires. On peut toujours choisir ses mets, obtenir des vins honnêtes, ou des eaux minérales rassurantes, des légumes faciles à cuisiner en son assiette, des œufs du jour ou de la veille, et du pain masticable. Les fromages et les desserts permettent également d'échapper à la faim, ainsi que les fruits, les biscuits, les confitures ou pâtisseries. Mais pour le gîte, pour la prison nocturne, où il faut bien, quelque dégoût qu'on en ait, demeurer un minimum de neuf à dix heures enfermé, il n'en va pas de même. Ah! certes non!

Rien n'est plus faux que le proverbe : « Une mauvaise nuit est bientôt passée. » Dire cela d'un mauvais repas serait mieux conforme à la vérité, car, en définitive, un gourmet accoutumé à des goûts sobres ne s'indigestionnera jamais de nourritures mal préparées et d'aspect inassimilables. Il calmera seulement son appétit avec ce qu'il pourra trouver de mangeable et ne s'en portera pas plus mal, bien au contraire. Le voyageur délicat, amoureux de netteté, de propreté, d'air salubre, de décoration harmonieuse et propre, de rigoureuse simplicité, de lumière sereine, d'attouchements sans traces aux doigts, et de sensations olfactives saines et agréables, souffrira mort et passion dans une chambre maussade, sombre, sentant l'animal humain dans ses substances les moins nobles et les plus pénétrantes, ne permettant pas de se livrer, sans suspicion, au sommeil et aux ablutions dans un entourage mobilier répulsif dont on ne saurait s'évader par crainte de trouver pis encore ailleurs.

Reconnaissons que le Français omnivore attache une excessive importance au repas et ne se soucie guère du gîte. Notre réputation culinaire est encore considérable dans le monde entier, tandis que notre renommée pour le bon gîte hôtelier laisse énormément à désirer et devient chaque jour plus médiocre, pour ne pas employer un qualificatif plus mordant.

Nos vieilles hôtelleries sont représentatives d'un conservatisme mobilier affligeant. Il serait temps de s'apercevoir que nous ne vivons plus sous le règne de Charles X ou de cette bonne poire de Louis-Philippe,

que les bois d'érable, de sapin, de chêne ou de frêne
bien entretenus sont supérieurs à l'acajou, au palissandre
datant de 1820, ou au poirier noirci de 1850, que
les appareils sanitaires des w.-c. sont plus nécessaires
qu'un beau service de table et que le lit offert au voyageur doit être, avant tout, un chef-d'œuvre de propreté,
d'hygiène et de confortable.

Au prix que réclament aujourd'hui les plus modestes
tenanciers d'hôtels, il n'est pas déraisonnable d'exiger
un gîte qui ne soit plus un bouge dégoûtant ou une
écœurante prison passagère. La vie d'hôtel est honorée,
prônée, et prend une importance de jour en jour progressive en Angleterre et aux États-Unis.

Nous ne saurions suivre un tel mouvement en France.
Chez nous, les souvenirs de la vie d'hôtel provincial
— villes d'eaux et stations climatériques mises à
part — ne seront jamais de ceux qu'on évoque sans
rancœur et sans dégoût. Le *Touring* a quelque peu
amélioré la situation, mais ce qui lui reste à faire
pourrait décourager les plus vaillants de ses apôtres
fervents. Il faudrait cent Hercules pour assainir tant
d'écuries d'Augias dans le centre et la circonférence
même de notre territoire.

Mais la routine ne sera-t-elle pas éternellement triomphante dans notre doux pays.

LE MARASME DES STATIONS

BALNÉAIRES DE TOUT REPOS

(CELLES QUI SOULAGENT)

Tout le monde voyage, c'est indéniable, et dans toutes les stations tout le monde se plaint.

— « Eh bien! avez-vous du monde? La saison est-elle bonne? — Ah! Monsieur, déplorable! De mémoire de baigneur, jamais on ne vit année plus mauvaise. Les gens passent, ne s'arrêtent plus. Les hôtels... à moitié vides; au Casino, recettes dérisoires. Et c'est partout comme ça, dit-on. Si ça continue, l'établissement ne trouvera plus de concessionnaire. C'est triste! »

Voilà en résumé ce qu'on entend de tous côtés, sur les plages et dans la majorité des moyennes stations thermales de l'Est, du Centre et des Pyrénées. Le marasme balnéaire sévit, il s'accentue.

Où vont les débilités, les surmenés, les neurasthéniques, les ægrotants divers, les familles de convales-cents? A cette question, une voix calamiteuse répond :
— « C'est l'automobile, Monsieur, qui nous fait tout ce tort! L'auto, voyez-vous, c'est la plaie; on ne reste plus en place, on file; on prend en dégoût la vie paisible, stagnante, apaisante; on ne se soigne plus, on demeure à

l'allumage! On veut voir du pays. Et encore... voir, c'est beaucoup dire, car on ne voit rien du tout dans ces sacrées machines-là; on ne voit que le ruban de route, les obstacles et les kilomètres franchis. Mais, il n'y a rien à y faire. C'est la mode! En attendant, nous autres, dans les villes d'eaux, nous croquons salement le marmot. Hôteliers, commerçants, médecins, nous traversons les années maigres sans encore savoir si quelque jour les belles saisons reviendront. »

Ces doléances, on les entendit assurément de tout temps. Ceux qui vivent des étrangers, sur les Côtes d'azur, d'émeraude ou d'argent, dans les Bagnères d'eaux chaudes ou froides, ou les Bagnoles normandes et vosgiennes, les firent retentir sans cesse aux oreilles des arrivants. Il est rare que les intéressés se déclarent satisfaits de l'afflux de l'élément nomade.

Cependant les hôtels passent en de nouvelles mains après fortunes faites, les docteurs consultants cèdent leur clientèle au prix fort, les casinos, qui sont sensés vivre sous le régime de la faillite, trouvent preneurs et embellisseurs; les municipalités se livrent parfois « à des prodigalités » inouïes pour attirer la société riche; les petits négociants, qui apitoient le promeneur solitaire « sur la dureté des temps » et le prix qu'on exige d'eux pour la location de leurs baraques, ont fort belle mine de prospérité, et les honorables mendigots de la localité, qui sont les types complémentaires des stations thermales, l'aveugle familier du jardin public, la paralytique du carrefour de la Cascade ou le cul-de-jatte de la Grande-Source sont gras, dodus, frais, immarcescibles et semblent défier les années. On les retrouve chaque année mieux en point.

Il faut admettre que tel ou tel été fut exceptionnellement aquatique, qu'il dérouta singulièrement les habitudes des citadins qui constituent la clientèle de luxe des petites bourgades où l'on est accoutumé de s'abreuver, doucher, gargariser, baigner. La pluie persistante de certains juillets fit dire en chœur : « C'est la même chose partout... à quoi bon changer de place! » On demeure donc davantage à la ville, avec un secret plaisir de n'avoir à se déplacer.

Le Français, né malin, qui est foncièrement sédentaire, saisit toujours avec empressement les prétextes qui lui sont fournis par le ciel de ne point quitter son logis. C'est un peu contre son gré, par mode, par vanité, pour faire comme les personnages en vue, qu'il se décide à voyager, à séjourner en des localités nouvelles où il est tenu de soigner ses bronches, son foie, ses intestins ou ses défaillances vésicales dont il penserait volontiers pouvoir atténuer le mauvais fonctionnement par un régime *at home*. Certaines années, les maussaderies atmosphériques aboutissent, dans nombre de familles, à faire proférer ce cri de délivrance : « Ma foi! tant pis, nous n'irons nulle part, sauf à notre campagne. Ce sera autant d'économies. » Les conséquences se font sentir dans les Thermes où l'on fréquente de juillet à fin août. La désolation y règne. Sauf à Vichy, à Aix, à Cauterets, à Luchon et dans les grandes stations où l'on s'amuse et où le baccarat, la saison théâtrale, les petites dames hospitalières et les petits chevaux abrutissants attirent et retiennent une population qui ne saurait vivre sans bruit, sans tziganes, sans argent remué et piaffe sonore et étourdissante.

Les paisibles stations où les beautés de la nature dominent, où l'on se peut recueillir dans la monotonie d'une existence simple, avec des distractions d'hygiène, de rigoureux exercices et de vagues musiquettes dans le parc, déclinent, à vrai dire, parce que la société moderne devient plus exigeante sous le rapport de ces ambiances pitoyables et mornes, que l'on nomme sans raison des plaisirs.

Les excursionnistes et grands marcheurs se font rares, le mot marcher n'a plus d'attrait que dans un sens paillard qui eût stupéfié Rabelais ou Molière. Les douces causeries où l'on se plaît aux controverses semblent rasantes aux hommes et femmes dont le cerveau s'est habitué à fonctionner à vide, dans un brouhaha qui dispense de moudre les moindres pensées. Il faut des spectacles, des trépidations d'auto, des parties en bandes, des repas en musique qui permettent un minimum de dialogues suivis, il faut une suite de programmes fixés et déterminés strictement par les casinos et les entrepreneurs de fêtes. Avec trois ou cinq toilettes par jour et le five o'clock tea, on arrive ainsi, à la rigueur, à boucler le budget de ses heures; on escamote le temps, sans avoir à regarder les paysages ou à admirer les couchers de soleil, ce qui est déplorablement vieux jeu. Les civilisés veulent être agités, distraits; il les faut prendre en entreprise et leur mastiquer les éléments dont se compose le tissu de la vie. Ce sont des figurants, des fantômes de vivants qu'il s'agit de faire glisser rapidement et salotement sur d'illusoires décors. Honneurs et argent à ceux qui y réussissent. C'est pourquoi le marasme balnéaire pourrait fort bien perdurer et s'aggraver dans les petites stations salutaires, où il convient de se soigner réellement et d'aimer les bois, la montagne et la mer pour ce qu'ils ont de beauté profonde, de séduction intense et de bienfaisante harmonie.

La préoccupation des comités d'initiative dans toutes les stations thermales qui s'efforcent à vivre est, aujourd'hui, de répondre à l'inconsciente folie des clientèles de luxe qui ne songent qu'à aliéner leur personnalité aux mains de ceux qui ont pour unique mission de les divertir. On recherche partout des médecins nouveau style, à la coule, connaissant les procédés modernes de l'entr'-aide médicale et leurs devoirs mondains ; ceux-ci savent comment, sans préjugés étroits, on approvisionne une ville d'eaux d'hôtes de marque. C'est affaire aux hôteliers, aux directeurs de casinos et de jeux, aux pro meneuses horizontales, aux grandes mondaines qui font le truc, de parachever l'œuvre de ces cosmopolis thermales dont il serait plaisant d'écrire le mécanisme et les dessous étranges de mise en scène.

Ah ! les honnêtes villes d'eaux de nos pères en ont évidemment pour peu de temps. Elles doivent évoluer ou végéter. C'est le dilemme. Mais, celles qui végètent dans une demi-faillite sont encore les plus délicieuses à fréquenter pour quelques-uns dont nous sommes.

CHAPITRE VII

L'ÉVOLUTION
DE LA LITTÉRATURE

Mœurs Littéraires nouvelles.
Le Mal Académique. — Décorations.

MARCHANDISE LITTÉRAIRE

Le procès entre certaine divette de music-hall auteur d'un roman sur le monde des cabots, et un certain M. B..., qui se prétendit le père authentique de ce livre sur commande et pour compte d'autrui, révéla au public des mœurs littéraires qui sont assez déplorables. Bien que la divette ait affirmé n'avoir point acheté à M. B... son roman, et alors même que sa bonne foi ne puisse faire doute pour ceux qui aiment et apprécient son loyal caractère, il n'y a point à se dissimuler que les dessous de la vie des producteurs d'œuvres romanesques sont aujourd'hui dévoilés. Si l'enquête pouvait se poursuivre dans le haut et bas monde des gens de plume, il est certain que les scandales se multiplieraient, car parmi les professionnels des livres de fiction, même parmi les plus réputés, trop souvent le pavillon du nom ne couvre qu'une marchandise de contrebande.

On parle ouvertement de ces choses à cette heure; on sait que tel romancier, que nous nommerons Jules de Clichy, se fournit de feuilletons sensationnels sur le marché des auteurs anonymes et nécessiteux et que ses plus grands succès au rez-de-chaussée du *Petit Quotidien* ou du *Grand Papier* ont été confectionnés *dans*

les prisons, comme on dit dans l'argot du métier.
Personne ne songe à s'en indigner. La conscience des
bons confrères ne s'en révolte point; à peine si un
léger dédain, un sourire de vague ironie souligne
l'énoncé du nom de l'habile corsaire. Il semble que
cela soit admis, que ce trafic honteux ne soit pas pen-
dable et qu'on puisse en parler de propos délibéré. Ce
n'est un mystère pour personne dans le public de cet
affreux et inconscient « Tout Paris » que X... n'ait
jamais écrit une seule ligne de ses œuvres, que Z... ne
prenne même point le souci de relire les manuscrits
qu'on lui apporte, qu'il les paye quand il peut et que
le gros entrepreneur de perversités féminines et con-
fectionneur de pickles littéraires à saveur antiphysique,
W..., commande ses toxines intellectuelles à de bons
petits jeunes gens plus ou moins talentueux, à un prix
inférieur à celui que peut rapporter une première
édition.

Assurément, cela n'indique pas une moralité bien
solide chez nos impatients arrivistes qui croient nécessaire de pondre quatre à cinq volumes par an, d'avoir
une influence dans les principaux journaux du boulevard et de mettre leur vie sur un pied que la bonne et
consciencieuse littérature autopsychique aussi bien
qu'autographe ne saurait maintenir dans le courant
vaniteux de la vie parisienne.

*
* *

La littérature industrielle existe donc de fait chez
nous. Cela ne saurait faire doute. Les hommes
d'affaires, les courtiers marrons de la littérature se
font chaque jour plus nombreux au détriment des
écrivains probes, patients, des littérateurs de noble

vocation déterminée qui continuent à œuvrer doucement, sans bruit, avec la religion des lettres et une foi
heureusement tenace dans le bon goût d'un public d'élite.

Récemment, je voyais arriver chez moi un jeune
auteur pauvre, consciencieux, érudit, travailleur et
modeste, disposé à tout faire pour gagner honnêtement
sa subsistance jusqu'à l'heure où il lui serait permis
de vulgariser par l'impression typographique ses productions de pensée trop haute, de style trop abstrait,
d'art trop transcendental pour séduire les éditeurs. Je le
connaissais déjà de longue date et m'efforçais d'encourager ses efforts et de soutenir sa vaillance dans ses fréquentes défaillances si compréhensibles au milieu de
l'égoïsme ambiant, du mufflisme et de la charlatannerie
contemporaine :

— Eh! bien, lui dis-je, ça va-t-il? Travaillez-vous?
Êtes-vous heureux et dispos?

— Oui, ça marche assez bien, je travaille et suis
assez content.

— Une œuvre en train?... de la philosophie?... de
l'histoire?... de l'esthétique?

— Non pas, un simple roman d'érudition. Une
reconstitution de la vie du xviiie siècle dans le milieu
des occultistes, des alchimistes, des mesméristes, des
visionnaires, vous voyez ce que ça peut donner. Je
m'emballe assez sur ce sujet qui est très passionnant.

— Je vous crois, rien de plus suggestif, je vois tout
cela à travers le Comte de Saint-Germain, Casanova et
Cagliostro. — Et vous appelez votre livre?

— *Je ne sais pas.* Il ne m'appartient pas de baptiser
mon œuvre. *Ce n'est pas pour moi* que je l'écris.

— Comment ça, pas pour vous!... et pour qui donc
alors?

— Je ne sais..., pour une *agence* qui me l'a commandée, une agence spéciale qui ne vit que de ces transactions, de ces commissions sur la marchandise littéraire.

— Et vous avez accepté, mon pauvre ami?

— Dame, il faut bien manger. On m'a déterminé vaguement le sujet, fixé l'étendue de l'ouvrage, le genre de sa présentation, érudition, fiction et action. Le prix a été fixé à vingt louis et le jour de la remise du manuscrit, je reçois, contre quittance à l'agent, mes quatre fafiots bleus sous condition de renoncer pour toujours à recevoir des nouvelles de mon travail.

— L'affreuse chose! Alors vous ignorez de quel titre sera décorée votre œuvre, quels en doivent être l'auteur et l'éditeur, de telle sorte que, dans l'immense production littéraire contemporaine, vous devez désespérer de jamais retrouver l'enfant que vous avez cédé, le fruit de votre cerveau ingénieux, savant et passionné? Je n'aurais jamais osé imaginer semblables conventions

— Je crois bien, ajouta doucement, tristement et sans révolte le jeune écrivain, que mon livre sera traduit en anglais, en allemand ou en russe, car l'agence en question *marche* beaucoup pour l'étranger. Aussi suis-je sans aucun espoir de rencontrer par quelque providentiel hasard que ce soit le roman sociologique et historique que j'exécute avec quelque fièvre passionnée et qui ne m'aura vraiment apporté que l'illusion vaniteuse de la paternité pleine de rêves sur les destinées de ce qu'elle met au jour. »

Cette conversation avec ce résigné débutant dans les lettres m'est souvent revenue à la mémoire comme une image de cauchemar. Edgar Poë n'aurait pas inventé cette agence mystérieuse et discrète, ce bureau de placement d'œuvres anonymes, cette sorte de *tour* comme on disait naguère de l'endroit où les mères infortunées venaient douloureusement déposer les enfants qu'elles devaient abandonner, ne les pouvant élever et pousser par elles-mêmes dans la vie.

Combien en compterait-on de jeunes écrivains contemporains qui chef-d'œuvrent peut-être incognito pour de telles maisons louches, lesquelles ne mériteraient que des proses adéquates aux œuvres de Ponson du Terrail ou de Gaboriau.

Il est sinistre de penser à ces injustices sociales, à ces infamies que sait oser l'argent, à ces crimes par étouffement commis dans l'ombre par des mains à peine remplies d'or, à ces détournements de mineurs de la littérature, car ce sont des mineurs, ces pauvres diables sans le sol, qui sont obligés par l'impitoyable nécessité à consentir pour vivre à ces effroyables marchés. Il n'y a pas que les filles qui soient par la misère poussées à la prostitution. Songeons avec quelle aisance les opulents désœuvrés qui veulent se donner un lustre d'artiste ou d'intellectuel peuvent aujourd'hui se parer de toutes les plumes des paons qui vont se faire dépenner n'étant pas assez riches pour faire la roue selon leur gré et à leur propre profit.

Le procès dont je parlais plus haut nous montre un coin de ces mœurs nouvelles acceptées, tolérées, indulgentées par la majorité. Il semble que cela soit sans importance d'acquérir une œuvre et de la signer, de se proclamer homme ou femme de lettres sans même avoir la conscience du métier. Comment nous étonnerions-nous aujourd'hui de rencontrer tant d'imbéciles dont la nullité nous apparaît au premier contact et dont les livres qu'ils nous apportent ne sont point dépourvus d'intérêt ! Les snobs veulent être auteurs, qu'ils le soient comme les coquettes qui veulent être mères sans passer par les douleurs et les joies de la maternité. Peu

importe, leur sottise apparaîtra toujours d'autant mieux
manifeste qu'elle sera plus disproportionnée avec la
valeur de l'œuvre qu'ils afficheront. Et puis ces gens
de réputation habillés de succès réclamier au décrochez-
moi ça des revendeurs du Temple, ne connaîtront
jamais l'encens mystique des chapelles closes, l'ivresse
intime succédant aux fatigues, aux incertitudes, aux
dépressions et aux réconforts des phases de la création,
car toute création consiste dans la couvaison de l'enfantement. Quelle est la mère, vraiment mère, qui pourrait tirer vanité des gentillesses, de l'intelligence héré-
ditaire, des talents et de la beauté d'un enfant adopté?

Un enfant volé qu'on exhibe pour son propre fils.
— Quelle pitié! Quelle atmosphère de mensonge, de
tristesse et de gêne dans cette fausse consanguinité
affichée!

Ce qu'on ne voyait que dans les sombres *mélos*
d'Ambigu se retrouve aujourd'hui dans le noble domaine des lettres — quelle infamie!!!

LES PRIX QU'ON DÉCERNE

Après le sortir du collège, naguère, l'ère des distributions de prix semblait close. Les bons élèves, qui continuaient leurs devoirs dans la vie militante, ne pouvaient plus guère espérer des pions officiels au Pouvoir, que des croix, des rubans, des médailles, des titres honorifiques ou des charges publiques. Les mœurs de notre heure sont en train de modifier cet état de choses. Il y aura de plus en plus des distributions de prix, toute la vie humaine durant et même « post mortem » sous des formes multiples.

Avez-vous remarqué combien vite se propagea, depuis quelques années, la mode des prix distribués aux personnages habiles, vertueux ou roublards? Est-ce aux concours sportifs qu'il convient d'attribuer cette épidémie de récompenses et cette poussée à l'émulation? Le brave Goncourt du *Grenier* d'Auteuil, fondateur d'une Académie, à gros prix annuel, est-il le coupable qu'il faille désigner à la vindicte des philosophes stoïciens? Cela est difficile à déterminer avec clarté. Ce qui est certain, c'est qu'à l'heure présente, aux approches du mois de décembre où l'on prétend liquider toutes les opérations de l'année qui s'achève, les prix pleuvent sur les vieux élèves bien sages, sur les savants, les romanciers, les bas bleus, les inventeurs, les docteurs, les chimistes et autres disciples appliqués des diverses écoles d'art, de littérature et de sciences.

On n'entend plus parler que des prix et des aréopages élégants ou solennels qui les décernent, Prix Goncourt, prix Nobel, prix de *Femina* et de *la Vie Heureuse*, prix de la *Société des Gens de Lettres*. Les lauréats auraient droit à un numéro spécial illustré; ils offrent tout l'intérêt de la *Pochette nationale*. Des palmarès d'honneur deviennent nécessaires. Un annuaire des récompenses, un livre d'or des prix annuels s'impose.

Les prix, croyez-le bien, se multiplieront désormais à l'infini. Il y a mille raisons qui militent en leur faveur. D'abord, la vanité, servie par la publicité accordée aux donateurs qui les offrent et aux grands « potaches » qui les reçoivent. La vanité toute-puissante est un appoint de premier ordre. C'est ainsi que les revues périodiques, les journaux quotidiens cherchent à se piédestaliser, aux yeux du public, sur des estrades de distribution de récompenses. Cela est d'une réclame durable et relativement peu onéreuse, tant est considérable le bon effet obtenu. Il y a comme une hypocrite apparence de haute magistrature à exercer aux regards de la foule, cette publicité d'apparat.

La charlatanerie de nos mœurs de presse contemporaine ne peut qu'y prendre chaque jour un goût plus vif. La presse s'efforcera peu à peu, avec une témérité qui ira toujours en s'accentuant, à accaparer tous les pouvoirs, à faire plus rigoureusement l'éducation faussée et la singulière police de l'Opinion. Elle finirait même par instituer des concours sensationnels de *beaux crimes* à seule fin d'en avoir la primeur et de pouvoir en fournir minutieusement tous les détails. « Les journaux, écrivait Balzac, ont le bénéfice de tous les êtres de raison. Les maux qu'ils déchaînent, personne n'en est coupable. » — « Les journaux, ajoutait un jour J. Barbey d'Aurévilly avec sa grandiloquence coutumière ce sont *les chemins de fer du mensonge.* »

Le public s'habitue à ces distributions de récompenses ; il y prend intérêt et amusement. Épris de justice, sans aucune méfiance contre les jugements qu'on lui impose, il voit, il croit, il sent et trop rarement se trouve désabusé. Mais, l'opinion que l'on crée, que l'on fabrique, que l'on fraude ou que l'on *sabote* avec tant d'aisance, n'est jamais que temporaire et instantanée, telle une préparation effervescente. Ça mousse, ça chante et ça s'effondre. Les arrivistes en profitent pour escamoter de vifs succès qui ne sont pas plus durables que les succès scolaires. Il importe peu, en vérité, qu'il en soit ainsi. Il faut regarder plus longtemps et plus loin.

Les distributions de prix, sous la physionomie la plus recommandable, dissimulent souvent une inconsciente immoralité. Elles favorisent la mendicité occulte et beaucoup d'incurables paresseux, qui ont dépensé tout leur talent à faire croire à leur génie méconnu, en vivent avec opiniâtreté. J'ai eu occasion de faire partie de certains comités où se distribuaient des *prix annuels* de diverse importance et relativement nombreux. La quantité de lettres, de visites que je reçus, de recommandations qu'il me fallut recueillir, les déplorables raisons qui me furent fournies de la nécessité des secours qui accréditaient telle ou telle candidature me chavirèrent le cœur de dégoût. Ce fut bien autre chose, lorsque je vis comment, en séance solennelle, s'expédiaient, par complaisance et veulerie, les choix d'élus, toujours en faveur de certains courants sympathiques créés, Dieu sait comment ! et pour des raisons qui ne répondaient aucunement aux intentions formelles des honnêtes donateurs.

A quoi bon s'indigner de l'injustice immanente des choses! — « Si la fortune veut rendre un homme estimable, écrivait Joubert, elle lui donne des vertus; si elle veut le rendre estimé, elle lui donne des succès. » Or, les succès littéraires et artistiques s'obtiennent aujourd'hui avec des procédés de réclame analogues aux succès de marques de fabrique des industriels. Les prix et récompenses font partie du fourbi des recommandations qui captivent la faveur publique. Le tout est de lancer la firme commerciale ou académique. Les malins n'hésitent pas. Les distributions de prix sont de bonnes grosses-caisses qui font accourir les badauds.

Il semble cependant, jusqu'à présent, malgré quelques défaillances, toutefois discutables, que l'attribution des prix Nobel aient droit à l'estime des plus indifférents en matière de récompenses. Tous ceux qui ont été depuis l'origine décernés aux hommes éminents de l'ancien et du nouveau monde l'ont été avec un point de mire remarquablement juste et un sentiment de mesure et d'équité qui fait honneur aux membres de l'Institut Nobel à Christiania. Les poètes, les savants, les pacifistes, les lettrés à qui échurent les prix, depuis trois ou quatre années, furent souvent des personnages de haute conscience, de rare valeur et de toute honorabilité, éloignés du charlatanisme, de la mise en scène bruyante et du battage à la mode. A accorder un prix à des hommes tels que le chimiste Buchner, de Berlin; au docteur Laveran, de Paris; au physicien Michelson, de Chicago; et même au littérateur Rudyard-Kipling, l'anglo-indien, qui ne sacrifia jamais au goût du *bluff* et de la parade à grand orchestre, c'est agir avec un discernement supérieur. C'est surtout désigner à la foule, — qui comprend la beauté et l'éclat des projections lumineuses vers les silencieuses thébaïdes du travail, — les maîtres véritables et méconnus de la science, de la pensée ou du devoir. C'est lui faire connaître qu'en dehors des banquistes qui accaparent la publicité, abusent de la réclame et du puffisme, il y a encore des récompenses honorables, glorieuses et méritées, bien que tardives, pour les travailleurs modestes, muets et féconds qui s'efforcent au progrès de l'humanité, pour ceux qui, en définitive, contribuent à faire aller le monde sans paraître se préoccuper de ses suffrages. Les prix Nobel font oublier l'inanité de tant de prix académiques, qui n'ont d'autre importance que celle du bruit, l'argent remué et déplacé, bruit toujours sensible à l'oreille vulgaire des *gogos*.

Cependant les distributeurs du prix Nobel ne cherchent pas à aider, à soutenir la carrière des jeunes hommes de génie; ils consacrent des réputations et ne découvrent point le mérite inconnu pour le mettre en lumière. — Il ne faut pas trop demander aux hommes de bien. D'ailleurs il n'importe — Chesterfield disait avec raison à son fils dans ses « *lettres* » fameuses : « Le vrai mérite peut n'être pas toujours récompensé au bénéfice du faux, mais l'essentiel est qu'il soit tôt ou tard reconnu » — la reconnaissance vaut peut-être mieux que la récompense.

L'ILLUSOIRE IMMORTALITÉ

LE MAL D'ACADÉMIE

La « Dame à la faulx » promène sans cesse largement son arme cruelle, ratisseuse de trames de vie, dans le champ d'illusoire immortalité. Les quarante de la coupole perdent annuellement de très nombreuses unités. Pour meurtrière que soit la place, les remplaçants ne firent jamais défaut.

Le mal d'Académie n'aura point son sérum philosophique. Il demeure rebelle à tous les traitements de la raison, de la prudence et de la supérieure fierté. Les survivants ne peuvent donc pas rééditer le mot de Thiers à Guizot, lors de l'enterrement d'un de leurs illustres collègues : « Si ça continue, il ne restera bientôt plus personne de qualifié pour faire notre éloge. »

Il n'y a pas à y contredire, l'honorable étiquette «*de l'Académie française*» semble, aux yeux du gros public, la meilleure des recommandations. Elle confère dans l'entendement de la grande majorité des esprits, affamés de témoignages hiérarchiques, un indiscutable brevet de talent, voire de génie, dont les immortels à la petite semaine retirent d'appréciables bénéfices de considération et aussi une vente peut-être infiniment plus grande de leurs productions littéraires ou soi-disant telles.

La coupole est une consécration, alors même qu'elle devient un éteignoir. Notre société adore les classements, les signes honorifiques, les titres. Celui d'académicien conserve encore tout son éclat, tout son prestige ; il met ceux qui s'en parent en définitive vedette et l'habit aux palmes vertes reste l'uniforme privilégié des triomphateurs intellectuels qui se poussent et se grimpent au Capitole. L'opinion, quoi qu'on dise ou qu'on fasse, ne s'emballera jamais pour ceux qui, dédaigneux des succès officiels et des gloires viagères, persistent à trouver que le vrai confort d'altière dignité, de sérénité morale, d'indulgente misanthropie consiste à s'attribuer, avec une inébranlable détermination, ce fameux *quarante et unième fauteuil,* dont l'histoire est déjà si réconfortante par la seule nomenclature des noms, désormais vraiment impérissables, des maîtres hors cadres qui l'occupèrent.

Ce quarante et unième fauteuil, dans la balance de l'immanente justice de la postérité, l'emporterait assurément en poids et en valeur de caractères sur le bagage valable des quarante autres fauteuils académiques. Il ne serait point paradoxal de le démontrer.

Mais, au spectacle que donne le monde, les spectateurs simplistes n'aiment pas à regarder derrière les portants ou à étudier, lorgnette psychologique en mains, la physionomie et le caractère des rêveurs et des laborieux qui, redoutant l'éclat de la rampe, ne se montrent pas à l'avant-scène, dans cette lumière crue qui effare et fait clignoter les yeux des supersensibles et des délicats intimistes. Le public marche toujours à l'appel du bruit, de la clarté, du battage, de la réclame et de l'audace. L'Académie est un haut tréteau où il se plaît à venir saluer, comme à un sommet d'Olympe, les petits demi-dieux qui, tour à tour,

l'escaladent afin d'y siéger dans des apothéoses de con-
ventionnelles palmes vertes.

Il faut convenir qu'on ne saurait demander aux
masses bourgeoises de penser et de juger comme les
élites. Il n'y a que les gros effets qui portent sur elles
et qui fassent image. C'est ce qui a permis de dire :
« Il n'y a rien qui réussisse comme le succès. »

L'Académie, dans l'entendement de la foule, c'est le
temple de gloire, le bureau des patentes, des certificats
de génie, où se signent les feuilles de route pour l'immortalité. Aussi, comment se montrerait-on intransigeant vis-à-vis de ceux qui ont ce mal des faux sommets qu'on nomme *Mal d'Académie ?* Nombre de nos
amis chers ont été atteints de cette contagion et
quelques-uns sont encore, présentement, en état de
réceptivité de cette affection idiopathique généralement
chronique et aiguë, qui bouleverse leur douce quiétude, ravage la belle harmonie d'une existence de travailleur et apporte, avec la neurasthénie qu'elle recèle,
l'angoisse de l'idée fixe, la hantise du Pont des Arts à
franchir, l'obsession de la perfidie des concurrents et la
phobie de ceux dont parmi les quarante on n'a pu
s'assurer la voix.

C'est pitié d'assister aux évolutions de cette fièvre
éruptive d'ambition, à l'heure des premières visites et
des espoirs éperdument alimentés d'illusions et de
vagues promesses.

Nous venons précisément de rencontrer des ægrotants
d'académie, cependant loin des boulevards et des
milieux où s'aggravent les symptômes morbides. Hi-
vernant dans une anse méditerranéenne bénie du
ciel, sur ce littoral provençal où il semble qu'il ne
puisse exister de bonheur plus enviable, de volupté
plus exquise que de s'exposer passivement en espalier, la

tête à l'ombre de quelque tamaris, aux baisers ardents
de ce généreux soleil qui luit pour tous et nous ramène
à l'âge d'or, il est doux d'observer les agités.

Au cours d'une promenade sur un promontoire revêtu
d'un merveilleux bois sacré, profond et à tonalités
presque bleues, nous nous extasions au matin, devant la
beauté d'un paysage latin avec des horizons délicats bai-
gnés dans la juvénile lumière du début du jour, lorsqu'au détour d'un chemin douanier, nos pas se heur-
tèrent presque à un romancier-poète, pâle et soucieux,
dont la candidature est annoncée pour tous les fauteuils
vacants au palais Mazarin..., et les fauteuils vides
sont nombreux. Vieux camarades de lettres, nous
continuâmes ensemble l'apéritive balade autour des
calanques aux rochers de rose porphyre. Tout à l'enthousiasme de cette glorieuse matinée, de ces caresses
tièdes de la brise et de la chanson radieuse du soleil sur
le miroir des ondes, c'était plaisir de taquiner notre compagnon pour l'amener au même diapason d'emballement
et lui faire confesser son bonheur de se sentir vivre
dans tout l'épanouissement de son être sur ces rives
aimées des dieux.

Ça ne rendait pas, il semblait sombre et morose.
Nous en cherchions vainement la cause, surpris de ne pas
entendre le clairon de sa voix, habituellement claire et
véhémente. Tout à coup, il s'arrêta et lentement avec un
certain malaise, nous dit : « Vous savez que je me porte
à l'Académie, je vais bientôt retourner à Paris pour y
faire le nécessaire... Pensez-vous que j'aie des chances?
Que savez-vous de mes concurrents?

Ce fut la révélation de ce lamentable port de tête,
de ces épaules lourdes, de cette allure fatiguée, de ces yeux
aveugles aux beautés de la nature, de cette imperméabi-
lité aux effluves d'un éternel paradis et de cette oblité-

ration d'odorat aux parfums montants des buissons de rosiers. Pauvre diable ! *le mal académique.*

Dès ce moment, ce brave garçon enfiévré ne s'arrêta plus, nous contant, par le menu, toutes les probabilités de la course aux fauteuils; les aléas de sa candidature et le succès, hélas ! presque assuré d'un littérateur-amateur inconnu, sans valeur, mais opulent, donnant des dîners avec des escouades de valets en livrée.

Alors, l'ami concluait consterné : « Que voulez-vous, mon cher, il nourrit ses électeurs, il les gave, il truffe les voix qui lui seront données. Comment lutter ? Moi, je n'ai pas les moyens ! » Nous regardions moutonner sur la mer, à l'infini, les troupeaux de Neptune, tâchant de faire vibrer ses passions de naguère pour les tableaux où s'enfle la vie, où se jouent les clartés et les ombres, il ne considérait, n'admirait rien, obsédé par l'idée fixe : « J'ai des chances au quatrième tour, grâce à la diffusion des votes... Tenez !... Admettons qu'au premier tour, la situation soit celle que je vais vous exposer... »

Deux kilomètres durant, il fallut subir ses visions futures à échéance du printemps prochain pour le moins. D'ici là, rien ne distraira l'esprit, cependant distingué et artiste, d'un des plus charmants chantres exaltés de leur province, de cette perspective académique. Il ne compte, à vrai dire, aucun espoir valable, s'il faut en croire un jeune habit vert avec lequel nous déjeunions précisément en sa villa fleurie la veille, et qui nous disait, l'œil gamin et avisé : « X..., voyons !.. plaisantez-vous ? mais *c'est couru...*, pas deux voix vous m'entendez; pas une, peut-être. Il aurait bien dû comprendre qu'il nous *barbe* !... Il y en a qui avancent, lui, il retarde.. Ah ! ceux qui ne savent pas plier bagage et boucler leurs ambitions... combien à plaindre ! »

Rien ne désillusionnera toutefois ceux qui sont atteints du *mal d'Académie*. Les plus forts, les plus vigoureux n'y résistent point. Nous avons vu Zola courtiser comme un pleutre la vieille douairière du quai Conti et essuyer, sans souci de sa dignité, toutes les rebuffades et les dédains de cette allégorique loueuse de fauteuils de bonne renommée. Incompréhensible folie, qui aliène les cerveaux les mieux pondérés en apparence! C'est un cas de névrose digne d'analyse.

Flaubert, dans une lettre à George Sand, écrivait, parlant de Dumas fils, qui intriguait alors pour occuper un siège dont son père prodigue ne se serait jamais soucié : « *Je croyais Alexandre moins modeste* ». La remarque est fine et judicieuse. C'est se montrer en effet vaniteux, orgueilleux même, que de solliciter un fauteuil, mais c'est assurément témoigner d'une fierté fort modeste que de prétendre l'obtenir au prix de tant de complaisantes servitudes.

Trop de visites et de courses pour un simple fauteuil..., disait un humoriste; ça vaudrait bien une chaise longue.

Le mal d'Académie s'apparente très étroitement au *mal du ruban rouge* qui constitue un des plus typiques ridicules de ce temps. Il nous en faut bien parler en un nouveau chapitre.

VANITÉS DÉCORATIVES

LE RUBAN ROUGE

Rien n'a été davantage blagué, en France, que cette décoration nationale qui, périodiquement, attire l'attention sur les promotions des différents ministères dont les listes paraissent à l'*Officiel*. Tour à tour les chroniqueurs, les vaudevillistes, les satiristes, les philosophes, les échotiers ont taquiné le ruban pourpre avec plus ou moins d'esprit et d'humour. Ils n'ont rien changé aux ambitions que la grande majorité des Français ont de le décrocher et de s'en parer. Les politiciens auraient garde — on a pu le voir lorsque fut faite la proposition de Léon Mirman — de se démunir de cette rouge faveur, car ils savent, à n'en plus douter, l'importance un peu enfantine qu'y attachent les électeurs. On peut même dire qu'ils abaissent chaque jour davantage le précieux cordonnet, au point d'en faire une sorte de fil à niveau des moyennes ambitions. Parfois, les hommes au pouvoir ont fait le geste espiègle de vouloir supprimer cette passementerie de gloriole, mais ce fut à dessein, comme le pêcheur à la ligne fait sauter son appât pour mieux amorcer les appétits de la gent batracienne. Aussitôt, l'ingénue classe des gouvernés protesta, sentit s'aiguiser ses désirs d'écarlate, et gaminement clama : « Oh! non! Encore! encore! »

C'est ainsi que se multiplièrent les cordons sacrés. Ils ne furent jamais plus abondants. Léon Mirman a eu le loisir de constater qu'au lieu d'enrayer le mouvement des croix, il le déchaîna. On demandera assurément à la Chambre une loi de délimitation des croix devenues insuffisantes, et ces mêmes députés qui, certain jour, eurent le courage de voter l'abolition de la Légion d'honneur, se rencontreront de nouveau pour applaudir à sa vulgarisation.

Baudelaire qui fut un logicien à ses heures, et qui conserva la virginité de sa boutonnière, a laissé des notes inédites pleines de bon sens sur le ruban sacré.

« Celui qui demande la croix, écrivait-il en ses notes intimes, a l'air de dire : « Si on ne me décore pas pour avoir fait mon devoir, je ne recommencerai plus. » Et il ajoutait : « Si un homme a du mérite, à quoi bon le décorer? S'il n'en a pas, et qu'il faille de toute nécessité lui donner un lustre, on peut à la rigueur l'enrubanner. Consentir à être décoré, concluait-il, c'est reconnaître à l'État sinon au Roi ou au prince, le droit de vous juger, de vous illustrer. D'ailleurs, si ce n'est l'orgueil, ajoutait-il, visant le haut clergé, l'humilité chrétienne défend la croix. »

La décoration, à vrai dire, ne convient qu'à ceux qui la jugent utile à leur propre prestige. S'il y a vanité, il y a également modestie dans l'acte de la solliciter et d'en faire parade. Le ruban ne trompe plus que ceux qui sont les éternelles dupes et qui font partie de cette majorité badaude qui appuie ses jugements sur les signes extérieurs de l'individu.

Des hommes considérables ont vécu indécorés, qui

exercèrent la plus puissante influence sur leur milieu. A peine disparus, qui jamais se soucia de savoir s'ils avaient honoré la Légion d'honneur? Qui, parmi nos contemporains, nous dira si Cuvier, Ampère, Guay-Lussac, Honoré de Balzac, Lamartine, Alfred de Musset, Berrier, Joubert, Victor Cousin, Michelet, Gambetta ou Claude Bernard, pour citer des noms au hasard, étaient décorés, et quel était leur grade dans l'Ordre?

L'histoire des hommes de haute valeur qui ne tentèrent aucune décoration pourrait être, je pense, plus édifiante qu'on ne suppose, et ne serait point exempte d'étranges surprises. Elle viendrait en parallèle, si l'on peut dire, à cette « Histoire du 41e fauteuil académique » naguère entreprise avec esprit par Arsène Houssaye, et qui montra l'inanité d'honneurs qui ne sont, le plus souvent, que les attributs viagers de réputations fort fragiles.

Les croix sont, en tout cas, absolument contraires aux principes démocratiques et aux résolutions d'égalité affichées dans le bagage idéal du régime républicain.

On ne peut regarder sans rire cette course aux rubans de nos plus austères socialistes, ni considérer autrement que comme magistralement caricaturaux tels ou tels grands pontifes du nihilisme, de l'antimilitarisme ou de l'anarchie, qui se pavanent avec superbe, exhibant les nœuds rouges ou les rosettes superposées aux revers du pardessus et de la jaquette. On cite des apôtres du chambardement social qui décorent d'une pointe de vermillon leur veston de chambre, leur pyjama ou leur maillot intime. Qui dira le chaos des contradictions humaines !

Il est, d'ailleurs, très périlleux pour les indépendants d'aborder cette question des décorations, sans blesser plus ou moins la susceptibilité de ceux qui se sont fait une boutonnière qui n'a plus à rougir. Ceux qui, volontairement, sont demeurés indécorés, n'ayant voulu ni solliciter, ni accepter l'appui des intermédiaires, ou qui se sont décidés à ne l'être point, ne peuvent même pas parler délibérément de leur sincérité d'indifférence en cette affaire, ni faire admettre leur absolu désintéressement. Ce sont des sujets de conversation qu'il vaut mieux ne jamais frôler, si l'on ne désire pas s'attirer des sarcasmes, des antipathies sourdes ou des incrédulités injurieuses sur la franchise réelle de sa propre conviction. Maupassant, qui répudia toute croix avec crânerie, et qui, en raison de ses succès littéraires, pouvait afficher son dédain de ce hochet, se créa d'implacables inimitiés par son attitude. On ne lui pardonna d'autant moins de faire le dégoûté, qu'il était en situation de se montrer ainsi sans pose et qu'on ne put lui lancer le : « Ils sont trop verts » de la fable. Le bon oncle Sarcey quitta également cette vallée de mélodrames, sans avoir accepté ni palmes, ni rubans, ni honneurs académiques. Cela était assurément d'un noble exemple, mais un collectif silence se fit à l'heure de sa mort sur cette volonté de n'être rien. Le « qu'il n'en dégoûte pas les autres ! » était sûrement dans l'arrière-pensée de tous nos biographes.

Le ruban est sacré pour les Français, tellement sacré et inféodé à l'esprit même le plus dépourvu de préjugés, qu'on ne manque point d'affirmer, pour convaincre les impassibles demeurés pauvres en dépit du talent, que la croix ajoute une considérable valeur marchande aux œuvres de tout individu enrégimenté dans la Légion. D'ailleurs, « ça fait bien en chemin de fer », disent les satisfaits qui se souviennent d'une phrase célèbre d'un vaudeville de Gondinet. C'est pourquoi les porteurs de l'Ordre national étalent si complaisamment, en voyage, même en dehors des·frontières, les insignes rouges qui doivent, dans leur pensée, les désigner à l'admiration et au respect des masses. Il est presque impossible de faire admettre à la plupart de nos légionnaires qu'il est préférable pour eux de se démunir de tout ruban lorsqu'ils ont à traverser la Manche, où leurs boutonnières fleuries risqueraient de provoquer quelque curiosité hilare parmi les sujets britanniques habitués à considérer l'uniforme civil comme devant être exempt de tout témoignage honorifique.

La décoration est notre dernier panache. Il faudrait un cataclysme extraordinaire pour que nous nous le laissions soustraire. Quand il s'agit du ruban sacré, on se souvient toujours du mot de Spontini, le compositeur italien qui conduisait le plus souvent son orchestre la poitrine chargée de croix. « En fait-il de *l'épate*, murmurait sur son passage l'un de ses musiciens! En voilà des décorations pour un homme de si médiocre valeur, alors que Mozart n'en possédait aucune! »

« Mozart, Monsieur, pouvait s'en passer; moi pas! » riposta Spontini, qui avait entendu et qui eut, ce jour-là, le bon sens de ne se point fâcher.

Le tout, en effet, est de pouvoir s'en passer. Heureux ceux qui, sincèrement, le peuvent. Ils deviennent rares et sont respectables à condition de n'en point tirer une vanité d'autre sorte qui serait aussitôt infiniment plus condamnable. L'indifférence suffit.

On s'aperçoit, quelque dix ans après leur décès, qu'il importe assez peu à la gloire de certains hommes ayant laissé une œuvre vivante et toujours captivante, qu'ils aient ou non été décorés de leur vivant ou se soient fait accueillir parmi les Quarante. Les honneurs que recherchent si âprement nos contemporains meurent avec eux et se fanent aussi vite que les fleurs sur leurs tombes. S'ils n'ont pas laissé derrière eux des écrits, de solides ouvrages de diverse nature qui puissent perpétuer leur nom et apparaissent plus forts que la mort, si l'émanation de leur pensée, de leur labeur ne domine pas l'oubli et les futilités de la gloriole, soyez assuré que le ruban rouge, les présidences, les Instituts, toutes les ascensions bruyantes vers les capitoles viagers n'empêcheront point le coup de grâce rapide et définitif qu'apportent aussitôt l'infidélité et le dédain de l'humaine mémoire.

Il faut être bien modeste pour se croire honoré par les honneurs publics et bien peu clairvoyant pour tirer vanité des récompenses que l'on recueille dans son *curriculum vitæ*. Les croix, les académies, les postes élevés ne servent qu'à tromper la majorité de ceux qui ne jugent que par les étiquettes et les faveurs qui s'attachent aux gens de leur génération. Les commerçants surtout estiment que ce sont d'utiles réclames, d'excellents miroirs à alouettes, de la nécessaire poudre aux yeux qui aveugle et éblouit la clientèle. C'est pour la clientèle également, pour le plus grand écoulement des produits, que peintres, architectes, littérateurs, journalistes désirent la consécration de la croix ou de quelque coupole qui casque d'honneur illusoire une collectivité de mortels ayant la naïveté de se croire *immortels*. Les titres poussent à la vente : « Voyez-vous, mon cher, me disait un des derniers élus du Palais Mazarin, arriviste, opportuniste et roublard, si j'ai *tenu à en être*, c'est que la mention : *de l'Académie francaise* sur la couverture de mes livres constitue une survente de deux ou trois mille exemplaires pour les noms... et dame... vous comprenez, le bon fonctionnement du pot-au-feu valait certes bien la dure corvée des visites. »

Ce raisonnement d'épicier est courant parmi ceux qui louchent du côté du Pont des Arts. Tous ne le font pas ouvertement, mais il est au nombre des ferments de convoitise qui agitent les postulants. — La *marque académique*, ça équivaut à la grande médaille d'or imprimée en vedette sur les factures des notables industriels. — Combien d'industriels, en effet, parmi les hommes de lettres, les artistes, les médecins, les avocats et tous ceux qui, exerçant les libérales professions, affichent la prétention du désintéressement. — Ceux qui vivent dans le culte de leur art ou de leur labeur, fiers de leur idéal à satisfaire, ravis par le seul plaisir de créer, d'imaginer, *d'œuvrer*, sont des exceptions. Il est juste de reconnaître que leur part est la plus belle et que ce sont les plus enviables. Ils ont des joies qui ne se comparent pas, qui ne se payent point; ils ne sont ni au-dessus ni au-dessous des honneurs, ils sont à côté, dans le jardin des délices et des illusions grimpantes. Guy de Maupassant, je le remarquais tout à l'heure, était parmi ces rarissimes, ces exceptionnels. Peut-être prenait-il trop au pied de la lettre un des aphorismes les plus fréquemment exprimés par son maître vénéré Gustave Flaubert : « Les honneurs *déshonorent*, le titre *dégrade*, la fonction *abrutit*. » Toujours est-il que, dès ses premiers succès, l'auteur de *Boule-de-Suif* déclara en principe ne désirer ni la décoration, ni l'Académie, ni la plus légère distinction. Il tint parole et se déroba jusqu'à l'heure de son affreux mal, à toutes les sollicitations qui pouvaient avoir pour but de le faire revenir sur sa décision. Il semblerait qu'un peu partout, dans la presse, on se soit affligé autant qu'étonné de cette intransigeance du maître conteur. On lui sut mauvais gré d'avoir affirmé son indifférence ou son dédain avec tant de constance. Sa mémoire ne fut point célébrée comme elle le méritait, en raison même de son attitude désobligeante pour l'immense multitude de Français qui, chaque jour, se bousculent davantage vers les honneurs, les titres et les rubans. Cependant, Maupassant n'eut rien à refuser; il ne fit aucun éclat, ne prétendit point décourager les autres, ne blâma personne. Ainsi que le bon oncle Sarcey, il affirma simplement le droit que possède tout citoyen de s'écarter des voies triomphales et des sentiers de récompenses. Dans une lettre à un de ses confrères, Maupassant disait :

« J'espérais vivement et vainement n'être point cité parmi ceux qui ont refusé la croix. Votre article me démontre que j'ai eu tort d'espérer cela. J'ai lu d'ailleurs des échos et reçu des lettres qui me prouvent qu'on a fait, à ce sujet, quelque bruit. Je n'y suis pour rien et j'ignore qui a répandu la nouvelle un peu erronée qui court.

« On ne m'a point proposé la croix; on m'a interrogé seulement pour le cas où le ministre songerait à moi. J'ai répondu que je considérais comme une grossièreté de refuser une distinction très recherchée et très respectable, mais j'ai prié qu'on ne me l'offrît point et qu'on demandât au ministre de m'oublier.

« J'ai toujours dit, tous mes amis en pourraient témoigner, que je désirais rester en dehors de tous les honneurs et de toutes les dignités. J'ai eu le soin de le répéter souvent, et depuis fort longtemps, afin qu'on ne me suspectât point d'arrière-pensée à un moment donné.

« Quant à mes raisons, elles sont trop nombreuses pour être écrites.

« Une seule suffirait d'ailleurs : *Je n'admets point de hiérarchie officielle dans les lettres. Nous sommes ce que nous sommes sans avoir besoin d'être classés.*

« Si la Légion d'honneur n'avait point de degrés je
la comprendrais davantage, mais *les grades constituent
une échelle de mérite vraiment par trop fantaisiste.* »

Rien n'est plus simple aujourd'hui que de ne pas subir
la douce violence de la croix. Les satyres de la Grande
Chancellerie ne prennent pas les esthètes en bas âge,
ils n'opèrent point avec effraction, ils savent pratiquer
le sondage des pudeurs et des bons vouloirs avec toutes
les délicatesses requises. Ils ne font point le coup du
père François avec l'insigne de pourpre moirée. On leur
résiste d'autant plus aisément qu'ils sont très sollicités
de distribuer leurs faveurs. On se les arrache; on en
veut, on en demande; la France entière en est hantée.
Au moyen âge, le père Sinistrari et autres démono-
logues auraient mis à l'index le palais du quai d'Orsay,
comme symbolisant la sorcellerie, les maléfices qui font
perdre la tête aux gens à vanités simples et à goûts de
grenouilles se pipant à l'appas ponceau.

On n'ignore pas comment procèdent les entrepreneurs
de décorations. Ils ne se mettent jamais en situation
de gaffer en créant un chevalier contre son gré. Ils se
renseignent et n'enrégimentent dans la Légion d'élite,
ou soi-disant telle, que des citoyens ou citoyennes dont
ils connaissent les dispositions passionnées pour les
faveurs dont ils sont les concessionnaires. Naguère, certain universitaire professa nettement son mauvais vouloir à prendre le rouge, à la façon des dindons; on le
laissa en paix, regrettant de ne le pouvoir séduire.
Plus tard, le très illustre savant Curie, auquel on pré-
senta l'image d'une croix à l'horizon des récompenses
futures, fit un geste de saint Antoine, repoussant
l'esprit tentateur. Personne n'insista. L'incompréhen-
sion publique fut profonde et opaque. La chevauchée des
candidats vers les ministères ne s'arrêta pas, bien au

contraire. Plus le pays se dépeuple, plus intense est l'appétit des Français de communier avec l'insigne des braves. S'il reste un fétiche, une religion civile, un culte inaliénable et inattaquable, c'est bien dans la Légion d'honneur que la grande majorité de nos compatriotes se les représentent avec des yeux ravis d'enfants.

Qui n'a rencontré dans le cours de sa vie des amis venus pour demander des recommandations, des apostilles, des tuyaux en vue de se faire décorer, et qui, chaque fois qu'on les retrouvait, parlaient de leurs démarches fiévreuses et incessantes, des passe-droits qu'il leur fallait subir, des difficultés à surmonter, des hommes politiques à faire marcher, des influences à mettre en jeu, tout le verbiage usité en pareilles circonstances. Qui n'a vu ces camarades faits chevaliers et alors qu'on leur adressa des compliments de convenance, avoir le culot de répondre : « Merci, mais, vous savez, je n'étais pas pressenti, je n'ai rien fait pour cela, je n'ai rien sollicité, c'est pourquoi la faveur qui m'honore m'est aussi précieuse. »

Labiche et Gondinet, qui ont trouvé, ainsi que Meilhac, des situations et des mots si drôlatiques dans leurs comédies peuplées de décorés, n'ont jamais dégagé l'infini comique d'auto-suggestion qui s'empare des élus le jour où ils trouvent leur nom publié à l'*Officiel*.

Les plus déterminés arrivistes qui ont remué ciel et terre, travaillé les salons, les antichambres parlementaires, rédigé des suppliques, fait l'assaut des ministres, mis en marche tous les *Labadens* et les copains du vieux quartier latin, oublient absolument leur surmenage, aussitôt nommés dans la Légion. Ils deviennent des *crucifiés* attendris, *involontaires*. On a reconnu leur « faible mérite », l'écho de leurs efforts est venu aux oreilles des gouvernants attentifs qui savent *décou-*

vrir le talent, récompenser les existences de labeur et
de modestie. Ils n'attendaient rien, oh! certes non! On
les a *distingués*. C'est dans une douce effusion de larmes
d'émotion qu'ils débitent tout cela avec la plus poi-
gnante expression de vérité. Ce sont des *crucifiés* convaincus.

L'épidémie de distinctions qui sévit chez nous
atteint les hommes de tous rangs, de toutes classes, de
tous âges et n'épargne point les esprits les plus philo-
sophiques, les caractères qu'on croirait les mieux
trempés. Le savant Curie eut une mauvaise presse
pour ne point s'être soucié du ruban rouge. Cependant,
qui expliquera que, chez un peuple féru en apparence
d'égalité, personne ne veuille se montrer l'égal de son
voisin et que chacun soit disposé à s'affoler, à se diminuer, à se surmener pour être dans la hiérarchie la
plus élevée de la Sainte-Croix? *Etronge! Etronge!!
Etronge!!!* comme rimait Banville ironiquement à
propos du décoré *Vérux de la Nonge.*

Cette foire aux vanités n'est pas en voie de cesser
ses exhibitions. Notre chère humanité est incorrigible.
Les vieillards arrivés au pinacle ne sont souvent que
des enfants qui ont peu à peu perfectionné leurs mensonges scolaires et qui restent inconscients de leurs
hypocrisies acquises dans le cabotinage forcé des
mœurs sociales et civilisées.

Ah! si nous avions un Aristophane indépendant,
quelle comédie désopilante et vengeresse il écrirait sur
tous nos quémandeurs de croix qui, dès qu'honorés
d'un bout de ruban, deviennent des passifs porteurs de
l'insigne, des *crucifiés*, de pauvres crucifiés qui ne
demandaient rien, mais *rien* de *rien*... Je vous assure.

Y a-t-il plus profonde crédulité que celle de la vanité?
interrogeait Shakespeare!

CHAPITRE VIII

MŒURS THÉATRALES

L'Heure du spectacle. — Cinématographie.

LES HABITUDES THÉATRALES

L'HEURE D'OUVERTURE DU SPECTACLE

Les Parisiens, — ces Smart provinciaux de l'Ile-de-France, — sont étonnamment faciles à surprendre, à émouvoir, à mystifier ou à épater. Ils considèrent, avec assez de raison d'ailleurs, leur ville comme le nombril du monde et ne conçoivent point, dans leur ignorance générale des mœurs étrangères, que des gens d'autres capitales puissent agir, prendre leurs plaisirs et nourritures physiques et intellectuelles d'autre façon qu'ils ne le font. Il y a quelques années « Clemenceau Regnante » la presse boulevardière s'égaya, tout un mois durant, de certain poisson du Danube, le *fogos*, que nous écrivons *fogosh* et qui figurait sur le menu du déjeuner offert à Marienbad par Édouard VII à notre premier ministre. Or, ce Fogosh est un poisson de courante consommation dans tout le centre de l'Europe ; il est connu sur le marché des Halles et figure sur la carte de toutes les brasseries allemandes et tavernes viennoises de notre capitale. Mais le Parisien n'a pas idée d'un poisson qui se nomme *fogosh* et admet difficilement qu'à Marienbad on ait pu servir autre chose que de la sole normande ou de la friture de Seine. Un nouveau témoignage des préjugés et de l'horizon limité de nos citadins qui se gobent, comme étant les plus spirituels de la terre, est celui-ci :

La direction de l'Opéra donna certain jour, non encore oublié, sur notre première scène lyrique quelques représentations intégrales du *Crépuscule des Dieux*. Comme l'œuvre de Wagner est longue et compacte, il apparaît urgent de commencer le spectacle dès sept heures du soir et de réserver un grand entr'acte d'une heure afin de permettre aux auditeurs de se refaire physiquement et moralement, grâce à un souper entre le *deux* et le *trois*.

Nos Parisiens parurent stupéfaits de ce qu'ils considéraient comme une innovation des directeurs de notre Académie de Musique. Un théâtre s'ouvrant à sept heures du soir, le dîner d'entr'acte pris au foyer ou dans les restaurants environnants, cela sembla bouleverser leur entendement. Comment expliquer à ces Parisiens qu'ils furent les derniers spectateurs des capitales du monde qui aient intégralement entendu le *ring* wagnérien sans truquage, et cela précisément parce que, avec les mœurs théâtrales françaises, qui sont exceptionnelles comme heures avancées d'ouverture et de représentation, il est impossible de mettre en scène des œuvres de longue durée et de solide assise?

Du coup, la question qu'affectionnait si particulièrement Francisque Sarcey de *l'heure des spectacles* se trouva remise sur le tapis. On peut être certain que, quoi qu'on puisse écrire ou faire, elle ne subira aucune solution conforme au bon sens, au progrès, je pourrais surtout ajouter aux *mœurs nouvelles*. Nous avons horreur du changement et tremblons de voir troubler les pires habitudes dans lesquelles nous nous sommes si profondément acagnardés. C'est déplorable, à notre avis, mais c'est ainsi. Beaucoup de mondains ne pensent pas de même. Nous sommes en majorité routiniers dans les moelles. Nous possédons, à Paris, des théâtres centenaires, déplorablement construits, étroits, inconfortables, mal agencés et aérés et qui, il faut bien le dire, stupéfient les étrangers... Et il y a de quoi les stupéfier! — On pourrait à la rigueur y risquer sa peau, s'y contaminer avec excès quelques heures durant dans l'air méphitique, torturé entre les bras de fauteuils inhospitaliers, englouti derrière les chapeaux extravagants des dames et s'y laisser encore rançonner par la cupidité de mendiantes ouvreuses, mais la fatalité veut qu'on ne s'y puisse aventurer que vers la neuvième heure vespérale pour en sortir le lendemain matin entre minuit et une heure, vanné, endolori, en état de réceptivité de toutes les bronchites, assuré de trouver à la sortie un minimum de moyens de locomotion à prix surélevés, incapable de regagner son logis qu'à des heures indues de déterminé fêtard. — Ouf! Il faut vraiment aimer le théâtre pour se le payer au prix de telles fatigues, de semblables sacrifices à son repos.

C'est étonner profondément nos concitoyens et passer à leurs yeux pour *bien peu Parisien*, que de leur dire qu'en Allemagne, dans les pays scandinaves, sur tous les territoires des contrées britanniques, les théâtres, merveilleusement construits, offrant un maximum d'air, de salubrité, de confortable, exempts de la mendicité des ouvreuses et des lamentables vestiaires qui, chez nous, sont des friperies, *s'ouvrent de six à huit heures du soir pour se terminer à dix heures et demie, onze heures au plus tard.* On goûte avant de s'y rendre : on soupe durant un entr'acte et plus souvent au sortir de la représentation et rien ne s'oppose à ce que les spectateurs charmés et repus ne regagnent leur logis une heure avant minuit sans aucun mécompte.

Dans notre société moderne, n'a-t-on pas dit et répété à satiété, dans le monde des intellectuels, des financiers, des hommes de science et d'affaires, que le succès appartient toujours à celui qui se lève tôt? Avec la vie dominante des sports, de l'automobilisme et des voyages, la nécessité de se lever tôt s'impose d'ailleurs chaque jour davantage. Il faut bien reconnaître que la grande majorité des citadins de l'heure présente est matinale et que la vie nocturne de notre capitale est infiniment moins accélérée aujourd'hui qu'elle ne l'était sous le second Empire. Les noctambules se font rares; il faut voir la « Babylone moderne » à dix heures du soir. Sauf sur certains boulevards, tout y est clos, les lumières se raréfient; Paris s'apprête à dormir et à livrer ses rues aux exploits des apaches qui aiment travailler dans le noir. A Londres, au contraire, à Berlin où les omnibus circulent une partie de la nuit, la fête urbaine se poursuit infiniment plus tardive et l'animation des rues et avenues, toujours prodigieusement éclairées, se poursuit jusqu'au petit jour. C'est un fait indiscutable que notre Paris, que l'on accuse de tous les méfaits, est devenu infiniment popote, rangé, familial et assoupi avant minuit, alors que la plupart des autres grandes cités du continent montrent une existence infiniment plus intensive durant les heures réservées au sommeil.

Par quelle aberration, en conséquence, nos théâtres sont-ils les seuls qui commencent leurs grands spectacles à neuf heures au plus tôt? — Les directeurs nous affirment que c'est pour complaire aux spectateurs qui dînent tard. Ceux-ci protestent souvent et reconnaissent avec raison qu'ils dînent toujours hâtivement et assez mal lorsqu'ils doivent se rendre au théâtre. Les sages, je veux dire les célibataires non influencés par des femmes, les vieux ménages, les travailleurs renoncent le plus souvent au plaisir d'aller entendre les pièces nouvelles plutôt que de pâtir en se couchant trop tard et en dépensant en fiacres, pourboires et menus frais infiniment plus qu'ils ne désirent. C'est ce qui explique le succès des magazines illustrés. Ils publient aujourd'hui les pièces nouvelles que l'on préfère lire plutôt que de les aller entendre et voir interpréter. C'est surtout, à notre avis, ce qui justifie la cause principale de la *crise du théâtre*. Tous les auteurs vous diront que la pièce en cinq actes est devenue inacceptable et injouable pour cette même raison. Une statistique bien faite, en France et à l'étranger, prouverait que cent Anglais ou soixante-quinze Allemands, Suédois ou Autrichiens, vont régulièrement au spectacle chaque soir, pour un seul Français qui se mobilise vers un même but. D'où les recettes plutôt médiocres de nos grands Guignols.

Je suis assuré que si un directeur de théâtre parisien s'avisait par audacieuse initiative de commencer à jouer *dès sept heures du soir*, en ménageant une grande *pause*, comme on fait en Allemagne, pour le souper facultatif, garantissant la sortie du public à dix ou dix heures et demie, son succès, — quoi qu'on puisse en penser, — serait formidablement rapide sans nul aléa, même avec des pièces secondaires. Peu à peu, tous les autres théâtres suivraient comme ils suivirent déjà lors des *matinées* inaugurées par feu Ballande qui n'avait consulté personne et n'eut souci d'être blagué au début de son innovation qu'on qualifia de folie.

Mais, hélas! nous aimons mieux ergoter, discuter que de prendre une initiative. Nous sollicitons trop rarement,

en nous moquant du *qu'en dira-t-on*, le témoignage des
faits. Nous sommes conservateurs de tout ce qui existe
et se pratique et nous formulons trop de *que sais-je*!
et de *peut-être* avant de nous résoudre à une épreuve
concluante et nécessaire.

Il suffirait d'un directeur intelligent et volontaire
pour faire entrer la révolution bienfaisante *tout de go*
dans nos mœurs et nous délivrer de la pénitence de
nous coucher entre minuit et deux heures du matin.

Il est à craindre toutefois que nous attendions encore
longtemps cette réforme de l'heure du théâtre cependant nécessaire et indispensable, même logique. Si les
médecins s'avisaient, — comme ils le devraient, — de
dénoncer *le théâtre homicide*, il y aurait peut-être pour
nous quelque espoir d'aboutir. Mais les morticoles ne le
feront point; ce serait porter atteinte à leur clientèle de
surmenés, de neurasthéniques, de mondains déprimés
et exténués. Nos chers docteurs ménagent tous les éléments nocifs et toxiques de nos mauvaises mœurs dont
ils vivent. L'hygiène physique et morale des cités, largement interprétée, ce serait leur mort économique.

Ils récalcitrent donc à se suicider.

Sardou naguère et, plus récemment, Maurice Donnay,
en préface aux utiles et précieuses *Annales du Théâtre
et de la Musique* d'Edmond Stoullig, ont exposé les
déplorables influences de l'heure du spectacle et des
interminables entr'actes sur le développement des pièces
en quatre et cinq actes qu'il convient de plus en plus
de réduire en trois actes, sans lever de rideau. Les
adversaires du théâtre commençant tôt parlent de la vie
nocturne de Paris, des dîners qui se consomment tardivement et fournissent quelques autres pitoyables argu-
ments faciles à combattre. Nous parierions volontiers,
il le faut bien répéter, qu'en dépit de la crise théâtrale et

même en raison de cette crise, un directeur de spectacle qui, *tout de go*, sans préoccuper la presse de son initiative, sans laisser à l'opinion le loisir de l'opposition, ouvrirait ses portes dès sept heures du soir pour libérer ses spectateurs vers dix heures et demie, ferait des salles combles avec des spectacles moyens mais agréables et honnêtes. Il existe un énorme public de quinquagénaires, de sportsmen, de banlieusards, de jeunes hommes laborieux, de jeunes filles tenues à coucher tôt, qui renonce au spectacle par la seule raison de l'heure, de la fatigue et des difficultés matérielles qui s'opposent aujourd'hui à ce qu'ils puissent regagner leur logis à une heure décente. — Ce public, on en connaîtra l'importance par une expérience concluante. Les salles remplies des *matinées* ne l'ont pas encore complètement révélé. — C'est ce public considérable qui fera la fortune de ceux qui le solliciteront.

LES THÉATRES PHÉNIX

L'EXCUSE OU L'UTILITÉ DU FEU

Une ou deux semaines après l'éclatant incendie de la Maison de Molière, nous étions allé à l'Opéra pour juger de l'effet d'*Œdipe-Roi* et du jeu des Comédiens ordinaires du Français, alors expropriés, dans le vaste cadre de notre Académie Nationale de Musique. C'était soirée de gala. Tout était comble. Impossibilité de trouver place ailleurs qu'à *l'orchestre des musiciens*. Pour nous y rendre, il fallut passer par d'étroits couloirs pratiqués sous la scène, au grand déplaisir de notre sensibilité olfactive qui renâclait devant une insupportable odeur fade, faite de remugle, de fétidité, de rat mort, de graillon et d'effluves alliacés. Du plancher de l'orchestre où nous nous installions, montaient des émanations morbifiques de gargouille et de margouillis. Tandis que, pendant l'entr'acte, nous contemplions, dans cette lointaine perspective, la salle de Garnier, voilée de poussière, aux dorures déjà bitumineuses, offrant des tonalités de vieux cuirs crasseux, et que notre goût s'affligeait de cette effroyable surcharge d'ornements, de lyres en reliefs, de mascarons de toute nature si favorables à l'emmagasinement des poussières, l'idée nous venait que le feu était périodiquement, hélas! une cruelle nécessité pour l'absolu assainissement des salles de spectacles, et nous nous disions que lorsque la Providence règle humanitairement, et sans qu'il y ait perte d'existences, l'action pyronomique de sa rôtisserie hygiénique, il valait vraiment mieux raisonner que de se plaindre.

*
* *

On connaît l'incurie des propriétaires d'immeubles théâtraux, la négligence locative des directeurs et la passivité du public qui accepte, le plus souvent, sans protester, de s'asseoir sur des sièges défoncés, poussiérieux et repoussants, ou de se laisser encaquer dans des boîtes à torture désignées loges ou baignoires, peuplées de miasmes inquiétants.

Les *spectateurs acceptent tout*; ils ne font ni grève, ni révolution, n'exigent point de nécessaires installations hygiéniques et confortables. A Paris, et en province surtout, nos théâtres sont lamentablement vieux, laids, sales, insalubres et mal odorants. Il est vraiment temps de le reconnaître et de le dire bien haut.

Récemment, dans le Midi, nous voyions un théâtre de Comédie d'une vieillesse affligeante, d'une insalubrité notoire et, qui pis est, d'un manque de dégagements stupéfiant, les portes « *en cas d'incendie* », que nous essayâmes de violenter, *s'ouvraient à l'intérieur*.

Que dire à cela, sinon que le feu est excusable et même parfois nécessaire puisque, au mépris des spectateurs, les propriétaires et les directeurs ne font rien pour assurer le confortable et l'hygiène de ceux dont ils réclament de l'argent. Beaucoup trop d'argent.

Lorsque l'incendie d'un théâtre ne fait pas de vic-

times et *lorsqu'il arrive en dehors des représentations,*
il faut se réjouir et y applaudir. Il est vengeur, puri-
ficateur, favorable à tous; il règle fatidiquement une
intolérable situation due à la complaisance vraiment
excessive des spectateurs français, pour les lieux de
plaisir où des industriels sans vergogne les convient,
et dont ils jouissent bourgeoisement dans les plus invraisemblables et les plus désavantageuses conditions de
bien-être qui se puissent imaginer.

* *

L'incendie a suffisamment respecté les théâtres de
Paris. On en conviendra, en songeant que l'on joue
encore et toujours dans les impérissables murs du *Théâtre
de Madame* au *Gymnase* et aussi à l'*Ambigu*, dernier
vestige du boulevard du Crime, également dans le four
crématoire des *Folies-dramatiques*, aux *Variétés*, inaugurées en 1807 par un vaudeville de Désaugiers, au
Palais-Royal, anciennement *Montausier*, et enfin aux
Bouffes-Parisiens, naguère *Théâtre Comte*. On a eu
beau retaper quelquefois timidement et économiquement
ces boîtes à spectacles, centenaires qui n'ont comme
beauté de foyer que leurs foyers d'infection, il n'en
est pas moins vrai qu'on ne pourrait, sans rire, affirmer qu'elles se trouvent actuellement au point de vue
du confortable, à la hauteur des révolutions du jour.
Cependant, malgré le bon esprit conservateur qui dis-
tingue spécialement notre race, ne croyez point que la
pioche des démolisseurs se mettra quelque prochain
jour dans ces murailles vénérables. Si la destinée pyro-
phage ne s'en mêle point, on leur appliquera sans cesse
des béquilles, jusqu'à ce qu'elles s'affaissent enfin sous
le faix des ans, et peut-être aussi — ô ironie! — sur

la tête respectueuse d'arrière-petits-neveux venus là, par tradition, dans ces branlantes demeures où se réjouissaient, déjà aux siècles derniers, leurs dociles trisaïeuls.

*
* *

N'était le douleureux souvenir de la jeune délicate et jolie pensionnaire qui s'y affola et y périt, Mlle Henriot, fine statuette de Saxe incapable de résister au grand feu, l'incendie de la Comédie-Française ne mériterait assurément pas le nom excessif de *désastre*, et chacun, artistes et public, ne pourrait que se féliciter de l'heureux événement.

La Maison, il faut bien le reconnaître, était plus que mûre, elle menaçait de s'affaisser. Les colonnes de soutènement du péristyle, si nous en croyons Jules Claretie, étaient creuses, délabrées et pouvaient, un jour au l'autre, amener un sinistre effondrement du grand foyer. D'autre part, les dégagements étaient lamentables, et, dans le cas d'une catastrophe, par ignition, en cours de représentation, on frémit de penser à ce qui serait arrivé, au nombre des victimes écrasées, asphyxiées, murées vivantès dans le brasier.

Il ne faut donc pas verser des larmes de crocodile, mais, au contraire, plutôt regarder en optimiste ce qui est advenu. Le malheur, pour avoir été réduit dans l'espèce à son minimum, fut bénéficiable à l'intérêt de tous. Le replâtrage s'imposait. Le feu a vaincu les obstacles et la bureaucratie.

Après les sinistres de notre Opéra-Comique et du Théâtre-Français, on ne manqua point de vanter, non sans raison d'ailleurs, l'ordonnance supérieurement comprise des salles de spectacle d'Angleterre et d'Amérique. Il semblait alors que celles-ci fussent tout à fait à l'abri des flammes et je ne fus pas des derniers, je l'avoue, à décrier nos vieux théâtres inconfortables, sans dégagements, où il paraît si périlleux de s'aventurer quand on en a jaugé de sang-froid toutes les tares et toutes les menaces.

C'est que, chez nous, le danger passé, on oublie aisément de se prémunir contre son retour. On fait des enquêtes, on ordonne certaines appropriations qui rassurent le public et la foule reprend presque aussitôt le chemin des comédies et des drames. Aux États-Unis le feu est, en quelque sorte, une *hantise nationale*. Tous les établissements hospitaliers se préoccupent de démontrer l'incombustibilité de leurs immeubles et il n'est point de prospectus, de programme, de réclame d'hôtel, de magasin, de théâtre, de salle de concert ou de réunion qui ne porte en grosses lettres : *absolutely fire proof* (absolument à l'abri du feu). Les factures, les cartes postales et les têtes de lettres de ces établissements portent la même mention. On considère comme le nec plus ultra du confortable d'être garanti contre les flammes et cette préoccupation suprême des pays américains du Nord se manifeste d'ailleurs à l'arrière de tous les édifices publics ou privés dont l'on voit les murailles comme voilées d'échelles de fer multiples avec paliers à tous les étages qui assurent des issues supplémentaires en cas d'incendie.

A New-York, à Philadelphie, à Chicago, les étrangers sont frappés de cette obsession du feu qui est une des étrangetés du caractère américain. Il est difficile, par exemple, de se promener avec un Yankee sans qu'il se plaise avec une vanité satisfaite à montrer à ses visiteurs européens la supériorité d'organisation du service d'incendie. Dans toutes les rues, des postes de pompiers sont établis, portes ouvertes, chevaux sans attache au

râtelier, pompes équipées et *fire men* en tenue de manœuvre. Le promeneur passe et pousse un timbre
d'alarme sur le seuil du poste. En quelques secondes, les
chevaux sont venus s'atteler d'eux-mêmes, les hommes
ont glissé des étages supérieurs à l'aide de colonnes de
cuivre poli, les conducteurs sont sur leur siège, prêts
à partir. Le passant qui a jeté l'alarme (c'est son droit
à ce citoyen de s'assurer du bon fonctionnement des
services et de tenir les pompiers en haleine) salue alors
le chef du poste, dit : *all right!* et s'éloigne heureux
d'avoir constaté en personne ou fait constater à un tou-
riste la perfection obtenue dans l'administration des
secours en cas d'incendie. Cette crainte du feu apparaît partout extravagante dans tous les États-Unis. On
ne voit en tout lieu que des prises d'eau, des tuyaux prêts
à y être adaptés, des seaux toujours pleins et des
groupes de grenades de verre remplies de sulfure de
carbone qui doivent être brisées pour étouffer les premières flammes qui se produiraient. C'est de la manie
poussée à l'excès.

Nous concevons donc difficilement comment un
théâtre presque neuf, dernier style, évidemment cons-
truit avec toutes les précautions possibles, a pu être si
hâtivement détruit en enfouissant sous ses décombres
un nombre considérable de victimes. La stupeur qu'un
tel événement a dû produire dans le Nouveau-Monde
ne peut être appréciée de ce côté-ci de l'Océan. Les
Américains si confiants dans leurs immeubles qu'ils
jugeaient absolument à l'épreuve des flammes, eux
qui raillaient les imprudences des Européens et en particulier les *inconséquences* des Français, doivent, à
cette heure, être consternés, sidérés, démoralisés par tel
tragique incendie de Chicago qui succéda à peu de
distance aux rôtisseries d'hôtels dans le haut New York.

Il faut bien mettre en doute désormais *l'absolutely fire proof* dont ils étaient si fiers et redouter les théâtres new-style tout autant que les vieilles baraques dramatiques du continent d'Europe.

Mais il ne convient point de plaisanter sur des leçons si rudes pour l'inoffensif orgueil d'un grand peuple intrépide et amoureux de tous les progrès. Il est urgent d'instituer une ligue internationale ayant en vue des mesures de précautions uniformes et communes à tous les pays pour combattre un fléau si perfide, si brutal, et dont l'histoire ou plutôt le martyrologe serait trop douloureux à écrire. Il paraît que le dernier président de la commission anglaise *contre l'incendie,* M. Edwin — O. Sachs, s'efforça de constituer une organisation permanente de secours et de mesures préventives qui rappelle en quelque sorte celle de la Croix-Rouge contre les maux de la guerre. Il faut agir.

En attendant, il est de toute nécessité d'établir le *théâtre ignifuge,* de porter tous nos efforts vers l'incombustibilité des scènes et des salles de spectacles. Rien ne serait plus aisé si les intéressés y apportaient un peu de bonne volonté et infiniment moins d'indifférent égoïsme.

Ce n'est pas tout, en effet, d'imaginer des issues, de doubler les portes et les escaliers, l'essentiel est de *rendre le feu impossible* dans un endroit fréquenté par des milliers d'individus, tassés les uns contre les autres dans un espace relativement restreint et qui, quoi qu'on fasse, ne manqueront pas de se bousculer, de se renverser, de se piétiner, de s'écraser ou de s'étouffer dès qu'un *sauve-qui-peut* devant le danger aura semé l'épouvante dans la masse des spectateurs.

Il y a de la folie à ne pas se pénétrer de cette pensée que tous les matériaux de construction pour salles pour plaisirs en commun *devraient être absolument réfrac-taires à la flamme.* Serait-il donc impossible de supprimer les planchers de bois, les fauteuils de même matière, les tentures, les velours, les étoupes, les rideaux d'étoffe, les décors de carton?

Il ne conviendrait pas d'être architecte de génie pour aménager une salle avec des sièges de fer nickelé recouverts de tissus de métal montés sur des ressorts, le tout établi par un solide parquet de béton dont des tapis de tissus d'amiante pourraient encore à la rigueur amortir la dureté et la froidure.

Quant à la scène, aux décors, rien de plus aisé que d'en modifier entièrement la contexture. La science nous en offre tous les moyens et il est stupéfiant de constater que personne ne songe à les utiliser. De plus, il est prouvé que l'origine des grands incendies qui font tant de deuils à la fois réside dans les courts-circuits des conduites d'électricité. Or, n'y a-t-il pas négligence à employer des fils insuffisamment protégés par l'épaisseur de leur gaîne.

Si le public faisait grève *jusqu'à ce que lui soit démon-trée l'incombustibilité des salles qu'il désire fréquenter,* les réformes seraient vite faites. Mais voilà, il ne se met pas en grève le public; il oublie vite le danger et n'exige pas des entrepreneurs de divertissement toutes les garanties qu'il serait en droit de réclamer en mettant en interdit les salles crématoires vers lesquelles il se précipite avec trop d'insouciance.

Le public, il se hâte comme une colonie de papillons vers les foyers de lumière. — Hélas! Il s'y rôtit de même.

THÉATRE CINÉMATOGRAPHIQUE

Au cours de promenades dans la grande forêt qu'illustrèrent, de diverses manières, François Ier et Henri IV,
Napoléon et Marie-Louise, les peintres François Millet
et Théodore Rousseau, le poète Gustave Mathieu et le
Sylvain Dennecourt, je rencontrai, à ma grande surprise, en pleines solitudes des gorges d'Apremont, dans
cette partie aride, cataclysmeuse, superbement tourmentée par les convulsions géologiques et les incendies,
qu'on nomme le *Désert*, une bande de comédiens en
pleine action.

Je dis bien des comédiens, de véritables acteurs,
costumés, dirigés par un régisseur, de jolies cabotines
élégantes et sans fard, montées sur des cavales
d'occasion et se débattant contre un parti de brigands
albanais. Des coups de feu partaient, des cris de désespoir et de pitié étaient proférés, tandis que les disciples
du *Roi des montagnes* capturaient deux jolies amazones
de style anglais, en costume d'excursionnistes d'agence
Cook et les conduisaient dans une caverne naturelle.
Peu après, du côté de Franchard, j'étais arrêté de nouveau par une merveilleuse caravane simulant l'arrivée du
Christ à Jérusalem; le Sauveur monté sur un ânon et
la foule, somptueusement vêtue, agitant des palmes,

marchant nu-pieds, et chantant avec ensemble d'impres-
sionnants cantiques dans un décor qui, en vérité, évoquait
vigoureusement celui des cailbuteuses vallées de la
Terre-Sainte que j'eus l'honneur de visiter.

Je m'informai des raisons qui transformaient ainsi
les sites les plus sévères de la forêt de Fontainebleau en
théâtres de nature. Des curieux avisés de ces jeux
de scène, parmi ceux qui s'adonnent à les connaître à
l'avance et à les suivre, comme ils suivent, en hiver,
les chasses à courre mondaines qui prennent rendez-
vous en divers carrefours de la grande Sylve; des
curieux, dis-je, me renseignent avec une bienveillance
étonnée.

« Mais, Monsieur, c'est très fréquent en forêt. Ces
actions théâtrales ont lieu très souvent. Il ne s'agit pas
d'autre chose que de fournir des sujets de reproduc-
tion cinématographique et phonographique aux appareils enregistreurs que vous voyez fixés là-bas, sur les
fourgons des bagages à costumes et accessoires. Ces
scènes sont soit mimées sur un livret écrit spécialement,
soit véritablement jouées, parlées ou chantées pour être
conjointement recueillies par les appareils Édison et
Lumière. Des gens de goût, des artistes, au service
d'entrepreneurs, sont chargés de découvrir les terrains
et les panoramas pittoresques les mieux appropriés aux
sujets qui doivent y être représentés par de véritables
comédiens en vacances ou par des élèves du Conserva-
toire. C'est très amusant, comme vous voyez, très
naturel, fort intéressant parce qu'imprévu, cela n'a pas
de cadre comme les théâtres en plein air ordinaires. C'est
la vie même plutôt que la fiction du spectacle. »

En effet, c'est la vie même. Tout en poursuivant ma
promenade solitaire à travers les futaies, les taillis et les
plattières fleuries de bruyères roses et de fougères déjà

jaunissantes, je songeais à l'avenir du théâtre cinématographique dont, à l'heure présente, nous commençons
à percevoir le hardi développement.

Avec l'application possible et prochaine de la photographie en couleurs, cet avenir du spectacle cinématographique, complété par des auditions phonographiques,
est considérable. On peut, dès aujourd'hui, prédire les
rôles que ce théâtre d'illusion jouera dans les méthodes
d'éducation, d'enseignement par la vision dès le milieu
de ce siècle.

L'univers cessera d'être vu par les yeux de l'imagination ou par de pitoyables images figées, mono-
chromes, sans caractères. Les écoliers feront bientôt le
« voyage autour du monde » en quelques séances, un
voyage de réelle vision et de vie palpitante accompli
sans autre fatigue que celle des yeux, de l'attention et
de la curiosité surmenée. Quant aux théâtres populaires
à excessif bon marché, dont on a tant parlé, à l'opéra
omnibus, aux spectacles accessibles à tous, et offrant
un maximum d'attraction, ce sera la cinématographie
qui, sûrement, en donnera la solution prochaine.

Précisément, en rentrant de mes promenades sous
bois, j'eus le plaisir de trouver pour corroborer mes
idées le dernier numéro du *Mercure de France,* où le
noble penseur et écrivain qu'est Rémy de Gourmont,
dans un de ses savoureux *Épilogues* de quinzaine, trai-
tait du cinématographe.

« Le verbe, c'est ce que le théâtre respecte le moins,
écrit-il judicieusement. Aussi, est-ce un des charmes
du cinématographe que l'on n'y parle point. L'oreille
n'est pas froissée. Les personnages gardent pour
eux les sottises qui leur sont coutumières. C'est
un grand soulagement. Le théâtre muet est la distrac-
tion idéale, le meilleur repos : des images passent,

emportées par une légère musique. On n'a même plus la peine de rêver.

« Mais le public ne va pas au cinématographe pour rêver; il y va pour s'amuser, et il s'y amuse, puisque les grands théâtres ont trouvé utile de leur ouvrir leurs portes. Le Châtelet, les Variétés, le Gymnase donnent des séances de cinématographe, et on fait queue aux petites salles du boulevard dont c'est la spécialité.

Le prix est partout sensiblement le même. Pour 2 francs, on a un fauteuil d'orchestre, et pour 1 franc, c'est encore une place que les théâtres font payer d'ordinaire cinq ou six fois plus. Ainsi, le cinématographe a résolu le problème du théâtre à bon marché; c'est un avantage que le public a vivement apprécié, surtout cette partie du public qui ne va au spectacle que pour passer le temps, et à laquelle le spectacle même est assez indifférent, pourvu qu'il offre un certain pittoresque. Il y a de ce côté un grand avenir pour le cinématographe, et plus d'un petit théâtre sera forcé, même l'hiver, de céder à la mode et de remplacer les acteurs par des ombres. Un spectacle cinématographique est monté une fois pour toutes, et il pourrait fonctionner nuit et jour pendant un siècle. C'est une grande lanterne magique qui ne demande qu'un écran, une source électrique et un opérateur. Avec cela, aux Variétés, on déroule une belle pantomime qui se différencie fort peu du spectacle animé dont elle est l'image vivante. Les acteurs jouent une fois, et c'est pour des années; leurs gestes sont fixés, et ils pourraient périr tous dans une catastrophe que le spectacle n'en continuerait pas moins, toujours identique à lui-même.

« Considéré du point de vue scientifique, le cinéma-

tographe est une des plus curieuses et même une des
plus belles inventions de notre temps. Quelques améliorations en feront un instrument parfait et véritablement magique. Je ne doute pas qu'un jour il ne nous
donne les paysages avec les nuances du ciel et des
forêts. Alors nous connaîtrons vraiment la vaste terre
jusque dans ses coins les plus inaccessibles, et les
mœurs diverses des hommes viendront s'agiter devant
nous, comme un troupeau de danseuses faciles. Pro-
fitons-en. Bien sot ou bien incurieux qui dédaignerait
ces spectacles. Ils sont pour l'intelligence un agrandis-
sement singulier et quelquefois soudain. »

Mais les suggestions sur le cinématographe pourraient être développées bien davantage, car rien ne dit
que cette invention encore imparfaite ne nous apporte
point les éléments d'un nouveau théâtre moral, des
formules nouvelles de pièces mimées ou dialoguées pho-
nographiquement, une renaissance des proverbes pour
salons. Qui sait même si le journal phono-cinémato-
graphique ne sera pas créé un jour avec un succès
prodigieux? On y ira voir le drame de la veille animé,
hurlant de vie et de couleurs brutales, les portraits
souriant des hommes de demain, toutes les images des
événements reflétant la nature, les décors, calquant les
faits, les repérant dans leur milieu.

Le cinématographe transformera peut-être plus qu'on
ne croit nos plaisirs sociaux et notre vie mondaine.
On lui accorde moins de crédit qu'à l'automobile dans
les prophéties d'évolution par le progrès. On a tort.
Le cinématographe, c'est la photographie automobile,
c'est-à-dire le mouvement mis en rouleau pour faire de
nouveau passer tous les actes de l'existence sous nos
regards. C'est énorme, prodigieux, de conséquences
incalculables. Aujourd'hui le cinémato-parlant venant

avec succès d'être expérimenté, on peut estimer que l'évolution sera ultra rapide.

Le Cinéma! c'est pour moi une bien vieille connaissance; songez que j'eus l'honneur de voir, *le premier*, fonctionner le *Kinetograph* d'Édison! Son premier film, il m'en souvient encore, reproduisait les ébats d'un petit danseur tyrolien. Je fus choisi par le grand savant qui devint de mes vieux amis à Menlo park, près de New Jersey et de New York pour annoncer u monde étonné sa découverte nouvelle. On retrouvera dans l'année 1893 du *Figaro* l'article où j'exposais au public l'invention d'Édison, qui, trouvant ses compatriotes trop *matériels* et trop commerçants, voulait donner aux Français et à la France la primeur de sa pensée.

Loin de voir dans le Cinéma l'ennemi du vieux Théâtre, je voudrais qu'il fût son plus précieux auxiliaire : pour toute la partie « décor » je pense qu'il pourrait rendre d'inappréciables services; il nous permettrait de voir enfin à la scène toute cette irréalité qui jusqu'ici a nui à la parfaite compréhension pour le public du Théâtre de Shakespeare; ce qu'aucun truc de machiniste n'a pu donner, le Cinéma le réaliserait sans peine : les fonds de ciel changeants, les mers agitées, les nuages, les foules se ruant au loin, les chevauchées de rêve comme dans la *Walkyrie*, les forêts qui marchent comme dans *Macbeth*, rien ne serait impossible en se servant ainsi du Cinéma. C'est là, pour moi, une des applications les plus importantes et les plus intéressantes qu'on en puisse faire, et je crois que c'est de l'emploi de ces moyens que la Science met à sa disposition que naîtra le Théâtre de l'Avenir. »

LES VIEILLES ACTRICES

Sous ce titre, il y a plus de trente ans, J. Barbey d'Aurévilly faisait paraître dans une revue ou petit cahier hebdomadaire : *la Veilleuse*, toute une série de portraits d'hommes et de femmes rassemblés en une sorte de musée des antiques. On y voyait défiler tour à tour les matrones les plus vénérables des théâtres de Paris d'avant la guerre 1870-71, toutes les cabotines attardées sur les planches, stérilisées ou momifiées sous les artifices de la cosmétique et qui demeurent comme les sphinx inquiétants de leur âge réel. Par une ironie voulue, l'auteur des « Ridicules du temps » ouvrait sa galerie par l'acteur Laferrière qui, avec sa voix efféminée, ses façons grassouillettes d'interpréter toujours ses rôles comme des travestis, pouvait à bon droit figurer parmi les ancestrales actrices.

Après Adèle Page et Déjazet, cette Virginie qui n'avait jamais pu se résoudre à clore la multiplication de ses Paul, d'Aurévilly avait vigoureusement flagellé la décadente Mlle Duverger, l'ex-blanchisseuse courtisane qui, en se montrant aux avant-scènes, n'était, à vrai dire, qu'un prétexte à exhibition de diamants. On raconte que celle-ci ayant voulu se venger en flagellant d'un coup d'éventail le polémiste de *la Veil-*

leuse, alors qu'elle se promenait au bras du prince Demidoff, le critique-mousquetaire n'avait point relevé l'insulte de la commère habituée au battoir, mais se tournant vers son sigisbée et commanditaire, vers un homme de son monde, il se serait écrié d'un ton souverain et paternel : « Prince, je vous en prie, reconduisez cette fille au lavoir ! »

Aujourd'hui, il ne se rencontre plus guère de pamphlétaires pour ridiculiser les actrices et les contraindre à lâcher les planches qu'elles attristent et moisissent davantage qu'elles ne les brûlent. Faut-il regretter cette absence d'agents avertisseurs de la retraite ? Je suis de ceux qui le pensent. Jamais peut-être les vieilles dames hors d'âge, flétries et ravinées, et depuis trop longtemps déshéritées de toute apparence d'illusoire jeunesse, n'ont pullulé avec autant d'arrogance et d'intensité. Elles semblent fixées aux planches comme les girouettes rouillées le sont à leurs tiges et rien ne parvient plus à faire pivoter ces tristes roses des vents vers le côté cour de l'irrémédiable sortie. Elles s'obstinent au côté jardin.

Les critiques, en la circonstance, sont, il faut bien le dire, d'affreux coupables. Quelques-uns, il est vrai, sont eux-mêmes comparables, sous le fard des mots, l'onction des phrases et les grâces ingénues, à de vieilles actrices, et on peut penser qu'il y a quelque esprit de corps dans l'indulgence excessive qu'ils montrent à l'égard des sexagénaires qui osent encore aborder les premiers rôles. Les éloges qu'on lit le plus souvent au lendemain des premières sont vraiment extravagants lorsqu'ils s'appliquent à quelqu'une des lamentables épaves de nos premières scènes parisiennes. Les compte rendus se terminent généralement par des dithyrambes dans ce goût : « Que dire de Madame Une

Telle?... Elle s'est montrée, cette fois encore, supérieure à elle-même, sublime, passionnée, perverse, délicieusement femme, troublante et plus fraîche de voix, plus séduisante d'attitudes, plus félinement amoureuse, plus éclatante de beauté et de jeunesse que jamais. »

Et allez donc...! Sur toute la ligne le refrain semble le même lorsqu'il s'agit de quelque authentique grand'-mère qui a su, comme Ninon, se faire une cour des Céladons du journalisme. Les provinciaux et les étrangers qui se laissent prendre encore à ces louanges ridicules sont consternés, lorsqu'après avoir payé leur fauteuil au spectacle, ils doivent constater l'agonie physique, l'effroyable effondrement de décadence esthétique et la silhouette de valétudinaire de telle vieille cabotine-idole si fastueusement encensée. Il y a véritablement un abus, une supercherie qu'il est bon de dénoncer, car elle nous couvre plutôt de ridicule aux yeux de tous ceux qui ne partagent point le considérable optimisme des Parisiens pour les petites et les grandes doyennes de la scène.

Un de mes amis, qui revient de Berlin, où, au début de dernier d'octobre, certaine grande Tragédienne nationale était allée donner un certain nombre de représentations, me rapporte que la tisseuse de voix d'or a recueilli là-bas, malgré des dépêches contradictoires qui nous sont parvenues, un succès plus que discutable. L'interprète ordinaire de M. Sardou, après avoir juré qu'elle ne franchirait jamais le Rhin, pour se montrer sur la scène allemande tant que ne nous seraient pas rendues nos deux provinces confisquées, se décida cependant, sur le tard, pour des raisons que nous n'avons pas à apprécier, à rechercher des lauriers à Berlin et même à souhaiter, comme un camarade illustre, une retentissante entrevue avec le kaiser, cet impétueux commis-voyageur de la royauté. L'accueil fut non seulement froid tout au début, mais encore la presse fut catégoriquement hostile, sans parler des caricatures innombrables et peu délicates qui s'attaquèrent à la vieillesse de la femme et insinuèrent que les Français n'envoyaient hors de leurs frontières que leurs *laissés pour compte* et leurs *personnages de rebut*. La critique berlinoise fut sévère mais juste.

Dans tous les journaux, les écrivains, tout en tenant pour négligeable le rôle puérilement politique que l'actrice eut l'intention d'interpréter en Prusse, ne dissimulèrent pas leur profond désenchantement. Il leur parut pénible d'avaler une représentation de *Hamlet* exprimée par cette Déjazet tragique. Et quant à Froufrou, à Fédora, à Marguerite Gauthier, ils estimèrent que la dame était un peu mûre de corps, de visage et même de voix — l'or ayant subi l'alliage vinaigré de l'âge — et qu'une actrice quelconque de moindre valeur, mais d'éclatante beauté et jeunesse aurait infiniment mieux fait leur affaire.

Si la tragédienne n'a pas recueilli à Berlin les palmes d'or qu'elle y était allée quémander, elle aurait assurément reçu, pour peu qu'elle se soit fait traduire les feuilles locales, de précieux avis de retraite, dont, hélas! il est peu probable qu'elle tienne compte.

Lorsque les vieilles actrices nous font entendre depuis des années et des années le pitoyable glas de leur dégénérescence sénile, il nous semble logique de nous réjouir qu'un carillon d'avertissement sonore et éclatant soit sonné à leurs sourdes oreilles par d'autres mains que les nôtres. L'heure de la retraite est venue depuis déjà belle lurette pour l'ex-Dona Sol et le frêle Zanetto, qui prétend personnifier encore aujourd'hui, demain et toujours, non seulement les jeunes héroïnes amoureuses et ardentes, mais encore les adolescents les plus impubères.

L'actrice qui vieillit n'a qu'une ressource pour éviter le ridicule, l'ironie et l'énervement qu'elle cause au public, c'est d'affronter carrément des rôles modelés aux expressions nouvelles de son visage et de son corps et d'incarner avec crânerie les mères, les aïeules ou les duègnes. Dans aucune occurence de la vie le dilemme : *se soumettre ou se démettre* ne peut être imposé plus énergiquement qu'à ce tourne-bride de la soixantaine où, quoi qu'on puisse dire, il n'y a plus à lutter.

Si ces observations étaient appelées à paraître dans un journal du boulevard, il est hors de doute que le signataire se verrait accusé de rosserie ou d'impitoyable dureté. Les Parisiens sont, en effet, effroyablement conservateurs en toutes choses. Aussitôt qu'on touche à leurs vieilleries monumentales, ils crient avec un éclat retentissant et protestent à qui mieux mieux. Ils aiment non seulement leurs verrues, celles dont parlait Montaigne, mais aussi leurs caries ou leurs nécroses. C'est un fait indéniable et sur lequel il serait plaisant d'insister. D'ailleurs, il est à observer que dans notre métropole, plus que partout ailleurs, on s'attache aux succès rancis. Dans le monde où l'on s'amuse, par exemple, le succès n'atteint, avec toute son amplitude, que les vieilles courtisanes décrépites envahies par l'embonpoint ou desséchées sous l'émaillage du visage. Il n'est pas rare de rencontrer nombre de nos belles Impéria qui pourraient se dire élèves de *l'Atelier Cora Pearl*, largement entretenues par quelques-uns de nos plus jeunes milliardaires. Ainsi va le monde! On aime à rendre hommage aux vieilles peaux qui ont flotté comme des drapeaux dans toutes les batailles du plaisir. Je veux bien admettre que les ruines soient parfois vénérables par elles-mêmes, mais cependant il devient périlleux de les faire voyager. Il faut les consommer sur place du regard. Si elles nous désencombrent un instant, elles reviennent avec plus de fissure et d'éboulis. — La grande Mme X. va nous revenir *décidée à plus de jeunesse que jamais.* » — Voilons-nous la face à la lecture de cette ridicule réclame qui s'attache périodiquement à toutes les vieilles cabotines qui reviennent des tournées nécessaires, indispensables à leur réputation et à leur fortune. Mais nous sommes de ceux qui ne peuvent lire sans un certain malaise cette indication mensongère sur la scène où elles vont réapparaître : *Théâtre de la Renaissance.*

C'est au théâtre, surtout, que la *place aux jeunes,* aux vraies Jeunes, est déplorablement trop retardée. Les vieilles actrices encombrent toutes les scènes, rien ne les en peut déloger; elles s'imposent à nos regards affligés, à notre politesse affinée et indulgente à leur faiblesse, mais elles ne nous font point illusion. — Quel est le talent de l'art scénique qui puisse balancer celui de la fraîcheur, de l'espièglerie, de la triomphante jeunesse !

POSTFACE

LA FLÈCHE DU PARTHE

LA VIE EN VITESSE

✳

AVOIR LE TEMPS !

— *Vous êtes bon, vous... Mais, mon cher, je n'ai pas le temps !*

C'est une de ces phrases courantes coupantes, et nerveuses qui nous interrompent fort fréquemment lorsque nous prodiguons quelques conseils émollients à des amis surmenés qui ne trouvent le loisir de rien faire avec méthode, de rien voir avec précision, de ne s'arrêter jamais lorsque le besoin s'en fait sentir ou que la nature y invite.

On trépide dans les autos ; on se bouscule dans les trains de luxe rapides ; on est pris, dans toutes les classes sociales, d'une fièvre d'alibi imbécile. On ne sait plus causer ; a-t-on le temps ? Écrire ! Vous ne le voudriez pas : on *téléphone,* on *dicte un message ;* sinon on *bâcle une* postale *illustrée qui nous force au style nègre.*

Nul n'exerce plus ses jambes... — Dame ! *le temps de marcher ou même de courir, quand les moteurs sont là* qui *trépident, prêts à nous emporter avec vélocité. Les poumons ne fonctionnent plus à gravir des pentes ou des escaliers.* — A quoi pensez-vous? *N'y a-t-il pas l'ascenseur ou le funiculaire?*

En voyage, on brûle, on nettoie, selon le terme consacré, une ville de haute curiosité archéologique en quelques heures, avant déjeuner, pour dire qu'on y est venu. « *C'est bien porté* »... — *Mais le Musée!... Mais la Cathédrale! Mais le Château historique? Ah! non! ne nous barbez pas!...* Le temps, *vous dis-je! Il nous faut déblayer encore trois ou quatre villes d'art dans l'après-midi, et nous dînons ce soir chez les Un-Tels, à 500 kilomètres d'ici. Notre chauffeur ne plaisanterait pas... On passera devant l'hôtel de ville du XV* siècle, c'est sur la route, ça suffit!* »

Il faut voir, à cette heure, comment on visite la Suisse, le Tyrol, les Pyrénées, l'Estérel ou la Côte d'Azur, les pays d'Orient, le continent indien même, c'est cinémato-fantasmagorique; ça donne le vertige, rien qu'à regarder ou à entendre les touristes. Les hôtels ne sont plus que des buffets où l'on se nourrit, Dieu sait comme! sans même éprouver le désir de savoir ce que l'on mange ou d'être curieux de déguster un plat. — « *Dieu! que vous êtes énervant!...* Et le temps? »

On se marie!... Peut-on se connaître, s'analyser, s'apprécier, trouver l'opportunité de s'aimer, l'occasion même de faire un enfant, l'heure propice de se laisser aller aux rêveries sentimentales! — « *Quel être* vieux-jeu! *vous faites; décidément vous retardez! Mais, mon cher, mes secondes sont comptées et escomptées!* »

Un mien ami, quelque peu misonéiste, sagement phi-

losophe, anti-snob jusqu'à l'oursisme, peu fortuné, mais fort amoureux de vivre avec indépendance et de savourer la vie lentement, de la mastiquer pour ainsi dire, en gourmet, dans toutes ses manifestations, me disait, à ce propos, paisiblement, avec une souriante sérénité :

— Le secret du bonheur, voyez-vous, mon cher, n'est pas compliqué. Il consiste à borner ses besoins afin de limiter ses servitudes. La vraie richesse contemporaine, pour qui sait se servir de cette opulente matière dont est tissée notre vie, c'est d'avoir le temps et de comprendre l'économie du temps. Pour ma part, c'est la seule fortune à laquelle je tienne, puisque c'est la seule dont je sente l'immense valeur et que je m'entende à dépenser soit avaricieusement, soit avec une prodigalité éperdue, folle, selon les situations et les occasions.

Certes, AVOIR LE TEMPS est mieux que d'être milliardaire, si on sait l'art de cuisiner ses heures et ses jours et d'en tirer une quintessence de bonheur honnêtement savouré en conscience. Mais, combien d'êtres connaissent le prix du temps? Combien ne songent qu'à le tuer, à s'étourdir, à laminer, à écraser du poids de leur ennui les secondes et les minutes !

« La vie, a dit un moraliste, était naguère filée par les Parques et brodée par les fées. Elle est, aujourd'hui, tissée à la machine. »

Ah! si l'on pouvait acheter du temps à tous les oisifs qui s'épuisent à en chercher l'emploi, de quel prix ne le leur paierait-on pas ! AVOIR LE TEMPS! en avoir une réserve ! en connaître la puissance ! Quelles fortunes ce sont là aux mains de ceux qui ont mesuré la brièveté de la vie et jaugé le menu champ d'expérience d'une intelligence humaine dans l'infini renouvellement des êtres ici-bas, à peine arrivés, sitôt partis.

Avoir le temps! *tout est là. Que répondent les députés sortants aux reproches de leurs électeurs :* « *Avons-nous eu le temps?* » *ou bien :* « *Donnez-nous le temps, citoyens, d'accomplir toutes les réformes...* »

N'avoir pas le temps *est une réponse à tout et dont tout le monde se contente et tire profit.*

Comment un auteur espérerait-il aujourd'hui se faire lire?... le temps... le temps de se livrer à une lecture avec mesure et attention, mais ça n'existe plus, *même à la campagne, même en chemin de fer. On regarde un livre, on le coupe quelquefois, on le parcourt d'un œil plus ou moins curieux, on flirte de l'œil avec certains passages qui peuvent séduire, mais* le lire... *le lire vraiment. Ah! laissez-moi me montrer sceptique!...*

— « *Ah! zut! mon cher auteur, bien le bonsoir, vous en demandez vraiment trop. Je file. J'ai mieux à faire que d'écouter vos folies!* »

— Et l'on se sauve!... C'est préférable! C'est par des sottises que l'on se gare des SOTTISIERS *et qu'on s'en venge.*

TABLE DES CHAPITRES

CHAPITRE III

MODES ALIMENTAIRES. — RÉGIMES DE SANTÉ. — FAÇONS DE VIVRE

CHAPITRE IV

LA VIE SOCIALE ET LES MŒURS A LA MODE

CHAPITRE V

LA VIE DOMESTIQUE. — LE HOME. — LES SERVITEURS

CHAPITRE VI

LES MŒURS VAGABONDES. — LA VIE HORS DE CHEZ SOI
LES VOYAGES ET HOTELS, etc.

CHAPITRE VII

L'ÉVOLUTION DE LA LITTÉRATURE. — MŒURS LITTÉRAIRES NOUVELLES
LE MAL ACADÉMIQUE. — DÉCORATION

CHAPITRE VIII

MŒURS THÉÂTRALES. — L'HEURE DU SPECTACLE. — CINÉMATOGRAPHIE

Paris. — Typ. Philippe Renouard, 19, rue des Saints-Pères. — 3018.

www.ingramcontent.com/pod-product-compliance
Ingram Content Group UK Ltd.
Pitfield, Milton Keynes, MK11 3LW, UK
UKHW020120130726
13696UKWH00001B/135